社会治理创新发展报告（2017）
“十二五”国家重点图书出版规划项目
社会管理研究丛书

社会风险治理

主　编　姜晓萍
副主编　夏志强　李强彬

中国人民大学出版社
·北京·

序

美国公共治理专家理德·C. 博克斯曾说：“如果说19世纪至20世纪之交的改革家们倡导建立最大限度的中央控制和高效率的组织结构的话，那么21世纪的改革家们则将今天的创新视为是一个创建以公民为中心的社会治理结构的复兴实验过程。”事实上，自进入21世纪以来，公共管理领域创新的重心已由追求政府管理的高绩效转向社会治理结构的变革，公共治理中的政府权力本位开始转向公民权利本位。在我国现代化进程中，党的十八届三中全会创新性地提出了“推进国家治理体系和治理能力现代化”，同时提出了“创新社会治理体制”的要求。作为推进国家治理体系和治理能力现代化的重要内容，“创新社会治理体制”已成为我国理论界和实务界关注的重要议题。

在不断推进国家治理体系与治理能力现代化的进程中，社会稳定风险日益成为我国创新社会治理体制不得不面对的重要问题。现代社会是一个高风险的社会，自然风险、技术风险、制度风险、社会风险错综复杂，加速了社会稳定风险的扩散和深化，迫切需要创新社会稳定风险的治理模式，以有效破解“新常态”时期的社会稳定风险。不可忽视的是，面对新时期的社会稳定风险，维护社会稳定的任务更重，更加需要通过制度创新与变革来降低社会风险诱发社会不稳定事件的可能性，坚持公民本位与社会本位，处理好维权与维稳的关系，将维护社会稳定作为社会治理体制创新的重要目标。

毫无疑问，社会稳定风险的加剧会带来新的维护社会稳定的压力。与传统工业社会里引发社会不稳定的因素不同，风险社会中引发社会不稳定的因素更为复杂、多样，难以用普遍主义的标准去识别、应对与处理。因而，传统的科层制治理模式难以应对社会风险，自上而下的刚性维稳模式也难以应对社会风险的加剧，“创新社会治理体制”则为突破传统社会风险治理模式提供了一个系统性的、前瞻性的思路和框架。通过创新社会治理体制，能够形成“一核多元”社会治理格局，尽可能地整合多元治理力量，有效控制社会风险诱发、放大和显化。

目前，在探寻社会治理创新、求索社会稳定风险治理之道的过程中，既有理论界广大专家学者展开理论探讨的百花齐放，也有实务界的孜孜以求。四川省哲学社会科学重点研究基地社会发展与社会风险控制研究中心集中中心相关研究力量，整合中心相关研究资源，形成了《社会风险治理》专题报告。该报告以维护社会稳定为主题，围绕社会风险领域的重大理论问题进行梳理与总结，对社会稳定风险评估、邻避冲突与环境治理等进行了研究；同时，针对维护社会稳定的一些专门领域如重大安全事故、征地拆迁问题、转基因安全风险、自然灾害风险、特大城市治理等进行了探讨，力求更好发挥中心在“维护社会稳定”这一领域的决策和政策咨询功能。

该报告的撰写和出版得到了四川省社科联、四川大学公共管理学院、四川大学社科处、中国人民大学出版社的大力支持，在此一并深表谢意。由于水平有限，报告中难免存在不足之处，恳请各位专家学者、实务工作者和读者批评指正。

编　者

目　录

第一篇　社会稳定风险评估

第二篇　邻避冲突与环境治理

第三篇　专门领域

第一篇
社会稳定风险评估

社会稳定风险评估的社会理论图景*

朱德米**

党的十八大提出“建立健全社会稳定风险评估机制”，党的十八届三中全会提出“健全社会稳定风险评估机制”。2014 年 2 月 28 日在中央全面深化改革领导小组第二次会议上，习近平总书记提出“涉及群众利益的改革要建社会稳定评估机制”。从各地实践和中央相关文件来看，社会稳定风险评估的基本含义是对“重大决策对社会稳定的影响的预评估”，实现社会稳定的“源头治理”，从而实现维护社会稳定的模式转变。它包括三个基本要素：(1) 预评估，就是对未来的不稳定因素进行模拟和预测；(2) 源头治理，不是为评估而评估，中心任务是把社会不稳定因素控制在萌芽状态或缓解社会矛盾，需要采取相应的行动措施；(3) 维稳与维权的统一，把事后的抗议力量导入公共决策参与过程，把“维权”、“维稳”和“决策过程的法治化、民主化和科学化”三个系统结合在一起。

* 本文的研究得到国家社会科学重点项目“重大政策与大型工程的社会稳定风险评估”(项目编号 11AZD108) 和国家社会科学基金重大项目“我国市级发展规划编制中的公众参与机制研究”(13&ZD176) 的资助。本文已发表在《南京社会科学》(2014 年第 4 期)。

** 朱德米，同济大学经济与管理学院教授，博士生导师，研究方向：公共政策分析与评价、公共决策过程、聚焦公共决策过程的风险评估、公民参与、环境治理过程等领域。

与实践相比，学界对社会稳定风险评估的研究相对滞后，特别是开展研究的知识基础严重不足。本研究试从社会理论出发为社会稳定风险评估提供学理基础，推动其发展，从而使其在国家治理体系中发挥作用。

一、国家与社会

社会稳定风险评估是一项制度安排，其学理基础奠定在国家—社会的互动之上。社会稳定风险评估核心要旨是把社会力量导入公共决策过程中（society-in-state），从而实现国家对社会一定程度的开放；反之，它也反映了国家力量进入社会系统（state-in-society），运用国家力量来疏导社会发展过程积累的社会稳定风险。因此，社会稳定风险评估置于国家与社会的界面（interface）和互动（interaction）进程来分析。

在规范层次上，国家与社会的关系呈现简单的三种博弈情形：对抗、妥协、合作。自由主义强调国家与社会对抗，保守主义强调妥协，法团主义强调国家主导或社会主导的合作。不同流派的政治思想对两者看法的差异源自对人性、国家以及政治本质假设的差异。

在理论层次上，国家与社会之间关系体现在强弱组合上。二十世纪六七十年代以来，随着政治发展理论兴起，国家建设（state-building）显得日益重要。发展中国家的政治发展困境引发学界对国家强弱的关注。受到马克思主义影响的“回归国家学派”（bring the state back in）提出了国家是一个行动主体，具有自主性的分析思路。这些探索从而引发了国家—社会之间关系新的变化。国家能力（state capability）成为评估国家强弱的指标。国家能力的最基本含义是财政汲取能力，即税收征收能力。由于发展中国家和从计划体制向市场体制转型的国家都普遍面临着“国家失败”（state failure）的窘况，国家能力作为一个具有丰富描述性的概念开始被赋予更多的含义。国家能力与职能直接发生关联。如法律和制度的供给能力、维护秩序安全与稳定的能力、发展规划能力、基本公共物品供给能力、国家内部控制与纠错能力、意识形态和文化价值认同能力等。国家的强弱体现在能力高低上。

与国家能力相对应的概念是社会发展（social development）。社会发展质量高体现在社会自主性强，社会结构合理、功能有序以及追求善的价值理念。在英语文献里，用“civil society”（汉语翻译成“市民社会”、“公民社会”或“文明社会”等）理论来描述介于国家和市场之间出现的大量社会组织、团体、职业联盟等。从社会自身发展程度来看，“强社会”（strong civil society）是一个带有价值选择和道德规范的词。强社会首先是一个善的社会（good society），从而与“黑社会”、恐怖组织、宗教极端主义组织等相区别。“强社会”体现在社会具有自主结社特征。“千姿百态的社会组织”是强社会直观体现，社会组织其本质是一种价值追求，把个体从原子化状态中解放出来，结社成团体。结成社团是出自个体自愿，而不是强制。因此社会组织密度是测量社会强弱的一个指标。社会信任、容忍、合作、集体行动等也成为观测社会强弱的窗口。有的学者用“结构—空间—价值—影响”四个维度构成的“钻石框架”来测量社会强弱①。

国家与社会之间强弱组合，形成了四种关系，如图 1 所示的国家与社会强弱关系分析。

图 1　国家与社会强弱关系分析

---

① ANHEIER H K. Civil Society：Measurement，Evaluation，Policy. New York：Routledge，2004：14－42.

规范和理论层次分析都假定国家与社会之间存在明显的界限（boundary）。国家是有性格的行动主体，社会是复杂的社会生命系统。然而，在经验研究层次，国家与社会之间却并非泾渭分明，而是相互交错[①]。乔·S.米格德尔提出了“国家在社会中”的过程分析框架。国家在社会中分析框架关注的是国家自主性以及国家对社会控制与渗透。从逻辑上看，硬币的另一面是社会进入国家（society-in-state）。社会对国家能够形成一定程度的制约，失败国家或弱国家是其极端形式。在实证层次上，研究国家与社会之间的关系合理分析框架是国家与社会之间形成良性互动（good interaction），构成了图1所示的“强社会强国家”理想状态。理想状态下的国家与社会之间的互动首要问题是解决国家与社会之间的界面（interface）。界面是工程技术领域的一个专用术语，描述仪器设备部件之间的接口，后来广泛运用于表述事物相互联接、相互作用的状态，如人机交互界面。在工商管理领域，组织界面用来指不同类型企业之间复杂交换活动。“网络组织”和“网络治理”概念的兴起，“界面”成为“网络的节点”（node）。

国家与社会之间存在着许多“界面”，如国家提供的法律制度和公共秩序、意识形态、公共物品、再分配的政策、对经济社会活动的监管框架等等。而公共决策过程是国家与社会的“互动最集中的界面”。社会稳定风险评估其实质是对决策社会影响评估，旨在实现“源头治理”。国家与社会互动有两个界面：评估，打开了决策的“机会之窗”；公众参与，开放了决策过程。从社会稳定风险评估终极目标来看，实现国家与社会的合作，从而形成“强国家强社会”的理想格局，推动中国的民主建设和国家建设。

在国家与社会互动界面上来认识和理解社会稳定风险评估，把该项制度安排的生命力置于民主政治和国家建设的双重维度交叉点上。这个定位实质是建立了社会稳定风险评估的制度安排评价坐标：民主性和有效性。通过社会稳定风险评估提升行政决策的有效性，从而克服转型时期国家与社会之间的紧张关系和直接对抗性；民主性是把经济社会发展

① MIGDAL J S. State in Society：Studying How States and Societies Transform and Constitute One Another. Cambridge：Cambridge University Press，2001：3-36.

积累的消极能量转化为决策过程的正能量，从而提升决策的民主化。有效性和民主性是相互支撑的，构成了社会稳定风险评估两个支点。

二、决策与评估

对公共决策进行系统的评估起始于环境影响评估（environmental impact assessment，EIA）。公共决策结果以多种形式呈现出来，如建设工程项目、政策、战略规划等。环境影响评估分为建设项目、规划和战略性等几个层次。与环境影响评估相伴随的是社会影响评估（social impact assessment）。社会影响评估起源于20世纪50年代唐纳德·坎贝尔的《社会背景下实验有效性相关因素》，该书引入了社会科学方法来研究实验和准实验内外部有效性的测量①。20世纪60年代美国“向贫困开战”运动中成立了“经济机会办公室”，要求对社会政策进行评估，但这些努力并没有成为制度安排。1969年美国实施《国家环境政策法案》，要求联邦政府机构对“立法”的人类环境（human environment）的影响进行评估，促进了环境影响评估大发展。“社会影响评估”首先出现在对环境的社会影响评估中，由美国社会学会提出这个概念。70年代在福特基金会资助下，对联邦政府社会政策和项目进行评估，超越了环境影响评估的范畴。20世纪80年代联邦政府开始形成环境和社会影响评估两个体系，并得到广泛运用。1986年世界银行在其资助的工程项目领域进行社会影响评估。此外，社会影响评估得到全面、广泛的发展。

《国际社会影响评估手册》对社会影响评估的基本定义是“对干预性的行动（政策、项目、规划和工程）的预想到的或未预想到的社会后果进行分析（预测、估算和反思）和管理”②。对影响评估的内容和方法

---

① http://lsi.mckinsey.com/what_is_social_impact_assessment/the_history_of_social_impact_assessment.

② BECKER H A，VANCLAY F. The International Handbook of Social Impact Assessment. Cheltenham：Edward Elgar，2003：2.

没有太大的争议。争论的焦点集中在“社会”的范畴难以清晰界定，首要的是社会影响评价价值和目标的定位。国际影响评估协会（International Association for Impact Assessment，IAIA）提出社会影响评估的基本价值和原则有 12 条[①]：（1）规划和社会影响评估首要原则是基本权利平等；（2）规划性干预的社会影响是可预测的；（3）规划性干预能够被调整，以减少负面影响，提升其正面效果；（4）社会影响评估应纳入决策的全过程；（5）应当更多关注可持续发展的社会方面，社会影响评估（连同环境影响评估）能够提供更好的发展方式，平衡经济利益和社会成本；（6）所有干预性规划及其评估，应当有助于地方社区社会和人力资本的培育以及强化民主过程；（7）对于从干预性规划中获益的人群应当仔细调查；（8）当一些不可避免的影响存在时，应当对干预性规划不同方案进行比较；（9）即使干预性规划得到批准或被认为是有益的，也应当对其环境和社会潜在影响进行全面评估；（10）在评估过程中地方性知识、经验和文化应当充分考虑到；（11）在评估和规划性干预时，不应当使用暴力、恫吓和威胁；（12）侵犯人权的所有干预性计划都应当停止。

从上述 12 条原则出发，社会影响评估的“社会”主要体现在平等（代内和代际）、价值多元、成本内化（而不能外溢）等基本含义。具体包括：生活方式、文化、社区、健康、福利、基本权利、身心安全、代际公平等。其中社会稳定影响评估集中在基本权利、健康和福利等方面。社会影响评估关注政策、项目、工程的社会后果，评估的目的是分析、监管和管理这些后果。这些后果包括积极的、消极的、预料到的、没有预料到的、直接的、间接的、短期的、长期的各类后果。社会影响的后果包括对人群的需要、偏好、居住、工作、娱乐、相互之间的关系、利益结构等方面带来的变化。社会影响评估的对象是人，所以往往涉及价值冲突和权力斗争。

决策过程是国家与社会互动的界面。影响评估是决策科学化和民主

---

① BECKER H A，VANCLAY F. The International Handbook of Social Impact Assessment. Cheltenham：Edward Elgar，2003：4-5.

化的要求，体现了民主性和有效性的价值追求。影响评估本身就是打开决策过程“黑箱”的一把钥匙。社会稳定风险评估从其本源上来说，是社会影响评估的一个部分。评估的主题是“社会不稳定”。在中国的语境下，社会不稳定特指大规模信访、越级上访、群体性事件、极端事件、网络舆情等。社会不稳定是社会群体行动的一种表达方式，或许也可以理解成为社会群体博弈的一种方式①。社会不稳定的根源在于维权机制发育不足。换言之，社会稳定风险评估实质是通过对民众的基本权利进行影响评估，从而实现管控型维稳模式的转变。

简要地说，工程、项目、政策、规划等可能引起社会变化（social change）。社会变化表现在人口、经济、空间、制度运转、公民权、利益、分配、社会文化和心理等方面。决策的后果对社会变化有经济方面的正面效果，也有负面和消极的效果。负面的效果往往会引发出社会抗争，进而影响到社会稳定。

社会稳定风险评估的内容包括：

（1）显性影响与隐性影响。

显性风险是指已经暴露出来的社会不稳定倾向、苗头或事件，如通过网络 QQ 聊天、微博、网络社区、现场聚会、集会等形式表达出来的抗议，通过各地维稳指挥中心反映出来的不稳定事件等。隐性风险是指没有表达出来，但是存在着暗流或群众明显的不满意，但是根据属地的信息员或维稳部门工作人员的经验能够判断出来的风险。有的时候是根据隐患能够识别出来的。

（2）主要影响和次生影响。

主要影响是指重大事项可能带来的风险点，比如征地拆迁领域的补偿方案。次生影响是指主要风险在社会矛盾预防和源头治理过程中带来的新风险。

（3）短期影响和长期影响。

短期影响是指在重大事项完成周期内爆发出来的时间短、程度激

① YONG S C. Collective Resistance in China. Stanford：Stanford University Press，2010：191.

烈、容易识别出来的影响。长期影响是在周期结束后，由于社会稳定的隐患持续存在，在更长时间后才能显现出来的影响。

（4）技术影响与社会心理影响。

在重大工程项目进行社会稳定风险评估过程中，特别是在合法性审查的过程中，许多技术指标，如采光、距离等已符合法律法规的要求，但由于缺少人文关怀方面的考虑，即使规划、方案等是合法的，却也有可能引发群体性事件或者引发社会恶性事件。因此在社会稳定风险评估过程中，针对不同人群的社会心理进行调查和评估。如有的地方在司法强制拆迁风险评估过程中，引入了社会心理分析，包括对拆迁对象的社会交往、心理落差、社会地位等方面进行了分析。

（5）单个影响与整体影响。

单个影响是指重大政策与大型工程在生命周期不同阶段里出现的风险点、风险概率，风险值。如大型工程在规划、建设、运营阶段出现的单项风险；大型工程的环境影响、社会影响等层面上涌现的单项风险；重大政策在酝酿、议程设置、决策等阶段出现的风险；重大政策对不同利益相关群体的影响的单项风险。整体影响是指利益相关的公民、利益不相关的公民在信息扩散和“传染”机制的作用下，在社会形势演变不确定的条件下，出现的整体风险。整体风险不是单项风险简单相加，而是由于人群中存在的信息扩散和“传染”机制加大了社会稳定的风险。

（6）对决策进行评估源自有限理性的假设。

早期对决策评估主要立足技术维度，后来扩展到环境和经济维度，当下更多关注社会维度。社会稳定风险评估属于典型的决策预评估，但是在影响评估框架内还没有开发出评估工具和可能形成的风险概念，同时影响评估还停留在静态意义上。

三、抗争与参与

对“抗争”（contention）主题的研究反映出全球化时代国内外学界

逐步走向趋同的一种表现。一方面，它反映了国际学界对抗争研究出现“转向中国”的变化；另一方面，经过中国学界持续多年的努力，国内研究成果获得了国际同行的认可。尽管研究出现了趋同，但是对中国社会出现的层出不穷“抗争”行为的研究还缺乏本土的解释力。中国特定发展阶段形成规模宏大的抗争具有非常复杂的原因，现代化进程高速推进，经济社会系统自身的演变集聚了一定的“负能量”，社会系统难以消化，如个体主义、消费至上、金钱迷恋与崇拜、社会交往网络结构的功利化等，规模宏大、影响深刻的城镇化是社会抗争的背景。在强国家发展战略下，政策（决策）不当和失误是抗争的直接触发因素。大规模抗争通常都会带来政策的变化。

抗争是社会基本元素之一，斗争与团结都源自人性，因此研究抗争是思想史上的主题之一。世界范围现代化运动带来社会大转型，刺激学术的研究。政治学、社会学等学科关注抗争议题。按照西德尼·G. 塔罗的总结，对抗争研究主要有四个理论：怨恨与集体行为理论（grievances and collection behavior theory）、理性选择与资源动员（rational choice and resource mobilization）、抗争的文化（contention of cultures）、政治过程模式（the political process model）①。

怨恨与集体行为理论是从社会心理角度出发来考察社会抗争。该理论认为社会运动是一种社会紧张关系的表现，游离于正常社会制度体系（组织化程度低）之外，是一种反常的社会心理，是一种具有自我意识的社会涌现（emergent）现象。该理论分析核心是个体被剥夺感带来怨恨，进而产生集体行为。

理性选择与资源动员理论是新一代社会运动理论家突破原有框架，并引入了微观经济学的经济理性人分析假设。奥尔森及其后来追随者都把集体行动视作类似于市场营销的活动，没有共同利益就没有一定数量的人群来参与。人群数量越大，大家越可能存在着“搭便车”。显然奥尔森的理论难以解释大规模社会运动现象。后来社会学家约翰·

① TARROW S G. Power in Movement: Social Movement and Contentious Politics. Cambridge: Cambridge University Press, 2011: 22-28.

麦卡锡和迈耶·扎尔德以资源为主题回答了上述问题，个体资源的扩大、职业化程度提升以及外部财务的支持等成为解决职业运动组织问题的答案。资源动员理论是解释社会运动如何开展的，是对早期关注结构的一种批判①。资源动员理论对社会运动的正式组织现象具有解释力。

抗争的文化理论来源于人类学、社会心理学和文化史等学科对社会运动现象的研究，关注社会运动的建构意义、对话以及情感等方面的主题。塔罗归纳了三个代表流派：汤普森阶级意识的自我建构；社会心理学派提出“建构”（framing）和“共识性动员”（consensus mobilization）概念来解释社会运动的个体情感因素；历史学的建构主义转向，如福柯对权力结构的研究。文化理论后续的研究开始关注社会运动的激励（motive）因素。

政治过程模式理论具有很大的影响力。它提出的“政治机会结构”概念，比较有力地解释了国家与社会的互动，并且用来进行跨国比较研究，解释不同的社会运动的成功或失败。政治过程模式关注到机会与威胁、利用与压制之间的关系。后来有的学者对“机会”与“结构”的逻辑冲突进行了评析，提出用“战略互动”来代替早期的解释。战略互动吸收了博弈思想，更为贴切地解释了国家与社会的互动关系。

抗争理论明确提出社会运动的主体是缺乏接近决策中心或参与公共政策过程的机会、能力或资源。换言之，没有开发出公民参与的路径和通道。

从学术谱系的角度看，公众参与的研究源自政治参与，甚至在相当长的时期内，两者之间的区分是不清晰的。1969年阿恩斯坦在《美国规划师学会杂志》发表了《公众参与的梯子》一文②，他认为公众参与是公众权力（citizen power）的一种类型。根据对联邦政府三个社会项

---

① TARROW S G. Power in Movement：Social Movement and Contentious Politics. Cambridge：Cambridge University Press，2011：24.

② ARNSTEIN S. A Ladder of Participation. Journal of the American Institute of Planners，1969（35）：216-224.

目（城市改造、反贫困、模范城市）实施过程中公众参与的实证研究，他注意到社会弱势群体对项目的规划和执行的参与，这些弱势群体在政治经济过程中一直处于被排斥的地位，参与也就意味着权力的重新分配，弱势群体因而获得了权力。从此以后，开启了研究公众参与的新浪潮，从而把公众参与研究与政治参与研究区别开来。

公众参与被广泛接受的定义是国际公众参与协会（IAP2）提出的七个要点：（1）公众参与的信念是那些受到决策影响的公众有权利卷入决策过程；（2）公众参与包括承诺的作为将影响到决策过程；（3）公众参与通过对所有参与者（包括决策者在内）的需要和利益识别和沟通来促进决策持续改进；（4）公众参与积极推动那些对决策感兴趣或受到决策潜在影响的人们卷入决策过程；（5）公众参与征求民众关于如何参与的意见；（6）公众参与需要用便利方式给参与者提供所需要的信息；（7）公众参与需要与参与者沟通他们的投入如何影响到决策。

这些要点表明公众所参与的是公共决策过程，使政策制定产生实质性的影响。公众参与有着许多方面功能或益处：如提升合法性，增强信任感；提高决策科学性和民主性；提升公民的幸福感；等等。最显著的功能是防止社会冲突，把社会边缘群体纳入决策过程，从而承担起从源头治理社会稳定的作用。

在中国特定发展阶段和制度框架内，按照公民参与对决策过程的影响程度来看，参与的形式有：信息告知（information）、出席（presence）、发出声音（voice）、谈判与协商（negotiation，deliberation）、同意（consent）①。这些参与形式对决策过程的影响逐步增强，形成了参与通道（ladders）。在中国，“同意”成为非常重要的参与形式。官方与学界对“参与”理解的差异成为公民参与在中国发展缓慢的原因，因为官方和民众对公民参与公共决策过程都持怀疑态度。如公民参与

① 汉语中“参与”的意思是介入，而并非是参加。国际公众参与协会把参与定义为五个层次的行为：信息告知、咨询、卷入、合作、授权。

的主要形式——听证会在中国流于形式，成为政府与民众都关注的话题①。

社会抗争和公众参与都是公众的一系列行为。当前我国政府将社会不稳定的表现概括为 12 种情形：（1）冲击、围攻党政机关、要害部门及重点地区、部位、场所；（2）发生打、砸、抢、烧及人员伤亡事件；（3）非法集会、示威、游行；（4）罢工、罢市、罢课；（5）敌对势力插手利用，内外勾结形成热点；（6）集体上访；（7）极端个人事件；（8）堵塞、阻断交通；（9）媒体（网络）出现负面舆情；（10）个人非正常上访；（11）静坐、拉横幅、喊口号、散发宣传品；（12）散布有害信息。

从群体行动的角度看，个体行动排除在研究议题之外。从组织化程度和暴力程度来看，群体抗争行为有：组织化程度高的暴力、低度组织化暴力、无组织性的暴力、集体抗议（占领敏感地区、堵塞交通、游行、示威、静坐、“集体散步”）、信访等。其中信访可以纳入制度性行为范畴内。组织化程度高的暴力行为不是抗议政治，而是革命政治研究的范畴。因群体行动而引发的国家安全也不应列入抗议政治研究的范畴。把上述因素都考量进去的话，抗争与参与之间的系列公众行为形成了一束光谱，简化为如图 2 所示的“公众行为光谱（spectrum）”。

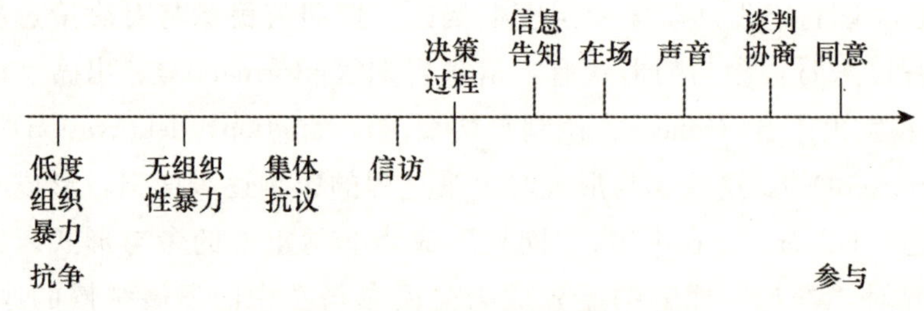

图 2　公众行为光谱

公众行为光谱旨在描述公众行为的转变，其关键点是公共决策过程

① http://theory.gmw.cn/2011-07/19/content_2301896.htm.

的变革。抗争政治的研究已表明社会运动的主体是缺少进入公共决策过程机会或能力的社会阶层，而公众参与的研究也表明公众参与公共决策过程能够防止社会冲突，特别是公民与政府之间的冲突。公共决策过程成为抗争政治和公民参与研究的交叉点。当地方公共决策过程排斥公民参与时，公民的需求、利益和偏好无法进入决策过程，必然引发公民对决策后果的抗争。同样，大规模持续的抗争、严厉的干部考核和责任追究迫使地方政府领导人转变决策过程，倾听民意，注重民众的利益、需求和偏好。简要地说，社会稳定风险评估要义是在评估的过程中推进公众参与，通过决策过程的变革，把群体抗争的负能量转变为公众参与的正能量。

四、战略与预见

对公共决策的影响评估属于“前评估”，其实质是把战略预见引入到公共政策制定过程中，提升对决策后果的控制能力。与影响评估相比，战略预见更具有主动性，更加强调决策本身具有的选择性和主观性特征。战略思想最初出现在军事领域，与战术是对应的一种思想方法，它关注的是整体规划以及实现长期结果。孙武被认为是中国古代最早提出战略思想的军事家。预见（foresight）通常是指个体对未来（future）的一种思考，与此对应的词有：后见之明（hindsight），对过去的反思能力；洞察力（insight），对当下的认识能力。战略预见是组织一种有系统、理性规划能力。在技术创新、商业、军事、气候变化等诸多领域战略预见方法已得到长足应用和研究。近年来在公共政策领域开始出现运用战略预见方法对决策过程的研究。2010 年比特·哈比格在《公共政策中的战略预见：对英国、新加坡和荷兰经验的评论》一文中指出，“战略预见和解释对公共政策制定的贡献集中在两个方面：一方面为政策趋势提供系统的知识；另一方面推动政策制定者之间相互社会学习，并模拟公共政策者共同接受的愿景”①。

从决策的时间影响来看，公共决策有两种类型。一类决策是机会决策，“时间之窗”打开时，需要公共部门采取行动或不行动。机会决策是在各类条件和信息都已确定条件下，投入—产出或投入—结果之间因果关系比较显著。另一类是战略性决策，与决策相关的各类要素都处于变动过程中，决策的影响或后果常超出决策者理性认识范畴，预料之外的结果可能发生。战略预见是把预见与决策融合在一起，从而强化对战略性决策的研究。战略预见的研究包括趋势（trend）研究与未来（future）研究。趋势研究是评估当前的行动、决策可能带来的后果。未来研究关注潜在的各类因素发展、社会整体的变革等。

趋势研究和未来研究结合在一起，形成了战略预见的四个层次：评估当前行动和决策的意义（结果评估）、在问题暴露之前发现并避开（早期预警和引导）、未来可能的事件对当前意义（形成主动性战略）、未来设想的方方面面（情景模拟）②。这四个方面与社会稳定风险评估的实质含义高度吻合。从事物发展客观规律来看，有五种状态：永远不会发生、不可能发生、不确定发生、可能发生、能够发生。战略预见在对这些要素进行分类和区分的基础上，识别出与决策和环境因素之间互为影响的路径和结果。从领域上看，包括社会、技术、经济、生态、政治和价值观六个方面的因素。五种状态和六个领域构成了战略预见分析和研究的内容。

如何进行战略预见？这是战略预见研究领域长期关注的主题。随着信息（情报）和数据收集的便利化，处理数据的能力和手段的科学化，不同的学科领域都在持续关注、开发可进行战略预见的工具。

概括起来有四种战略预见的工具和方法。影响评估是类似准实验方法来进行情景模拟。结构分析是识别有关未来的关键问题。利益相关者分析是识别影响未来或受决策影响的行动主体，并分析他们之间的关

① HABEGGER B. Strategic Foresight in Public Policy：Review the experience of the UK. Singapore and the Netherlands，2010（42）：49.

② TUOMO K. The Evolution of Strategic Foresight. Farnham England：Gower，2012：7.

系。形态分析（morphological analysis）是对整个要素可能性的总体把握，并建构“情景”（scenarios）。其中形态分析是其中最重要的工具和方法，被广泛运用到针对“棘手问题”（wicked problem）的决策分析①。汤姆·里奇指出，“如果你是在从事长期的社会、商业和组织规划——或者影响人们生活的所有政策规划——那么你就要去处理棘手问题”②。解决棘手问题采取的方法就是一般形态分析。

形态分析（morphological analysis）在许多学科和领域中都得到广泛运用，如生物学、语言学、地质学、天体物理学、社会学等。“morphological”的意思是形状（shape）、构造（form）。形态是指一个物体各个部分之间的结构和安排。首先使用“morphology”一词的是德国诗人、剧作家和思想家歌德③。歌德用“形态”一词表示有机体的构成与转变，关注的是“形式与质”，而并非“功能与量”。对形态分析工具和方法进行更为科学探索的是瑞士天体物理学家和航空航天学家弗瑞茨·兹维基（Fritz Zwicky），他在美国加州理工学院发表了对形态分析研究的一系列文章，推动了该领域科学化程度的提升，并促进了向其他领域的传播。其后，在许多领域都运用形态分析。

1973年霍斯特·里特尔和梅尔文·韦伯在《一般规划理论的困境》一文里对“棘手问题”和“平淡问题”进行了区分。他们认为社会规划问题的整个社会现实就是传统的线性分析方法无法成功地应对，用“棘手问题”这个词来描述这类社会问题的决策。后来的研究更加细化了两类决策问题类型特征。

通常来说，“平淡问题”的特征有：有相对稳定和明确的问题陈述；我们知道当答案出现时，问题有明确的终点；答案能进行客观评估对或错；用相类似的方法解决类似类型的问题；可以用试错法进行实验。与此相对应的是“棘手问题”，其特征有：难以清晰地定义，相对含混；

---

① RITCHEY T. Wicked Problems—Social Messes: Decision Support Modelling with Morphological Analysis. Springer: Verlag Berlin Heidelberg, 2011.

② 同①1.

③ 同①9.

与道德、经济、政治、社会等领域高度相关，主观性强；对问题本身以及解决方案都缺乏共识；与变动的环境形成互动，问题处于不稳定状态，答案更加不确定①。更进一步地说，问题的定义是多维度的，取决于主观判断；问题没有明确的终止边界；解决问题的方法没有对错，只有更好或更坏之分；对答案没有当下或长期的检验标准；解决问题的潜在方案无法列举全；几乎每一个棘手问题都有着特殊性；每一个问题都可以看作是其他问题的前期症状；导致问题形成的原因是多重的。对于“棘手问题”的解决方法运用的是形态分析。

形态分析首先是从环境—战略空间框架出发。环境分为两类：背景（context）和相互作用（transactional）的环境。背景环境是指能够对组织和系统产生影响，但组织和系统不能改变的因素，如技术变革。相互作用的环境是指能够与组织和系统形成相互交换，相互产生影响的因素。战略空间是组织和系统能够集成所有可控因素并形成应对背景因素的战略。环境-战略空间框架（见图3）是形态分析环境模型②。

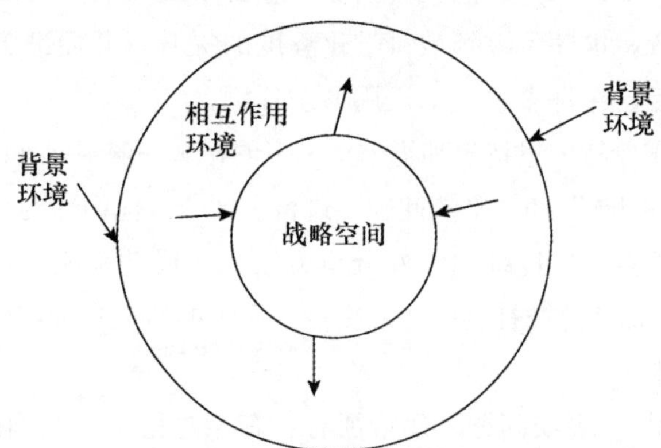

图3　环境与战略空间框架

形态分析包括两个及以上维度或要素（充当变量），内含一系列状态或价值，构成了分析参数。在不同参数之间的状态或价值建立起关联。关系有三种：因果关系、统计关系和逻辑关系。每一个维度都可以

---

① RITCHEY T. Wicked Problems—Social Messes：Decision Support Modelling with Morphological Analysis. Springer：Verlag Berlin Heidelberg，2011：19-20.

② 同①32.

用表格进行描述。形态分析是战略预见的定性方法的代表。

社会稳定风险评估的对象是带有复杂利益调节的公共决策，属于典型的战略性决策，而非机会决策。战略性决策回应的是“棘手问题”，反映利益相关者的多重博弈的特性，因此需要对决策进行趋势和未来的研究。战略预见是对影响评估的进一步发展，更加强调决策的主观性和选择性，更加重视决策者的积极作为对决策后果所产生的影响。

五、风险与管理

社会稳定是社会脆弱性（social vulnerability）的直接体现。社会脆弱性来源于社会不公平，“嵌入在复杂社会关系和社会过程中”，最好看作是需要社会解决的社会问题①。在中国的语境下，社会稳定与社会秩序是联系在一起的。社会稳定的风险实质是社会秩序受到挑战，表现为社会群体性事件、社会骚乱、集体上访、恶性社会事件等。社会稳定风险评估拓展了社会影响评估的范畴，关注的是风险问题，由此纳入风险评估与管理范畴。社会稳定风险评估关注的是风险的评估、预测与防范等。

既然是风险评估，那么首先需要在学术意义上厘清“风险”的含义。风险具有两个层次的意义：不利结果的严重程度和发生的概率。在系统论意义上，影响风险出现的因素有：输入、输出、状态的变化、决策的变化、外部的变化、不确定性的变化以及随机变化②。又可以表达为：$R=\{s_i, l_i, x_i\}$。R 的含义是“风险”，s 的含义是“风险情景”，l 的含义是“可能性”，x 的含义是“破坏性的结果”。“风险”是破坏性结果发生的概率，来源于对未来变化的不确定性，是系统脆弱性状态的一种

① BRENDA D P，THOMAS D S K，BLINN-PIKE F L. Social Vulnerability to Disasters. London and New York：Taylor & Francis Group，2010：4.

② HAIMES Y Y. On the Complex Definition of Risk：A System-Based Approach. Risk Analysis，2009，29（12）：1647－1654.

表达。

在风险评估的框架里，核心概念是不确定性。它包括了四个方面的内容：对结果预判的知识方面不足；对风险无法进行定量描述或风险评估的结果不可靠；潜在因素对活动结果的影响上缺乏理解；对结果的空间状态缺乏明确的定义①。简单地说，它分为两种类型：偶然或意外事件的不确定性（随机变量），即偶然的不确定性；由于知识不足导致认识论层次的不确定性，即认识上的不确定性。在实践中，社会稳定的风险既有偶然的不确定性，如突发事件的影响；又有决策者知识不足，对社会利益关系认识不足，对人群的集体行动能力和能量认识不足。

风险识别方法是风险预测的关键要素。其主要方法有两种。

1. 类型识别模式（a taxonomy-based model）

风险分类是按照类别（class）、要素（element）、属性（attribute）三个层次来进行风险划分。在风险评估过程中，风险类型识别模式一直是基本的分类方法，逐步利用软件工程等信息技术来进行标准化分类。在社会稳定风险评估过程中，针对不同类型的风险采取相应的风险防范显得非常重要。

2. 分级全息建模（hierarchical holographic modeling，HHM）

分级全息建模（HHM）是建立在系统和整体哲学基础上，全面、丰富、多角度、多维度地展示系统特征②。“分级”来自组织的本质是按层级设计的，因而由层级机制推动风险管理框架的运行。“全息”借用的是摄影技术词义，意思是“全息摄影”，展现系统风险的多视角图像③。HHM是建立情景模拟基础上，力图通过类似摄影技术方法，全方位揭示风险源、风险类型及其风险演化。其核心分析概念是分解（decompo-

---

① AVEN T. On Different Types of Uncertainties in the Context of the Precautionary Principle. Risk Analysis，2011，31（10）：1515-1525.

② HAIMES Y Y. Risk Modeling，Assessment，and Management（third edition）. A John Wiley&Sons Publication，2009：97.

③ 马丽仪，邱菀华，杨亚琴．大型复杂项目风险建模与熵决策．北京航空航天大学学报，2010（2）：185.

sition）方法，把多目标系统划分为各类子系统，按照风险来源进行定位和识别。

运用 HHM 分析大型工程项目的社会稳定风险，包括了生命周期、项目管理、技术、硬件、软件等分系统。分系统可能引发的社会稳定风险源是不同的，如大型工程项目的生命周期分系统内社会稳定风险源（见表 1）。

表 1　　大型工程项目社会稳定风险评估的 HHM 分析

生命周期	风险类别	风险控制点
规划阶段	投诉信访风险	大型工程规划、技术指标合法性
	征地与动拆迁风险	征地或拆迁公司是否合法、补偿政策是否公平、公正、透明、特殊人群是否体现了公平
施工阶段	环境问题的风险	大气、噪声、扬尘
	对公用事业的影响	出行、煤气、电、水的影响
	现场管理安全风险	社会治安、交通安全、近距离的居民建筑物安全
运营阶段	潜在影响显现化	生活的影响和环境的影响

运用 HHM 分析重大政策的社会稳定风险评估，关键是能识别出风险源，在此基础上进行系统扫描。重大政策的风险源主要来自政策文本的变化可能带来的社会稳定风险。政策文本的变化集中在三个方面：时间（temporal）、空间（spatial）、个体的异质性（individual heterogeneous）①。

重大政策的整体风险取决于两个因素：每个风险点的风险值大小、扩散机制的强弱。单个风险点的风险值比较小，但扩散机制强，整体风险也比较大；单个风险点的风险值比较大，但扩散机制弱，整体风险也可控。扩散机制是指利益相关群体或不相关的群体，在网络、负面信息、谣言等作用下，利用人群的负面情绪来扩大社会风险。重大政策的风险点识别的标准是不同人群因政策缝隙而导致的利益获得或受损程

① HAIMES Y Y. Risk Modeling, Assessment, and Management (third edition). A John Wiley&Sons Publication, 2009: 266.

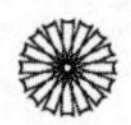

度。因时间、空间、人群上的不一致，调查出人群的数量和利益关注点。

公共政策的生命周期简单地说可分为：决策、执行与评估。依据上述两个维度，构建出识别重大政策风险源的工具。

表 2　　基于 HHM 的政策风险识别

	时间	空间	人群
决策	风险 A1	风险 A2	风险 A3
执行	风险 B1	风险 B2	风险 B3
评估	风险 C1	风险 C2	风险 C3
总体风险	整体风险＝(风险 ABC，扩散机制)		

简要地说，社会稳定风险评估旨在对决策后果进行预评估，实现社会利益冲突的源头防治，缓解社会矛盾和冲突，从而推动管控型维稳向民主、活力、有序的社会秩序建设转变；从学理上回答并解释社会稳定风险评估到底是什么，有哪些知识基础，学术观点发展脉络的图景等。图 4 从国家与社会、决策与评估、抗争与参与、战略与预见、风险与管理五个不同层次展现出社会稳定风险评估在社会理论知识脉络中的地位。

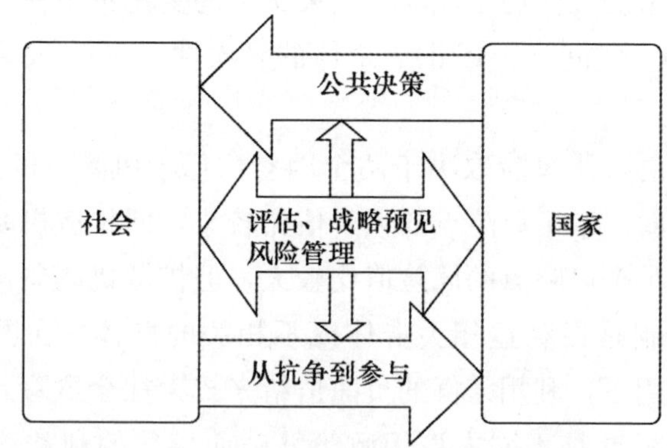

图 4　社会稳定风险评估的社会理论图景

基于图 4 进一步提炼社会稳定风险评估的学理基础。社会稳定风险评估处于国家与社会互动通道上，是对公共决策过程进行影响预评估，目的是把社会抗争转化为公众参与，运用了战略预见的思想和工具，其实质是一种风险预测、评估与化解的制度安排。

参考文献

［1］ANHEIER H K. Civil Society：Measurement，Evaluation，Policy. New York：Routledge，2004.

［2］MIGDAL J S. State in Society：Studying How States and Societies Transform and Constitute One Another. Cambridge：Cambridge University Press，2001.

［3］TARROW S G. Power in Movement：Social Movement and Contentious Politics. Cambridge：Cambridge University Press，2011.

［4］ARNSTEIN S. A Ladder of Participation. Journal of the American Institute of Planners，1969.

［5］TUOMO K. The Evolution of Strategic Foresight. Farnham England：Gower，2012.

［6］HABEGGER B. Strategic Foresight in Public Policy：Review the Experience of the UK. Singapore and the Netherlands，2010（42）.

［7］RITCHEY T. Wicked Problems—Social Messes：Decision Support Modelling with Morphological Analysis. Springer：Verlag Berlin Heidelberg，2011.

［8］BRENDA D P，THOMAS D S K，BLINN-PIKE F L. Social Vulnerability to Disasters. London and New York：Taylor & Francis Group，2010.

［9］HAIMES Y Y. On the Complex Definition of Risk：A System-Based Approach. Risk Analysis，2009，29（12）.

［10］AVEN T. On Different Types of Uncertainties in the Context of the Precautionary Principle. Risk Analysis，2011，31（10）.

［11］马丽仪，邱菀华，杨亚琴. 大型复杂项目风险建模与熵决策. 北京航空航天大学学报，2010，36（2）.

掣肘与矫正：中国社会稳定风险评估制度十年发展省思*

刘泽照　朱正威**

一、引言

在当代中国，改革、发展、稳定是关系民族复兴大业的战略性命题，维护三者良性互动大局是中国特色社会主义事业发展的客观要求和构建现代国家治理体系的重要保障。实践中，涉及较大范围、较多群众切身利益的重大决策、重大政策、重大改革、重大建设项目始终是牵系改革发展稳定大局的敏感点，受到社会各界的高度关注，21 世纪以来也留下了不少警示教训。毫无疑问，如果没有一系列重大事项的决策与实施，改革发展就缺少了必要的推进载体，就会缺乏有力的杠杆支撑。然而，历史和现实同时昭示我们，创造一个稳定环境是中国改革发展的基本前提。如果重大事项的决策与实施引发了社会矛盾甚至社会冲突、破

* 本文为国家社会科学基金重大项目“建立社会稳定风险评估机制研究”（11&ZD034）的研究成果。本文已发表在《政治学研究》（2015 年第 4 期）。

** 刘泽照，西安交通大学博士研究生，研究方向：风险管理、公共安全，系统科学；朱正威，西安交通大学公共政策与管理学院教授，博士生导师，研究方向：风险治理与危机管理、政府能力、区域发展与公共政策、文化遗产与创意产业。

坏了地区社会稳定，那么不仅重大决策无法顺利实现，改革发展事业也势必受挫，政府公信力也将受到损害。那么，怎样才能够使重大事项的决策与实施既能推进改革、促进发展，又能保证和维护社会和谐稳定？2005年来，起源于地方实践创新的社会稳定风险评估回应了这一重大理论和现实命题，成为直面当代中国问题的创造性探索，并最终上升为国家制度规范。

近年来，学界对于“稳评”给予了广泛关注，研究者们从制度意义、评估规范、实践框架、工具建模、学理范式等层面进行了多角度跨学科分析和探索，侧重点各有不同，尚未形成统一话语体系，理论上有待进一步整合，但在政府回应决策风险这一层面却有交叉共识，倡导风险减缓的“政府责任”。事实上在国外，社会发展中的系统风险趋于常态，针对政府公共政策的风险评价受到普遍重视，美国、英国、加拿大等国家政府大都采取有力措施将风险因子纳入本国公共部门决策模式，不仅关注政策“科学性”，也融入了“社会影响”的政治考量。

在吸收外国有益经验的同时我们应当看到，“稳评”是中国特色的时代产物，无论是“稳评”程序规范还是“稳评”运行机制，都存在于政府部门具体执行行为和治理理念之中，根植于特定环境下的政治意识、发展观念和行政伦理文化，也必然载有鲜明的中国印迹，故“稳评”制度的研究拓展必须立足中国本土情境，立足地方发展实际，更加重视探索现实世界的公共行政实践及行政运行过程，从而为科学推进这一创新制度提供有针对性的现实路径。

本文论述了近十年间中国“稳评”制度的发展演进过程，揭示了这一制度创设的构建历程及政治价值；沿着“理念—实践—制度”的框架，分析现实“稳评”运行中的掣肘和冲突，以此为基础提出未来健全完善“稳评”制度的基本方向。

二、中国社会稳定风险评估制度发展演进的三维透视

社会稳定风险评估作为一项政治性很强的具体行政制度，它的聚焦

点是重大决策事项。凡事预则立，不预则废，“稳评”实际充当着防范风险的过滤机制，促使决策者预先把控重大决策对地区社会稳定可能带来的风险，未雨绸缪，积极作为，通过一系列关键性程序主动规避、减缓、化解衍生性风险，从而降低改革发展过程中的社会成本。2005年以来，党和政府高度重视各地“稳评”的实践经验，对“稳评”的应用发展提出了一系列明确要求（见表1），使之逐步上升为国家性制度规定。

表1　2005年以来党和政府关于社会稳定风险评估的重要论述

时间	部门或文件	重要论述内容
2007年4月	中央维稳办	在深入调研基础上，要求全国推广社会稳定风险评估的“遂宁经验”。
2011年3月	国家“十二五”规划纲要	“建立重大工程项目建设和重大政策制定的社会稳定风险评估机制。”
2012年11月	中共十八大报告	“建立健全重大决策社会稳定风险评估机制。”
2013年3月	国务院政府工作报告	“健全重大决策社会稳定风险评估和突发事件应急管理机制，维护社会公共安全，促进社会和谐稳定。”
2013年11月	《中共中央关于全面深化改革若干重大问题的决定》	“健全重大决策社会稳定风险评估机制。”
2014年10月	《中共中央关于全面推进依法治国若干重大问题的决定》	“把公众参与、专家论证、风险评估、合法性审查、集体讨论决定确定为重大行政决策法定程序，确保决策制度科学、程序正当、过程公开、责任明确。”
2015年3月	国务院政府工作报告	“落实重大决策社会稳定风险评估机制，有效预防和化解社会矛盾。”

（一）“稳评”是源于问题的地方实践创新

21世纪以来，地方政府在推动地区经济发展过程中出现一些突出问题，主要表现为：高度重视经济指标，忽视社会全面协调可持续发展；不统筹兼顾经济建设和社会建设，甚至出现了以牺牲群众利益为代价换取经济快速发展的不良势头；一些涉及地区群众切身利益的重大工程项目，为了抢时间、赶进度、提效率，在没有算好“稳定账”“政治账”的情况下强行仓促上马，引起群众强烈不满，衍生性社会矛盾骤升，“维稳”成本急剧增加。在此整体背景下，如何回应解决这一突出问题成为各级政府和社会有识之士关注的焦点问题。2005年初，针对当时最易引发“群体性事件”的重大建设项目，四川省遂宁市在全国率先制定出台的《重大工程社会稳定风险预测评估化解制度》明确规定：新建重大工程须经社会稳定风险评估，凡是未经风险评估的不得盲目开工，评估出的“涉稳”重大隐患尚未化解的不得擅自开工。这也成为中国地方政府正式启动“稳评”的开创性标志。

随着发展中社会矛盾冲突形式的变化和不稳定事件诱发因素的演变，2006年2月，遂宁市在重大工程社会稳定风险预测评估试点工作的基础上，进一步拓展评估范围，制定出台了《重大事项社会稳定风险评估化解制度》，要求在做决策、上项目、搞改革以及其他事关群众利益的重大事项出台前，都必须组织开展社会稳定风险评估，避免或减少因决策失误或时机不成熟给社会稳定带来冲击和负面影响①。自此以后，“稳评”的工作内容得以拓展，运作体系不断提升完善，并在地方层面自发延伸出了若干独具特色的实践模式，如“四川模式”“江苏模式”“上海模式”“哈尔滨模式”等，逐步形成了地方“稳评”实践的多元局面。

需要强调的是，地方政府在“稳评”初期发展过程中，着眼于地区“维稳”的现实压力和既定政策指导，基本维持了“各自为战”的工作

① 四川遂宁推行社会稳定风险评估. 人民日报，2006-06-06.

局面，其关键着力点、指向范围、运行机制等各有侧重，呈现各地相互学习比照和自主探索创新相结合的态势，总体上尚未形成统一规范的框架体系且主要依托于内部行政系统推行运作。同时，在一些辖区也相继出现了部门式“稳评”实践，如有些地方的司法部门提出了涉检、涉诉、涉警案件的“稳评”内容，劳动与社会保障部门开辟了涉保纠纷的“稳评”工作领域，国土部门推出了涉土争议“稳评”工作规定，等等。客观而言，这些探索性实践是积极有益的，一定程度上减缓了地方社会发展中的不稳定因素，提升了政府工作效能，为此后国家层面“稳评”制度的建立和完善积累了宝贵经验。

（二）“稳评”的创新扩散和制度体系规范

中国地方政府创新行为具有其特殊发展模式，其中自下而上的吸纳辐射扩散模式较为突出，集中体现为“地方政策创新—上级采纳—推广实行”的发展路径①。“稳评”缘于地方实践，其现实应用价值及工作理念获得中央层面的高度认可，并最终上升为国家统一行动。2007 年 5 月，中央“维稳”工作领导小组转发了中央“维稳办”《风险评估消除隐患，从保到创谱就和谐——关于四川遂宁推行社会稳定风险评估机制，做好维护稳定工作的调研报告》，向全国推广遂宁市社会稳定风险评估机制的做法及经验。2009 年 9 月，党的十七届四中全会公报中明确要求“建立健全重大社会决策、重大工程社会稳定风险评估机制”，在此指引下，各地“维评”实践创新形式及探索领域也进一步得到延伸，“稳评”在全国中心城市及省级行政区域得以快速扩展，各地陆续制定出台了一批强有力的推进措施，如四川省建立起“五五工程”评估体系，上海市积极探索社会稳定风险“第三方评估”，黑龙江省哈尔滨市建立重大事项备案制度等。

“稳评”实践开拓了地区“维稳”保障机制的新思路，也迫切需要创设一套统一权威的指导性规范，提升其制度化水平。2012 年 1 月，中

① 王浦劬，赖先进．中国公共政策扩散的模式与机制分析．北京大学学报（哲学社会科学版），2013（6）．

共中央办公厅、国务院办公厅联合发布《关于建立健全重大决策社会稳定风险评估机制的指导意见》（简称《指导意见》），明确了“稳评”工作的指导思想和基本要求，确立了评估范围、评估主体、评估程序、风险等级认定、评估结果运用等基本内容，提出了加强组织领导、综合保障、责任追究等具体要求，成为中国“稳评”迈入制度化轨道的标志性文件。《指导意见》之后，“稳评”在全国范围内迅速推进，应用范围由省市层级逐步向基层区县、乡镇、社区机构部门延伸。其间，各地重点在相关规范确立，在实施细则、督导办法上拓展思路，一批政府规章相继出台①。同时，国家部委也先后制订了本系统内“稳评”指导意见或实施方案，着力从专业性领域构建“稳评”的制度性规范，配套机制不断细化完善。2012 年 8 月，国家发改委发布《重大固定资产投资项目社会稳定风险评估暂行办法》，使“稳评”成为工程建设项目行政审批（核准/备案）前的必备准入程序，由此也催生了“稳评”社会组织力量的快速发展。

各种规范性文件的出台和各地的“稳评”模式创新逐步搭建了中国“稳评”的制度框架，改变了“稳评”早期缺乏明确指导性依据的状况，使之朝着制度化、规范化、专业化方向发展。同时，“稳评”机制的应用领域也不断深化，主要表现为：（1）与信访制度、政府督导制、行政审批制、应急管理制度等紧密融合，“稳评”被纳入政府重大决策程序，成为矛盾调处、冲突化解、行政效能预判的重要工具。（2）在项目管理、环境保护、社会治理、维稳综治、效能建设等重点工作领域，政府日益强化运用“稳评”来进行目标控制和风险防范。部分先行地区在“稳评”专家库建设、中介咨询培养、专项监测中心创建等领域积极探索，强化外部管理支持保障措施。（3）由重大工程项目向公共政策层面延伸，分类评估得到一些地方政府响应，如河北省张家口市建立“一办两组”组织架构，突出政策评估导向。（4）一些国有企业、社会组织、

① 事实上早在 2010 年，四川省便率先通过了《四川省社会稳定风险评估办法》，该办法成为全国第一个省级政府“稳评”行政规章，此后类似规章制度在多个省（区）陆续制定颁布。

医疗机构和高等院校等，也开始建立系统内部的“稳评”规范。

(三)“稳评”制度创设的政治价值

社会稳定风险评估是中国在社会转型期着力应用制度建设、法治思维推进社会治理、践行群众路线的具体体现，也是当代中国“维稳”工作的重大理念创新、机制创新和工具创新，具有重要政治价值：

(1) 转变领导方式，推动长效“创稳”。一段时间以来，我国的突发群体性事件呈上升态势，而在上项目、定政策、做决策过程中，不尊重客观规律、不符合本地实际和群众利益、不审慎依法使用权力是造成社会稳定问题突出的根本原因。一些地方将“维稳”与“维权”对立，“维稳”方式非理性化，“即兴式举措多于制度规范”①，导致“维稳”手段异化，乱作为、胡作为现象严重。“稳评”就是要推动转变以往不恰当的领导决策方式，确立科学“维稳”新思维，建立法治“维稳”新常态，使对社会稳定问题的处理由原先的事后被动处置向事前预防转变，由传统灭火式应急管理向“综合风险治理”转变，从源头上减少人为制造的不稳定事件，进而变“刚性维稳”为“长效创稳”。

(2) 强化依法行政，树立制度约束。实践表明，社会公共安全隐患的恶性升级存在客观环境原因，但更多的来自主观因素，其中之一就是重大决策出台实施过程中“权力本位、以权压法”问题始终突出。个别地方政府存在借稳定之名打压上访、干扰司法、违法行政的行为，这些行为都对国家法律权威、法治政府建设构成严重损害。“稳评”倡导以制度化方式解决发展中的社会矛盾冲突，提高科学处置能力，由管治型模式向制度化、法治化轨道回归，使“稳评”成为政府依法行政的一个重要窗口和评测“安全阀”，推动地方政府在法律、制度框架内履行职责，运用法治思维和法治方式推动地区发展。

(3) 彰显群众观点，体现群体协商。“稳评”制度的基本出发点是促使政府决策者在推动地方发展过程中坚决维护群众根本利益，善于、

① 姜晓萍. 国家治理现代化进程中的社会治理体制创新. 中国行政管理，2014 (2).

勇于做群众工作，把群众是否支持拥护作为决定各项政策和举措出台与否的依据，把充分听取反映民意作为重大决策出台实施前的必经环节。“稳评”的具体实现过程需要开展社情民意调查，需要应用座谈走访、公开听证、抽样调查、舆情跟踪等工具渠道进行分析论证，本身是搭建干群对话、风险沟通、多方参与的协商平台，帮助决策者在现实利益冲突的问题情境中找寻最佳方案，减缓社会风险。“稳评”这一民主协商的方式，使党和政府对重大决策的社会影响把握得更加全面明晰，符合现代政府行政理念，有利于切实保障群众利益。

（4）促进科学决策，提升政府公信力。重大公共决策“牵一发而动全身”，决策一旦失误，不仅造成经济损失，更可能引起群众强烈不满，损害政府公信力，甚至危及社会稳定。“稳评”制度作为一套规范的管理机制和系统程序，融入了风险识别、风险沟通、风险定级、风险处置等一系列环节，为重大决策设定了一道准入门槛和前置条件，实践中有助于政府决策信息公开，提高政策透明度，“推进中国公共政策过程民主化”①，规避那种个人长官意志或少数决策者“拍脑袋”式的决策方式，最大可能减少因决策不慎重、时机不成熟、操作不规范引发的社会矛盾和公共质疑，维护政府形象和政治公信力。

总之，自“稳评”推行以来，重大决策风险评估制度以及风险治理理念，迅速进入政府官方话语体系中，成为适应新时期新形势社会发展要求的战略性选择，“稳评”对于实现改革、发展、稳定三者和谐统一的重大价值也必将得到进一步彰显。

三、“稳评”理念、实践与制度的碰撞及其张力

近十年间，“稳评”在我国的覆盖范围实现了巨大突破，取得了显著成效，但同时不应回避发展中的一系列实质性问题。在中国当前的体

① 朱德米．开发社会稳定风险评估的民主功能探索．探索，2012（4）．

制环境下，“稳评”制度运行依然不免有掣肘冲突的一面，具有发展运行的独特逻辑。

（一）“稳评”认知理念的现实羁绊

尽管随着地区“维稳”压力的加大和群体性事件的频发，稳定理念为“稳评”制度实践提供了强大的价值资源，但囿于“稳评”机制探索的时限相对较短且地区发展极不平衡①，相关的配套资源积累尚且不足，“稳评”制度的系统建构在行政系统内还缺乏充分的价值共识。从制度规范来看，近年来各地的“稳评”实践多集中于以工程项目为代表的程序认定及评估报告输出，主要出台了相关程序化规定和文本标准，而很大程度上忽略了“稳评”机制的完整释义及关键的政治问责、行政问责、绩效评估等配套制度建设，这无形中降低了公共部门对“稳评”科学体系的认知，反过来削弱了“稳评”自身的影响效力。

同时，在改革发展稳定的三维链条中，传统单向度的经济推进思维在地方官员群体还影响较深。虽然近年来我国对异化的 GDP 导向有所纠正，但旧式思维惯性依旧十分强大。尤其伴随着我国经济发展步入“新常态”阶段，经济下行压力持续增大，政府内部保增长、拼经济的呼声更为集中。事实上，在当前地方政府多目标责任体系框架下，相关经济发展指标始终占据绝对比重。调查发现，“稳评”贻误地区发展、阻碍项目推进等错误认知在一些政府部门中广泛存在，极大地影响“稳评”的内部驱动力。

此外，由于“稳评”是地方政府基于地区稳定形势和发展环境而主动发起的工作行为变革，“稳评”制度创设及其适用在不同地区、不同部门间存在较大的认知差异，部门本位观念、权力和利益博弈会制约“稳评”制度的实质性拓展。其中，党政主要决策者的稳定观及权责意识在很大程度上决定制度的具体实现路径和方式，这样就客观构成了“稳评”制度与认知理念之间的隐性张力，即决策者往往基于个体主观

---

① 这一不平衡不仅存在于不同省、市、自治区之间，也存在于同一省、市、自治区内部的不同区域及机构部门，尤其表现于县（区）级层面，“稳评”的发展水平总体上仍处于初级阶段。

的综合价值判断来评价和履行“稳评”，进而形成了多元的制度现实和认知理念。

（二）行政干预下的“稳评”实践裂隙

如前所述，“稳评”是现有政府体制下依据地方实践创新实现的制度扩散，现实中通常被纳入传统绩效考核的目标责任体系之中，并提炼为若干指标。一直以来，“稳评”带有浓厚的行政驱动色彩，政府部门被赋予较大的“稳评”自由裁量空间，系统内的“稳评”考核指标往往只是表面的评估报告、评估数量、评估比例，不能真正体现“稳评”的实际效果，这就助长了工具思维下的形式主义、机会主义倾向，一定程度弱化了“稳评”制度应有的纠偏差、防风险功能，从而演化为实践中某些错误行为：

一是敷衍应付。我们在调研中发现，一些地方政府在制定“稳评”制度实施细则时，不是依据地区客观发展状况科学设计、精心谋划，而是生搬硬套，“依葫芦画瓢”，照抄照搬，严重缺乏地区适应性和操作性。在具体政府部门的一线工作中，存在着不注重评估方法改进、不重视程序规范的现象，往往简单采取“闭门座谈会”或“象征性走访”等机械形式，甚至索性杜撰套用以往评估报告应付了事。2013 年全国“稳评”工作经验交流会上曾通报一则案例：2012 年东南沿海某县将一个重大项目立项报告送至国家发改委审批，上会前被告知因缺少社会稳定风险评估报告而无法报送。为此，在县委主要领导授意下，该地一夜之间完成评估报告，经市政法委盖章后继续报送。此案例说明，一些地区受强烈政绩冲动的影响，“稳评”成为可有可无的点缀。

二是避重就轻。目前，不少地方的“稳评”事项推进层面普遍存在“选择性执行”问题，进入评估范围的主要以工程建设项目为主，一些其他的重大改革事项、公共政策等多是“绕道而行”。即使是工程项目，“稳评”也主要指向少数地区关注度高的项目，其余或是省略，或在行政力量默许下直接采取“先上马后评估”“边实施边补充”的应对措施。这无疑避开了法定程序的监控和社会的质疑，与“稳评”的前置性风险防范设计初衷背道而驰。

三是评而不用。我们调查发现，有的决策事项虽然经过前期较为规范的细致评估，做出了存在高风险或较高风险的结论，并提出了不予实施、暂缓实施的评估建议，但在异化的发展观和行政权力支配下，相关决策部门依旧将评估结果置若罔闻，强行推动实施高风险事项，出现“评是评、干是干”的现象，进而引发重大社会不稳定问题。“稳评”结果必须具有刚性，如果评估结果不能得到有效应用，也就根本丧失了“稳评”对风险化解防范的应有之义。

四是自评自断。尽管“第三方评估”模式在一些地区推行，但无论覆盖行政区域还是受委托评估范围目前都相当有限，行政系统内部自评依旧是当前“稳评”制度实践的主体模式，这种现象在县级及以下政府中尤为突出。一些地方的“稳评”在主要行政领导支持下基本上采取了部门内或相关部门间闭门开会讨论、内部自行设定风险等级的方式，不讲究规则、步骤和程序，几乎没有必要的外部公众参与，这极有可能造成决策信息错位和政府公信力缺失，进而埋下社会风险隐患。

（三）模糊环境中的“稳评”执行冲突实践

制度设计是现代组织制度的“内核”，是融合了目标、规则、权力、利益等要素的集成体系。制度设计中最普遍的缺陷来自规则自身的模糊性，模糊会形成理解歧义，模糊性越强，人为操纵的空间越大，由此制度实现过程的隐性冲突会进一步显露。

“稳评”制度推动政府建立新的决策思维，但是，“稳评“制度的宏观设计大多仅确立了原则性指导框架，其制度的具体实施普遍存在较大的自由裁量空间，也存在规则设计与地区适应之间的模糊空间。例如，在各地设立的“稳评”范围中，不仅不同地区不同系统之间规定迥异，而且同一地区同一系统内部规定也不同。之所以存在偏差，很重要的一个原因是对于“稳评”整体指导规范中关于“应评尽评”规则的差异化理解，从而造成一线工作的运行矛盾。评估主体是“稳评”实践的具体组织者和执行者，决定着评估结果。而现有“稳评”体系仅确立了“谁决策谁负责、谁主管谁负责”的总体原则，却在现实中留下了诸多模糊空间，引发地方“稳评”实践操作中难以回避的“硬伤”，如主体交叉、主体责任缺位、主体委托争议、“风险化解主体纵向错位”① 等客观现实冲突。随之而来的评估领导主体、评估组织主体、评估责任主体、评估监督主体等多重交织关系更使工作运行机制出现内部梗阻，进一步催生了人为操纵“稳评”过程及评估结果的可能性。尽管各地陆续出台了一些细化规定，但囿于行政管理体制、投资管理体制、党政人事关系、央地府际关系等深层次限制矛盾，这些问题难以在短时间内解决。

所以，“稳评”出现了实践与制度之间的错位，错位的问题反映了当前“稳评”制度的内在缺陷，“模糊性”则充当了执行冲突的隐性根源。模糊性表现为制度规定中一系列难以客观化、标准化和操作化的指导性要求，这些“模糊性”规定使得“稳评”制度执行情况无法得到实际检验。比如中部某地级市出台的“稳评”实施细则中大量使用了诸如“合情合理”“高度重视”“较大风险”“实施不当”“追究相关部门及个人责任”等模糊性语句描述，最终结果极有可能是“打虚靶”或实践冲突。并且，目前一些地方“稳评”中的“第三方评估”组织大都是与公共部门相关联的国有部门或商业组织，还主要停留在指引性的政策层面，没有形成常规性的制度化规则，这也制约了第三方评估的科学性适用，甚至引发争议。

（四）制度规约下的“稳评”考核问责

“稳评”作为一项具有重大意义的政府工作，一开始便贴上了问责“标签”，逐步被纳入政府目标责任体系中进行诠释和约束，赋予了体制内的正当性及行政动力。与此同时，关于“稳评”工作考核的机制和手段，也被迅速整合扩散为地方政府履行“稳评”责任、强化问责依据的共同话语，得到各地政府机构强烈而密集的表达。如四川遂宁将“稳评”纳入党政领导班子及领导干部考评，将其归入党委政府督查工作的

① 刘泽照，朱正威．中国社会稳定风险评估实践框架及关键着力点．西南大学学报（社会科学版），2014（5）．

重要内容；北京市实施“稳评”行政监察，推进备案制；陕西省将“稳评”纳入地方政府年度目标责任考核体系等。

然而，深入的调研分析发现，“稳评”考核问责实践并未如想象中那般尽如人意，隐含着权力竞技和利益博弈的巨大张力，“稳评”实践也没有按照制度所预设或期待的逻辑来发展，这表现在：第一，在考核主体方面，目前各地“稳评”考核工作一般由本地党委“维稳”机构具体负责实施、督导，但“维稳”专职部门的职能与人员通常有限，很难全面承担和履行对各层级政府部门的“稳评”考核重任，尤其一些县级“维稳办”存在普遍的“小马拉大车”现象。这也是一些地方至今还未开展县级政府“稳评”考核工作的重要原因之一。第二，在考核内容方面，虽然不少地区制定了“稳评”考核指标，但多数主要以“稳评”报告递送及工作材料汇报来具体实现，只能反映结果性的评估数量，而无法体现“稳评”是否产生了实际效果。这无疑容易助长实践中的形式主义及虚假操纵，弱化了考核对“稳评”的实际推动作用。另外，“稳评”考核主要采取年度政府目标责任制的形式，日常考核和督导虽然也有，但由于各种原因实际很少正常开展，这也一定程度上限制了“稳评”考核功能的发挥，影响“稳评”考核结果的工作效能。第三，在问责方面，目前“稳评”问责针对的直接对象突出集中于“群体性事件”，即问“事件结果”之责而非“评估过程”之责，问“事件影响”之责而非“评估价值”之责，这就给“稳评”问责留下诸多机会主义空间。同时在实践中，由于缺乏具体的程序界定和严重性评判，除却个别影响较大的事件之外，对“稳评”失职责任的惩处实际很少会采取严厉措施，而通常代之以一定范围的内部批评或象征性警告，这进一步降低了地方政府“稳评”制度的推进驱力。

总之，考核问责有助于“稳评”制度的履行及责任理念扩散，但不恰当、不合理的规则设计和问责实践也损害了“稳评”制度自身的功能实现。特别是现实中不断上演的避重就轻的柔性问责、隔靴搔痒的虚假问责等现象，无疑会严重破坏“稳评”制度问责的严肃性和正当性，扰乱公务人员对于“稳评”制度的价值判断，也挫伤了公众对于责任政府建设的心理期许。

四、进一步推进健全“稳评”制度建设的路径方向

党的十八届三中全会提出要“健全重大决策社会稳定风险评估机制”。要实现这一战略目标，我们必须立足现实，找准着力点，深刻把握“稳评”运行特征，加快推进依法行政制度化进程。未来需要进一步优化和完善“稳评”综合支持系统，强化地方政府“稳评”的内驱保障机制。

（一）引导公务人员树立对“稳评”的科学认知

制度的缺陷、实践的偏颇固然可能有其客观原因，但总是与实践主体的主观认知局限相关联。目前一些政府部门工作人员的“稳评观”并非建立于对改革发展稳定关系的科学认知基础上，而是出于部门及主体自利动机，对“稳评”采取收益与成本的短视计算，在此基础上采取一些“策略性选择”。这一状况是导致不少基层政府“稳评”内驱力不足的重要根源。因此，从根本和长远意义上讲，推进“稳评”制度必须着力引导政府工作人员建立适应当代社会发展特征的新型稳定观、风险治理观，有效增强政府人员守法依规、科学发展的决策意识。

首先，采取切实措施扭转发展异化行为。一方面，要建立健全科学的政绩评价方式和成果检验机制，使官员从片面的只重经济发展的政绩观中解放出来，确立发展是政绩、稳定也是政绩的观念，这是充分认识“稳评”制度重大意义的必要前提。同时，要引导摒弃传统被动“维稳”的旧思维，确立主动“创稳”新观念，“花大量钱治疗”不如“使用少量钱预防”[①]。另一方面，要探索完善相应的干部任用激励机制，注重选拔那些依法行政意识强、群众路线执行扎实、善用法律手段和科学决策

① 奥斯本，盖布勒. 改革政府——企业精神如何改革公共部门. 上海：上海译文出版社，1996：205.

推动发展的优秀干部，在用人导向层面形成良好激励。

其次，强化法治和规则程序理念。发展为了群众，发展依靠群众，发展必须在法治轨道上运行才具有其合法性、正当性。要注意引导夯实公务人员的法治观念，使其建立对法律、制度的心理敬畏，本质上，“稳评”就是以法治的思想和程序，防范经济社会发展中的隐性风险，解决前进道路上的突出矛盾和问题。“稳评”绝不是一种简单限制性工具，而是以制度化的程序规则为地区科学发展“保驾护航”，实现质量更优、群众满意度更高的发展。因此，要培养公务员的法治信仰，逐步形成使法律、制度能够顺畅运行，公权力受到严格制约，法治文化深入人心的体制和机制。

最后，树立巩固现代风险治理观念。在现代社会，风险无处不在，“风险治理成为现代政府公共职能框架中不可缺少的组成元件”①。特别是我国已进入全面深化改革的攻坚阶段，重大公共事项（重大政策、重大改革、重大工程等）可能带来巨大社会风险，重大改革举措可能牵一发而动全身，必须慎之又慎。要通过学习培训、现身说法等各种形式引导公务人员正确认知改革发展中的风险，学会运用科学方法规避、减缓决策中的隐性风险，而“稳评”制度的创设恰为这一目标的实现提供了一条积极路径。

（二）维系健全有力的“稳评”考核问责机制

尽管“稳评”已覆盖我国绝大多数行政区域，“稳评”制度建设取得巨大成就，但也存在不少问题。“稳评”制度改进与完善依赖强有力的内部驱力，而考核问责机制是当前“稳评”制度功能发挥必不可少的关键“抓手”。根据多地一线的调研结果，我们发现在推动“稳评”制度落地的过程中，“稳评”考核与问责制度的关注度和影响力最为集中，触动性也最大。因此，必须紧紧抓住“稳评”考核问责这一关键环节，做严做实地方政府“稳评”督查惩戒体系。

---

① 朱正威，刘泽照，张小明．国际风险治理：理论、模态与趋势．中国行政管理，2014（4）．

首先，要完善“稳评”考核组织保障。“稳评”工作涉及领域宽、范围广、部门多、跨度大，政治性、政策性极强，所以“稳评”工作的组织领导非常重要。一些地方实践“稳评”工作之所以进展迅速、成效显著，地方党委和政府高度重视、考核保障有力是重要原因。目前各地基本上都是以“维稳”机构为主要依托来开展对“稳评”工作的考核和督查，这种情况至少存在两个方面的问题：一是专职“维稳”机构人员力量薄弱，任务繁重，难免一定程度上影响“稳评”考核质量与效果；二是“维稳”部门隶属党委系统，而“稳评”的大量评估事项发生于政府工作部门，现实中管理职能交叉冲突。针对上述问题，未来可考虑将“稳评”考核工作整体性纳入政府综合考核体系和依法行政督查项目，时机成熟时单独列出，并适度调高“稳评”考核分值比重。同时，强化“维稳”部门的监督指导主体责任，缩短考核评价周期，加大人财物资源投入，建立定时通报、督办制度，及时发现、纠正问题。为增强“稳评”制度的严肃性和权威性，考核领导小组应考虑由上级党政主要负责人亲自担任，并且实质性地参与“稳评”考核工作。

其次，要科学设定“稳评”考核内容。近年来，许多地方明确规定了“稳评”考核内容，一些地区还制订了相应的指标体系，使“稳评”考核有了基本依据，对促进该项制度的现实运行产生了积极作用。然而，目前“稳评”考核标准主要着重评估项目所占比例、评估报告审核状况等“末梢”环节，缺乏全周期过程评价，整体上存在较多疏漏之处。基于此，科学设定“稳评”考核内容需要着重以下几点：一是强化全程跟踪扫描，根据地方“稳评”面临的突出问题设定考核重点内容，指标设计强调可量化、可操作性；二是在考核“稳评”覆盖率的同时，重点考核“稳评”制度履行的质量和效果，避免使考核成为“稳评”形式主义的催化剂；三是确立严格的“稳评”考核标准，对“稳评”年度目标责任考核中工作严重不力者，区别情况考虑给予部门及主要负责人“一票否决”及相应惩处；四是探索建立创新积分，对创造性开展“稳评”工作并取得明显实效的机构部门，在考核中予以适度加分或类似奖励。

最后，强化“稳评”刚性问责。行政问责与政治问责是我国建立责任政府，推进法治化、制度化建设的核心组成部分，而“稳评”问责作为典型的“风险问责”①，是从根本上缓解原发型危机的必然选择。“稳评”考核能否以及在多大程度上发挥其激励及鞭策作用，主要体现在结果的运用上。从对基层政府的调研情况来看，目前“稳评”的考核效果不是很理想，除了“稳评”考核系统设计不完善外，一个重要原因是“稳评”考核结果并未得到切实有效的应用，甚至“稳评”问责办法在一些地区成为标榜法治和制度建设的“摆设”。在对 23 个省（市、区）政府“稳评”实施细则内容进行梳理后发现，“稳评”问责基本以事后“追究相关部门及个人责任”为主，至于“如何追究”“谁来追究”等具体细节几无涉及。而事实上，各地实践中鲜有因“稳评”不力而遭受实际问责的一线案例，这无疑客观上“激励”了地方官员制度执行中的机会主义行为。“稳评”针对的往往是关系诸多群众利益的重大决策，稍不慎重就可能引发社会冲突。特别是面对一些由此引发的不稳定群体事件，首要的问题是要有问责对象，维系“稳评”制度的权威性和公信力，而不能一味敷衍推诿，搞问责“稻草人”。因此，在当前行政体制下，充分发挥考核对于“稳评”的促进和推动作用，必须坚决强化问责的刚性威慑，尤其要将“稳评”考核过程以及实施结果与干部任免、奖罚惩处甚至刑事责任挂钩，让严厉问责、依法惩办真正成为关键抓手来抑制权力任性，为降低决策风险提供强大助推力。

（三）推进“稳评”第三方评估

“比较理想的评估主体模式是探索建立多元主体协同评估模式。”②针对“稳评”实践中出现的可行性冲突、内部评估缺陷问题，专业化保障随之上升为各地“稳评”制度建设的重要议程，而引入“第三方评估”被视为问题回应的可行路径之一，成为“创新政府管理方式”③ 的

① 张海波，童星．公共危机治理与问责制．政治学研究，2010（2）．

② 朱正威．健全社会稳定风险评估机制．光明日报，2013－10－08．

③ 李克强主持召开国务院常务会议．人民日报，2014－08－28．

新渠道，同时也是“稳评”深入推进的必然结果和发展趋势。在社会稳定风险评估制度背景下，“第三方评估”是与政府“自评估”相对应的创新举措，近年来上海、四川、江苏等地对该项工作进行了一系列积极探索，积累了一些各具特色的经验做法。如 2009 年上海市启动开展“稳评”第三方评估试点，逐步形成了以上海投资咨询公司等单位为代表的行业龙头以及相关评估专家队伍；2010 年江苏淮安组建成立国内首家民办非营利“稳评”中介机构——淮安政和稳评工作中心；2013 年四川遂宁则把“稳评”纳入《遂宁市政府向社会组织购买服务项目目录》，通过招标，确定有资质的专业化评估机构开展“稳评”。

第三方评估既具备相对的中立性，又可以根据其职能设置和业务专长开展多方联系，充当协调者，在风险调查、公众参与等评估关键环节发挥信息桥梁作用，为各方利益博弈提供了一个可控的平台。实践中，第三方机构的加入，也可以进一步提高“稳评”的专业化程度，对风险做出更准确的评估预测，建立化解社会矛盾的“缓冲区”，往往能取得政府部门难以达到的工作成效。当前，“稳评”引入第三方评估，要以解决实际问题为目标，以提升评估质量为导向，以政策支持为保障，促进第三方评估工作的可持续发展。

首先，要强化市场机制作用。一是要通过市场培育措施，吸引更多社会力量参与“稳评”工作，进一步充实外部评估资源力量，提高第三方评估在重大决策事项尤其是重大工程项目领域的适用性；二是完善市场竞争措施，破除单方业务垄断，依托市场优胜劣汰机制促进评估力量的优化升级，逐步形成一支专业素质强、市场信度高的评估队伍；三是强化市场监管措施，注重通过市场管理、行业自律的制度约束来维护评估的独立性，对于违背行业职业准则的行为，采取相应的处罚和纠偏措施。

其次，要发挥行业协会作用。行业协会在推动市场管理、主体自律等方面扮演不可替代的积极角色。针对“稳评”第三方评估工作，政府部门可以建立与工程咨询公司、律师协会等组织的常规沟通渠道，根据相关领域的“稳评”业务需求，支持鼓励其组织开展培训交流，引导行业协会共同建立专业机构名录和专家库，储备各类“稳评”专业人才，推动评估资源力量有效整合。同时，积极指导相关行业协会按“稳评”特点开展常态管理，建立相应的业务准入门槛以及考核退出机制。

最后，要着力创造政策支持环境。针对当前第三方评估运行中面临的问题，政府应通过制定规范等措施为第三方开展风险调查等工作搭建必要的平台渠道，确立合理收费、管理保障政策，以条文形式明确委托责任、评估责任、决策责任界限，既要对第三方评估行为和评估结果强化监管审查，确保工作质量，又要严格按照委托协议履行职能，防止出现“甩手掌柜”。此外，在工商管理、税收、财政等层面可研究出台相应优惠政策，对第三方评估做出突出贡献的机构及人员，纳入相应的社会评价或行业评价体系并给予奖励。

（四）保障公众在“稳评”过程中的有效参与

“稳评”制度旨在以风险评估的手段促进政府重大决策事项真正体现以人为本、以民为先的根本要求，恰当的参与机制可以确保受影响人及其他利益相关者完整、正确认知公共决策内容及过程，最大程度降低因信息不对称等原因造成的管理冲突。因此，参与性征求意见环节是“稳评”程序中必不可少的，也是最重要的一环。只有让最广大的人民群众尤其是重大决策事项涉及的相关利益群体行使充分的知情权、参与权和监督权，重大决策的出台或实施才有广泛的群体基础。“稳评”就是要通过一套规范的程序，形成政府与群众之间的交流互动，促进相互信任，平衡利益关系，化解矛盾争议，最终使决策得以顺利推进。

综合来看，当前强化“稳评”公众参与应主要立足于三个方面：第一，信息公开。包括向有关利益群体披露重大决策事项的关键信息、配套方案、计划以及可能引起风险感知差异的技术性内容，使公众充分了解决策目的、预期效果和利益关联。第二，双向磋商。决策部门应畅通与利益群体之间的沟通渠道，倡导利用现代多种传播媒介收集、处理不同意见，而通过磋商获得的信息必须在决策事项规划和实施过程中有所体现，使磋商更加真诚有效。第三，督查评判。“没有督查就没有落实。”① 要把“稳评”中与利益群体及相关社会力量的互通情况纳入有效监控评价，并以恰当方式予以反映。在这一方面，一些地区已经进行了有益探索，如专门就政府部门“稳评”设立具体指标进行社会测评，而后将测评结果按一定比例计入“稳评”考核总成绩。

需要特别强调的是，我国各地区经济发展、历史文化、风俗习惯、思想观念、稳定形势等皆有较大差异，同一决策事项在不同地区、不同群体中可能会有截然不同的反应，故“稳评”中公众参与的方式、渠道、路径也不可能固定为一种模式，应该倡导多方面建构政府与群众之间的良性互动，以社会压力推动地方政府科学、审慎地做出决策，努力提高风险评估效能。

（五）加强“稳评”法治化建设

2014 年 10 月，中共十八届四中全会通过的《中共中央关于全面推进依法治国若干重大问题的决定》指出，“健全依法决策机制。把公众参与、专家论证、风险评估、合法性审查、集体讨论决定确定为重大行政决策法定程序”，这就为“稳评”制度健全，特别是法治化建设指明了方向。

当前，应尽快将“稳评”纳入法治轨道，提升其法律地位——把“稳评”从具有弹性的“必经程序”提升为刚性的“法定程序”，增强其强制性和约束力，使得“稳评”真正发挥主动防范和动态治理稳定风险的作用。面对目前较为单一的指导规范形式，应当推动“稳评”依法扩展到行政法规、部门规章等层次，国家部委、省级行政区域及具有地方立法权限的较大城市可依据中央和地方立法权划分，遵循中央统一领导原则，在不与上位法抵触的前提下，先行制定本系统、本区域的“稳评”法律规范，保障“稳评”权威性、稳定性。待条件时机成熟时，国

① 习近平. 没有督查就没有落实——在与浙江省委督查室干部座谈时的讲话. 秘书工作，2015 (1).

家可制定出台《重大决策社会稳定风险评估条例》等法规，为“稳评”法治化建设奠定更高层次的坚实基础。

参考文献

[1] 四川遂宁推行社会稳定风险评估. 人民日报，2006-06-06.

[2] 王浦劬，赖先进. 中国公共政策扩散的模式与机制分析. 北京大学学报（哲学社会科学版），2013（6）.

[3] 姜晓萍. 国家治理现代化进程中的社会治理体制创新. 中国行政管理，2014（2）.

[4] 朱德米. 开发社会稳定风险评估的民主功能探索. 探索，2012（4）.

[5] 刘泽照，朱正威. 中国社会稳定风险评估实践框架及关键着力点. 西南大学学报（社会科学版），2014（5）.

[6] 奥斯本，盖布勒. 改革政府——企业精神如何改革公共部门. 上海：上海译文出版社，1996.

[7] 朱正威，刘泽照，张小明. 国际风险治理：理论、模态与趋势. 中国行政管理，2014（4）.

[8] 习近平. 在中共十八届三中全会第二次全体会议上的讲话. 新华网，2013-11-12.

[9] 张海波，童星. 公共危机治理与问责制. 政治学研究，2010（2）.

[10] 朱正威. 健全社会稳定风险评估机制. 光明日报，2013-10-08.

[11] 李克强主持召开国务院常务会议. 人民日报，2014-08-28.

[12] 习近平. 没有督查就没有落实——在与浙江省委督查室干部座谈时的讲话. 秘书工作，2015（1）.

社会稳定风险评估之评估：过程与效果的综合指标*

张　乐　童　星**

一、引言

经过十多年的努力，国内关于重大决策社会稳定风险评估（简称“稳评”）的认识与实践越来越深入，“稳评”在体制机制建设和理论建构上都有了长足的发展。自从2012年中央两办发布《关于建立健全重大决策社会稳定风险评估机制的指导意见（试行）》之后，各地各部门对决策事项开展“稳评”成为刚性要求，有关“怎么评”的讨论层出不穷。现实的需求总能转化为研究的动能。各种有关“稳评”方法、风险

* 本文系国家社科基金重大项目“社会管理创新与社会体制改革研究”（11&ZD028）；国家社科基金一般项目“邻避设施决策的社会稳定风险评估机制完善与路径优化研究”（14BSH020）、山东大学（威海）青年学者未来计划（2015WHWLJH09）资助成果。此文已发表在《南京大学学报（哲学·人文科学·社会科学）》（2016年第5期）。

** 张乐，山东大学（威海）法学院副教授，管理学博士，研究方向：社会风险与危机管理；童星，博士生导师，南京大学政府管理学院教授、南京大学社会风险与公共危机管理研究中心主任，研究方向：社会发展、社会保障、社会风险与公共危机管理。

等级确定以及风险防范的制度构建的研究可以用汗牛充栋来形容①。如果说前十年属于“稳评”的初创和快速建设时期，那么接下来的研究任务就应该更多地转向对风险评估实效的分析，也就是所谓的“评估之评估”。通过这样的转向可以达到“以评促建”的目标。

一般而言，评估多以绩效为核心，根据一项活动或工作的最终结果来设置评价指标、构建评价体系和确定评价权重，此种方式称之为效果导向的评估。它的优势在于以产出为直接评价对象，方便与预期目标进行比较，容易量化。但是，该方式缺少了必要的流程检视，不利于后续评估的改进和完善。所以，站在参与者的立场上审视稳评，把评价的重点放在稳评操作的流程和关键环节上，从参与公平性、代表性和独立性等多个维度考查稳评流程，以过程质量监管的方式弥补结果评估的缺陷就成为一种新的思路。本文将过程导向和结果导向两种范式结合起来，以稳评的组织、实施和目标结果三个风评阶段为基本指标，尝试构建一个系统化的稳定风险评估之评估的初步框架，供有关部门参考。

二、过程评价与结果评价相结合的综合视角

实施稳评在于及早发现决策所蕴含的各类风险，提前做出预警，制

① 刘树枝．重大事项社会稳定风险评估机制的实践探索与研究．公安学刊（浙江警察学院学报），2010（1）；杨雄．关于建立健全重大决策社会稳定风险评估机制的思考．毛泽东邓小平理论研究，2013（2）；张玉磊，徐贵权．重大事项社会稳定风险评估制度研究——“淮安模式”的经验与启示．中国人民公安大学学报（社会科学版），2013（3）；孙德超．重大事项社会稳定风险评估指标体系的构建及运行．哈尔滨工业大学学报（社会科学版），2013（6）；杨芳勇．论社会燃烧理论在“重大事项”上的应用——重大事项社会稳定风险评估的理论基础与方法模型．中共浙江省委党校学报，2012（4）；胡象明，王锋．一个新的社会稳定风险评估分析框架：风险感知的视角．中国行政管理，2014（2）；刘泽照，朱正威．掣肘与矫正：中国社会稳定风险评估制度十年发展省思．政治学研究，2015（4）；张乐，童星．重大决策社会稳定风险评估的问题、回应与完善．江苏社会科学，2015（4）；唐钧．社会稳定风险评估与管理．北京：北京大学出版社，2015；朱德米．重大决策事项的社会稳定风险评估研究．北京：科学出版社，2016.

定相应化解措施，最终让决策变得既合理合法又可行有实效。从这个角度理解，确定某项决策的风险大小并做出暂缓或者取消的决定不是最终目的，通过稳定风险评估来真实地了解民意，通过有效的风险沟通，提高公众对决策的接受度，并在此过程中提升公众的政策参与的效能和主动性，从而让决策获得更加广泛坚实的民意基础才是归宿。实现这样的目标，“稳评”做得好不好，效果行不行就成为一个关键问题。对“稳评”本身开展评估，恰是用直观可操作化的指标反映评估目标是否得到很好地实现，并清楚地发现“稳评”工作在执行过程中的薄弱环节并真实地呈现稳评的实效，从而及时、准确地发现“稳评”机制的不健全、不完善之处，有针对性地提出改进的措施。

达到以上所述目标需要科学的评估体系作为支撑。通常认为构建一个指标体系，全面性、多维性和可操作性是其基本要求。就目前各地的实践来看，“稳评”在结果上追求科学性，而在过程上则强调民主性。本文从民主化与科学性两大维度着手设计指标，兼顾了“稳评”的动态变化与静态结构两类特征，每类指标当中又分为客观指标和主观指标，以增加测量的多样性。鉴于评价指标体系构建的重点在于操作化，它作为沟通抽象的理论概念与具体的现实经验之间的桥梁的作用非常重要①。本文设计的指标尽量将抽象的概念还原成经验可观测的事物或现象，方便实务部门检验。具体的综合指标体系如图 1 所示。

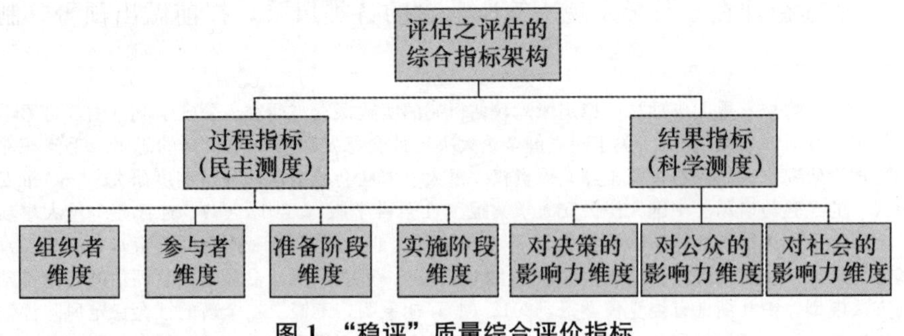

图 1 “稳评”质量综合评价指标

① 风笑天. 社会学研究方法（第 3 版）. 北京：中国人民大学出版社，2009：95.

三、过程导向的指标

过程评价指标分为三级指标，如表1所示。

表1　　过程评价指标

一级指标	二级指标	三级指标
评估过程的测量	组织者	权威性
		独立性
		公正性
	参与者	包容性
		代表性
		参与率
	准备阶段	早期介入的程度
		早期信息公开的程度
		准备的可持续性
	实施阶段	过程的结构性
		程序执行的程度
		参与者的主观感受

一次牵涉各方利益的“稳评”活动，“谁来组织”和“谁来参与”这两个问题必须明确。说到底，重大决策与利益相关者的关系终究还是人与人之间的关系。针对“稳评”质量的评价，把握住人的因素，也就抓住了评价的核心。本文从组织者和参与者两方面分别设计了评价指标，借以测量“稳评”实施过程中人的能动性的效应。

(一)“稳评”组织者①的指标

组织者维度的评价指标可以从权威性、独立性和公正性三个方面设

① 这里的组织者既包括“稳评”的委托方，即政府职能部门（决策的发起者、主张方），也包括理想状态下的“稳评”实践方（独立第三方机构）。考虑到目前国内“稳评”实践的多样态，如果“稳评”的发起和实施都是政府部门，那么由第三方机构开展“稳评”质量评价更好；若政府委托第三方进行了决策“稳评”工作，那么由政府自己对“稳评”质量进行评价则比较合适。

置。权威性有两个方面的含义：一是该评估组织的正规性，它应该是被官方认可的、通过正式渠道注册的机构，具有合法性；二是评估组织的专业性，这是“稳评”组织开展高质量工作的基础，所以组织的从业人员的学历、专业知识、技能等级因素是保证权威的技术支撑。风评主体的独立性和超脱性是“稳评”的基本要求之一①。“稳评”能否获得实效，为决策者提供真实可靠且“无偏”的结论和建议，进行评估的组织的独立性至关重要。独立性指标大体包括：财务独立，即主要资金来源是非政府（公共财政）渠道；用人独立，评估组织的领导层和骨干专业技术人员与稳评委托方（主要是政府职能部门）不应存在人事隶属和相互兼职情况；评估机构不应与决策中其他利益相关者有直接的利益关联。公正性指标则要求“稳评”组织首先要秉持价值中立，评估组织无论在该决策上原本持有何种价值倾向，都要尽量做到不以自己组织的好恶参与评估，也不以委托方或公众的好恶来有选择性地取舍；公正性指标的第二个方面是评估程序的公正性，包括给予决策各方平等的受邀请机会，给予参与各方相同质量和数量的背景资料，给予各方相同的发言机会和时间，等等。

(二)“稳评”参与者指标

参与者指标主要考察的维度有包容性、代表性和参与率。包容性指标强调多元化，如是否存在多视角的观点、立场，参与者的身份的多样性，反对者是否被邀请参与其中等。多元的参与者会带来多维的观点，多样态的观点可以补充决策提议方过于狭隘的风险—收益立场。包容性指标不仅仅是要求用多元性来补充原有决策议题使其完善，更要求吸纳反对的声音使决策方警醒，借此让少数派有表达诉求的机会。多元主体参与模式还强调参与者的代表性②。代表性的评价，是建立在包容性基础之上的更进一步的质量分析，包容性考察了参与者的整体

① 童星．公共政策的社会稳定风险评估．学习与实践，2010（9）：117.

② 张玉磊．多元主体评估模式：重大决策社会稳定风险评估机制的发展方向．上海大学学报（社会科学版），2014（6）：128.

的结构状况，而在每一类具体的参与者类型中，如何让被选取的人能有效地代表其背后的群体，则是会影响到稳评结论最终被公众接纳的程度。因此，代表性评价应从代表选取的直接性、抽样方法的科学性等方面进行测量。参与率是直观性评价指标，它可以分为理论参与率和实际参与率两种情况：前者是用先期抽样得到的样本参与人数除以决策影响范围内的目标人群总数得到的比值进行测算，后者则是根据实际全程参与“稳评”的人数除以抽样方案圈定的总人数得到的比值进行估算。

（三）准备阶段的评价指标

实践证明，越是准备充分的“稳评”，其结果越是可靠。对“稳评”准备阶段的评价可从介入时段、信息公开和可持续性三个方面入手建构具体的操作指标。作为一项公共决策，在其政策问题界定与议题形成阶段，就应该有利益群体介入讨论，在这个时间段的公众、媒体和 NCO 组织的参与都可以被理解为早期介入，反之该项重大决策一直都处于内部决策状态，公众等到决策落地（如工程项目建设图纸绘制完毕，甚至是征地拆迁时段）才知晓决策事宜，都属于早期介入不足的情况。决策信息早期公开的程度指标，应包括决策的基本目标、决策动议提出者的身份、决策的初步成本-收益核算、决策的风险-收益估算、决策各类风险类型及其防范措施、公众参与决策讨论的机会（资格、时间、地点）、公众反映诉求的方式途径，等等。对于早期信息公开程度的考察，一是公开的内容的完整性测量，二是信息披露的尺度，三是信息的可理解程度。“稳评”准备阶段质量评价的可持续性指标，包括“稳评”实施机构投入的时间、人力、资金、技术支持等专业保障要素，还包括上级党委政府对“稳评”的支持程度、同级政府其他部门的配合程度等政治保障要素。

（四）实施阶段的评价指标

本文分别从实施过程的结构性、“稳评”程序被执行的程度以及参与者对过程的主观感受三个维度进行测量。其中，前两个维度依然属于客观指标的建构，第三个维度则属于主观指标的设置。

1.“稳评”实施的结构性

“稳评”其实是原本由政府专家系统垄断的重大决策权力关系的重构，是国家对社会层面的赋权和充权。结构性评价重点在于考量稳评的制度性安排的状况和水平，这主要包括基于稳评的各项制度的公开性、透明化、弹性等指标。公开性应该考察“稳评”事项意见征求阶段、公众讨论阶段以及结论报告阶段的对外公开程度，上述实施活动的时间、地点、参与者和互动情况不仅对直接利益相关者开放参与，更要通过大众传媒对外传播，媒体被允许参与、报道的深度和广度恰是评价公开水平的重要指标。透明化指标是对公开性指标的深化，包括参与“稳评”过程的各利益相关者的身份、背景、诉求是否被公示，组织者、专家和公众参与者的遴选方式是否公开可查询，“稳评”实施阶段形成的阶段性和最终的结论是否对社会公开可查询等。一直以来，但凡提及制度性设置，都会被理解为一种刚性要求，但是在以意见征求、风险沟通和共识达成为根本目标的“稳评”工作中，评价其实施的制度化水准还要注意“弹性”的指标设计。这包括当公众对评估专家不信任时，个别专家是否可替换，在进行重大决策核心讨论议题的设定时，核心内容是否可以补充或更换等。

2. 评价程序执行情况

“稳评”的执行情况，可以从对话的建设性、地位的平等性和资源的便利性三个子维度进行测量。对话的建设性指标主要涵盖各方对“稳评”任务界定的清晰程度、共同利益的划定范围、对共识价值的讨论程度等方面。任务界定方面，包括“稳评”机构是否事先向所有参与者介绍了本次评估的主要事项、核心议题和意见征求的基本目标，介绍内容是否包含政府在此项决策上的初衷、方案与备选方案、开展此次“稳评”的作用等。对执行阶段共同利益划定情况的评价，可以检查是否设定了各方诉求阐述的环节，是否设定了利益的求同存异程序等内容。对共同价值观的评价，包括各方在重大决策上所持价值理念是否得到阐明，公共讨论是否涉及政府代表的公共利益与部分居民的小群体利益之间的联系和区别，在价值层面有无达成共识等内容。地位平等性指标，可以从参与各方是否采取直接方式沟通，是否存在论辩质询环节设计，公众能否有足够时间准备，公众是否有充足的机会阐明主张，政府代表能否真正代表官方等多个方面设定具体测量问题。至于程序执行的便利性指标，主要是指各方尤其是公众参与“稳评”时，他们对资源的无障碍使用情况的评价。实施“稳评”的机构应该提供充分、便捷的资源帮助公众做出理性的判断。资源的便利性指标包括公众是否获取了与政府等量同质的材料，相关材料是否通俗易懂，是否有充足的时间阅读材料，是否有充分的机会讨论材料等内容。

3. 参与者的主观感受

站在参与者的角度去评价“稳评”过程，要着重考察参与者在此过程中的切身感受和主观体验，让参与者针对前文所述的“稳评”流程和环节分门别类地做出独立判断。主观指标大体上包括：参与者对“稳评”过程的互动性、独立性、深思熟虑感、舒适感、过程满意度等几个子维度。互动性指标主要是让参与者针对政府代表、专家与自己的沟通情况进行打分，以此测量双方的信息交流和相互理解的水平，如可以询问有没有互动，通过什么形式互动，互动的深度和相互理解的程度等问题。独立性指标是让参与者对参与这项活动的基本情况做出评价，如是否出于自愿，参与过程中能否根据自己的想法做出选择，主办方是否存在诱导、误导参与者的情况等内容。深思熟虑感的测量属于体验性评价指标。该指标是对那些制度设计和操作流程中提及的机会、充分程度、便利程度等各类保障性指标的主观评测。可以让参与者从“稳评”前期的准备阶段和实施过程两个方面，对自己在其间思考的机会、时间、理性水平、判断的成熟度等内容做出评价。而像舒适感和过程满意度评价这类指标，则是让参与者对“稳评”举办地的场地环境、工作人员的服务态度、会议主持人的表现、“稳评”流程的安排的合理性等人性化程度进行整体性评价，借此测量出“稳评”主办方举办活动的过程效果。

四、结果导向的评价指标

单纯从政府的立场上看，有无决策失误和是否发生群体性事件两个方面属于“稳评”质量的直接效果。但是，想要展现“稳评”效果的社会性、全面性和参与性，仍需在上述指标里增加新的测量维度。本文从“稳评”对重大决策本身的影响力、对公众的影响力和对社会的影响力三个大的维度进行操作化（见表2），对“稳评”的有效性评价、改变性评价和社会性评价进行逐一说明。

表2　　结果导向的评价指标

一级指标	二级指标	三级指标
评估结果的测量	对重大决策本身的影响力	对决策方向的影响程度
		决策回应的程度
		公众意见被采纳程度
		成本收益核算
	对公众的影响力	公众认知的改变程度
		公众态度的改变程度
		公众参与能力的改变程度
	对社会的影响力	价值分歧的弥合程度
		社会矛盾的化解程度
		公共信任的修复程度

（一）“稳评”对决策本身的影响力指标

评价“稳评”的结果，首先应从它对重大决策本身的影响开始。测量该项经过“稳评”的决策是否因此而发生了变化以及在多大程度上发生了改变。这些变化包括：决策方向、政策的回应情况、公众观点被采纳的情况以及“稳评”的成本收益估算四个维度。

1. 对决策方向的影响程度

该指标需要对比“稳评”前后重大决策方向的变化情况。作为旨在加强决策合法性基础的政策行为，“稳评”应该为决策的指向提供重要依据。不同类型的重大决策，其政策指向有所区别，尤其是包含多种风险的重大项目决策更要注意决策方向的多元性。比如，原来的重大项目决策主要政策指向是经济可行性，经过“稳评”后发现，该设施周边居民希望能从该项目中获得更多收益，则应该改变决策方向，增加决策的社会效益指向。评价“稳评”对重大决策方向的影响情况，可从决策方向是否发生改变和改变的程度两个指标进行测量。决策方向改变又可分为根本性指向改变和决策方向增减两类。根本性方向改变是指“稳评”后停止决策或者单一指向的决策完全改变，如原有决策是完全市场化导向的，“稳评”后改为政府投资管理的公益导向。决策方向增减是指在“稳评”后，决策添加了新指向性或减少过多的不能完成的指向目标。至于决策方向的改变程度的测量则可以从没有改变、部分改变和完全改变来进行区分。

2. 决策回应的程度

决策的回应程度是在决策方向变化的基础上的更进一步的评价，包括“稳评”后相关重大决策是否回应了利益相关者的关切与诉求、对决策的哪些层面进行了回应、回应手段的多样性和有效性等几个测量维度。就“稳评”后决策回应的层面来看，利益相关者比较关注决策实施后的安全问题、决策实施的风险分担与收益共享问题、决策实施后的安置补偿问题以及决策实施带来的环境和健康问题等内容，回应的层面分为公布、解释、防范和协作，对这些指标分别做有无和程度的测量。回应手段的维度，可以测量决策机构在“稳评”后采取了几种手段方式回应利益相关者的诉求，哪些手段是常用的形式，公众对这些手段在反映关切、答疑解惑、风险防范指导和诉求实现等方面的满意度。

3. 公众意见被采纳程度

公众意见被采纳情况的测量可以从是否被采纳、在哪个层面上被采纳、采纳的部门、未被采纳的比例以及是否对未被采纳的原因做出说明等几个维度着手操作化。公众意见被采纳的深度是其中比较关键的指标，主要是看公众在“稳评”中提出的建议是被当作一般性建议处理还是作为重要决策考虑方向进入重新决策议题的。被当作一般性建议处理则说明公众意见被采纳的层面较浅；而能纳入决策的议题加以讨论，则可以从公众的视角检验前面提及的决策方向改变和决策回应的程度等指标的真实性。通常情况下，采纳公众意见的政府部门级别越高，其建议被重视的程度越高，被吸纳进入决策考虑范围内的可能性越大。而统计公众意见总数和被采纳比例以及未被采纳比例则能在很大程度上反映出有关部门纳谏的水平，尤其是对未被采纳的建议是否给出了解释以及公众对此的满意度做出评价，更能反映出“稳评”影响力。

4. 成本收益核算

由于资源的相对稀缺性，做任何事情都是有成本的，“稳评”也不例外。一次富有成效的“稳评”必定需要投入相当程度的人财物力。对“稳评”活动的成本计算包括直接成本和间接成本，而收益则包括有形的和无形的两种形式。一旦涉及成本-收益核算，就不能回避指标的可测量性，通常的做法是用可度量的货币形式表示①。采取该方式进行评价，则意味着接受“稳评”活动及其结果是可以被转化为货币量的假设。“稳评”的成本-收益核算分为两个大的部分：一是对比“稳评”的实际投入和产出，计算那些可以量化为货币的指标（如人工和时间的单位换算）；二是对比“稳评”前后的成本-收益变化，这又要与其他决策评价体系相互配合（如经济评价、安全评价、环境评价），核算方法更为复杂，需要有关部门通力合作才能完成。另外，针对学界对政策产出定价问题的争议，再考虑到“稳评”作为政策服务工作而发挥作用的初衷，可以采用成本-绩效指标来测量。成本-绩效分析只需要将“稳评”的成本转化为货币形式，收益用产出本身的单位来表示。例如，可以比较政府花 10 万元在大众媒体上做广告宣传邻避设施的好处后的居民的上访率同政府花 10 万元举办面对面的“稳评”公众参与活动后的居民的上访率，即可计算出每单位产出所消耗的资源成本，并加以比较权衡。

（二）“稳评”对公众的影响力

首先明确公众的范围，可分为受决策影响的一般公众和受影响且直

---

① 罗希，李普希，弗里曼. 评估：方法与技术. 重庆：重庆大学出版社，2007：237.

接参与“稳评”的公众两大类。“稳评”对公众影响力的评价指标设计需注意决策影响范围内的以一般公众为测评主体的指标和以特定公众为测量主体的指标的区别。

1. 公众认知的改变程度

“稳评”后公众认知情况的改变大体包括以下几种：“稳评”活动开展前后公众对决策的知晓程度的变化，对政府决策目标的理解水平的变化，对决策的受益群体的判断的变化，对决策相对受损群体的判断的变化，对决策所蕴含的各类风险及程度的判断的变化，对风险防范措施的了解程度的变化，公众对自身相关权益（知情权、同意权、参与权、申诉、补偿等）的了解程度的变化。在测量指标的设计上，可采用主观报告和客观测度两种方式进行。主观报告是指直接询问公众上述认知的变化情况，公众回答“改变了或者没有改变”，这种方式简单易行，但信度和效度有待验证。客观指标测量认知改变程度，则需要用一些可标准化或经验化的问题，如在“稳评”前询问公众认为的某项决策的受益人群有哪些，“稳评”之后用同样的问题再次询问相同的被访对象，对比前后两次答案，寻找其中的变化。又如，“稳评”前询问公众对某拟建公共基础设施的安全风险防范措施（技防、人防、心防等措施）的了解程度，“稳评”后再次询问该问题，对比前后的变化，等等。以“稳评”作为介入变量，客观指标测量可以直观反映出“稳评”活动开展前后的实际影响，测量效度信度都有保证。

2. 公众态度的改变程度

态度是个体对特定对象所持有的相对稳定的心理倾向，通常由认知、情感和行为意向三个部分构成①。由于前一个指标单独测量“稳评”后公众认知水平的变化，因此这部分态度指标主要测量认知成分中的赞成反对因素，可以通过比较公众在“稳评”前后对于决策的赞成（和反对）程度的变化来完成测量。公众情感层面的变化指标主要包含个体针对特定重大决策的情感体验，如喜欢与厌恶、尊重与轻视、同情与冷漠

① 迈尔斯. 社会心理学. 北京：人民邮电出版社，2006：98.

等，可在“稳评”前后分别测量然后比对其中的变化，以说明“稳评”的影响水平。行为意向方面，主要测量公众对于拟实施决策的行动反应或准备状态，可以对比“稳评”前后公众对决策的接纳程度的变化，或者对比公众因政策的强行通过而可能采取的行动意向等。

3. 公众参与能力的改变程度

“稳评”不仅为决策机构提供信息参考，更为重要的是它可以促进公民社会的成长，巩固社会团结的基础。作为一个直接体验性评价指标，该评价维度主要面向实际参与过决策“稳评”的公众主体。公众参与能力的变化指标主要包括：公众参与意愿、信息获取能力、理性分析能力和共识达成能力四个维度。参与意愿指标可以测量“稳评”前后公众在特定公共事务上的主观能动性的改变情况，尤其是要对比公众参与公共决策的自觉性水平的改变。信息获取能力的评价要对比“稳评”前后公众为论证自己主张而有意识地搜集、保存、整理相关材料证据的能力变化。理性分析能力是公众参与水平提升与否的重要指标，可以着重对比公众在参与“稳评”活动前后对决策的核心内容（如决策的收益和风险）的理解力的变化，或者对比“稳评”前后公众在观点论证方面的技能（如思维方式、推断逻辑）的变化。评价“稳评”影响公众参与能力的第四个测量指标是共识达成能力，包括对比“稳评”前后公众在承认对方也有利益诉求的意愿及程度，平等对话的意愿及程度，相互妥协的意愿及程度。对于公众参与能力的改变的测量，同样可以采取主观指标和客观指标相结合的方式进行设计。主观方面可以直接询问公众在“稳评”前后某项指标的高低水平，如让被访者选择“自己与政府在决策目标上的利益共同点有多少”，对比“稳评”前后该问题的选择变化。客观指标则可以询问“公众搜集资料时信息渠道有哪些（如政府网站、官办传媒、民办传媒、自己收集、道听途说等）”，对比参与“稳评”前后这些选择的变化，从而在一定程度上说明“稳评”的影响力。

（三）“稳评”对社会的影响力

从更为深层次的角度看，“稳评”的效果好不好关键在于引发社会不稳定的问题是否得到妥善解决。社会对某些重大决策不支持、不赞同和不参与都是表象，而根源是不同的社会利益群体对决策目标的价值认识各异，由此导致的社会分歧和冲突也就不易调和，这又促使本已脆弱的公共信任进一步断裂，使决策更加难以获得广泛的社会支持①。故而，开展“稳评”正是试图从根本上找出上述困境的症结并加以妥善解决的有效措施。评价该“稳评”的效果，当然也就应该从其社会价值分歧的弥合、矛盾的化解和信任的恢复几个方面进行测量评价。

1. 价值分歧的弥合程度

人们在决策上表现出的态度和行为模式源自内在的价值取向。价值体系是分层次的，最内核的部分是那些本体论判断和带有信仰属性的社会规范。无论是什么类型的重大决策，也无论是决策方还是受影响方都会有一些基本价值观，如人的本性是善还是恶、自然主义还是人类中心主义、效率优先还是公平优先、自由重要还是安全第一、舒适为先还是健康为要，等等。在所有的政策领域，都会首先考虑这些价值取向，而且这些内核价值具有相当程度的先验性、终极性且一旦形成就非常难以改变。如果“稳评”前后不同类型的社会群体在此项价值上的趋同化水平，则可以极大地反映出“稳评”的社会影响力。价值体系的中观层面则是一些策略性的规范和信念，这类价值更贴近决策实际。比如，对政府角色的判断是“掌舵还是划桨”、什么是公共利益的解读、是环境保护还是发展经济、技术悲观主义还是乐观主义以及社会哪个群体的利益最为重要，等等都属于此类。类似的，让不同的社会群体在“稳评”前后都对上述问题做出判断，然后比较其中的变化，以度量社会价值在策略层面所受到的影响水平。价值体系的表层是那些为实现内核而持有的工具性表述。例如，对于大多数决策，是倾向于高压实施还是诱导说服、是精英决定还是公众参与、是零和竞争还是双赢多赢，等等。通过对“稳评”前后社会各群体在工具价值层面

① 张乐，童星．“邻避”冲突管理中的决策困境及其解决思路．中国行政管理，2014（4）．

的判断对比，借以发现不同社会群体的价值偏好是否因“稳评”而发生改变，特别是要归纳出各群体在价值上的趋同性程度，进而反映出“稳评”的社会影响力。

2. 社会矛盾的化解程度

社会矛盾和冲突因某些重大决策没开展“稳评”而被激化或引爆，那么通过科学民主的“稳评”是否化解了社会矛盾并缓解了冲突呢？如果答案是确定的，则可以认为“稳评”取得了实效。评价社会矛盾的化解程度可以根据社会矛盾的表现形式进行反推，具体的矛盾表现越轻微，那么在一定程度上则反映矛盾被化解的效果越明显。本文参照张海波、童星教授关于社会矛盾的观点①，将社会矛盾化解的指标分为暴力手段的使用情况的变化、诉求反映的合理化程度、社会不满情绪疏解水平和集体性敌视减轻程度四个维度。暴力手段使用情况的评测，可以在“稳评”前后分别询问直接利益群体“当重大决策有可能损害他们权益的时候是否采取极端或暴力方式维权”等问题来测量，也可以通过对比“稳评”前后公众实际使用的维权手段的暴力程度（如说理、吵闹、谩骂、肢体冲突、人身伤害等）来判断其改变的情况。诉求的合理性指标方面，可以对比“稳评”前后利益相关者诉求的主要内容，区分哪些是现实可行的，哪些是“无理取闹”的，亦可比较“稳评”前后表达诉求的方法，如司法诉讼、理性信访、闹访、聚众围攻、自我伤害、造谣等。社会不满情绪的测量，主要测量社会相关群体对于重大决策背后所谓的“强势集团”的不满情绪的水平。具体指标包括：对比“稳评”前后人们因政府的决策行为而产生的社会挫败感和相对剥夺感的水平。若“稳评”后人们的挫败感、剥夺感有所疏解，则反映出“稳评”对社会矛盾的实际化解起了作用。集体性敌视是从更为集群性的层面上测量社会矛盾，它体现了社会不同集团的认同区隔情况。可以用某些主观评价指标来测度，如调查人们是否用“弱势群体”“社会底层”进行自我身份归类，并用“官商”“天朝”“党国”等词语隐喻党政机构，对比这些

① 张海波，童星．当前中国社会矛盾的内涵、结构与形式：一种跨学科的分析视野．中州学刊，2012（5）：86-92.

称谓在“稳评”前后的变化，就能在一定程度上反映出社会各阶层在文化心理上的疏离和敌视的变化程度。

3. 公共信任的修复程度①

公共信任是指社会公众对公共管理体系的系统性信任，主要表现为公众对政府的信任。公共信任的修复一般发生在公共信任受损后，是公共机构单方或者政府公众双方共同努力让公共信任重新回到积极的状态②的一项工作。多数因互不信任所引发的不合作与社会冲突如果能凭借“稳评”活动的顺利开展而得以减少，甚至公共信任恢复到积极水平，那将是“稳评”发挥效果的充分体现。考察公共信任的修复水平，可以从信任的构成要素入手进行操作化。公共信任包括公众对政府执政能力的认知、公众与政府的社会关系定位以及公众对制度情景的评价三个维度。根据这一构成，本文将公共信任修复的测量也操作为公众对政府决策能力认知的改变状况、官民关系的定位变化情况和制度评价变化的程度三个指标。认知维度的测量是需要对比“稳评”前后，公众对政府合法决策能力的评价，公众对政府维护不同社会阶层利益能力的评价，公众对政府进行此项决策意图的合理的判断等内容。关系定位维度的测量，主要对比“稳评”前后，公众对政府作为公共利益的代言人其代表程度的判断，对公务员作为“人民公仆”合格程度的评价，对政府决策程序的合法性、依规性的评价等内容。制度情景维度的测量，可以比较“稳评”前后公众对政府重大决策规范的改善情况的评价。比如，询问公众对增加知情权、参与权和监督权的制度设置的满意度，对未来政府再次失信行为的发生概率的预测等内容。

---

① 信任修复（repair）和信任恢复（restoration）并不完全一样，斯洛维奇和施韦策等研究者曾指出，失去的信任将花费很长时间来修复，且无法得到彻底恢复。本文赞同这样的观点，采用修复概念以体现警示意味。参见 SLOVIC P. Perceived Risk，Trust，and Democracy. Risk Analysis，1993（13）：675－682；SCHWEITZER M E，HERSHEY J C，BRADLOW E T. Promises and Lies Restoring Violated Trust. Organizational Behavior and Human Decision Processes，2006（101）：1－9.

② 徐彪. 公共危机事件后的政府信任修复. 中国行政管理，2012（2）：31－32.

五、结语

作为一种尝试，本文只是对重大决策社会稳定风险评估的质量评价指标体系进行了初步建构。体系是否合理，其实用性如何还需要评估实务部门的验证和使用反馈。此外，一个完整的评价指标体系还必须将各级指标量化赋分，并根据重要性分别确定其权重，这也是本研究未来继续深化和努力的方向。我们有理由相信，随着“稳评”工作的不断深入，社会对评估质量的要求也会越来越高。“稳评”本身就是落实重大决策民主化和科学化的重要一环，而评价其是否真正实现了上述目标要求，就不能单凭事后问责来倒逼改革，应该坚持连续、系统、全过程的风险治理原则，严把“稳评”过程质量和效果绩效的双重关口，以评促建，让“稳评”体系更好地为党和政府的决策服务。

参考文献

［1］刘树枝．重大事项社会稳定风险评估机制的实践探索与研究．公安学刊（浙江警察学院学报），2010（1）．

［2］杨雄．关于建立健全重大决策社会稳定风险评估机制的思考．毛泽东邓小平理论研究，2013（2）．

［3］张玉磊，徐贵权．重大事项社会稳定风险评估制度研究——“淮安模式”的经验与启示．中国人民公安大学学报（社会科学版），2013（3）．

［4］孙德超．重大事项社会稳定风险评估指标体系的构建及运行．哈尔滨工业大学学报（社会科学版），2013（6）．

［5］芳勇．论社会燃烧理论在“重大事项”上的应用——重大事项社会稳定风险评估的理论基础与方法模型．中共浙江省委党校学报，

2012 (4).

［6］胡象明，王锋. 一个新的社会稳定风险评估分析框架：风险感知的视角. 中国行政管理，2014 (2).

［7］刘泽照，朱正威. 掣肘与矫正：中国社会稳定风险评估制度十年发展省思. 政治学研究，2015 (4).

［8］张乐，童星. 重大决策社会稳定风险评估的问题、回应与完善. 江苏社会科学，2015 (4).

［9］唐钧. 社会稳定风险评估与管理. 北京：北京大学出版社，2015.

［10］朱德米. 重大决策事项的社会稳定风险评估研究. 北京：科学出版社，2016.

［11］风笑天. 社会学研究方法（第3版）. 北京：中国人民大学出版社，2009.

［12］童星. 公共政策的社会稳定风险评估. 学习与实践，2010 (9).

［13］张玉磊. 多元主体评估模式：重大决策社会稳定风险评估机制的发展方向. 上海大学学报：社会科学版，2014 (6).

［14］罗希，李普希，弗里曼. 评估：方法与技术. 重庆：重庆大学出版社，2007.

［15］迈尔斯. 社会心理学. 北京：人民邮电出版社，2006.

［16］张乐，童星. “邻避”冲突管理中的决策困境及其解决思路. 中国行政管理，2014 (4).

［17］张海波，童星. 当前中国社会矛盾的内涵、结构与形式：一种跨学科的分析视野. 中州学刊，2012 (5).

［18］徐彪. 公共危机事件后的政府信任修复. 中国行政管理，2012 (2).

维权与维稳：何以错位如何归位*

李强彬　吝　娜**

对正处于改革、发展与转型关键期的中国而言，利益主体多元化的快速发展、社会矛盾共时性的交叠发展已成为其典型特征。在此背景下，作为富有时代特征的两个关键词，维权与维稳及其之间的关系已成为考察中国社会发展与治理变迁的重要途径。因为从本质上讲，维权与维稳之间应是一致的关系，都反映着社会良性发展的内在需求，要求在“公众期望”与“政府回应”，“权利要求”与“权力责任”之间建立协调的匹配关系。然而，实践中“公众维权”与“政府维稳”之间难以协调甚至相互反向加剧的一面又表明两者之间往往存在紧张、冲突的一面。因此，面向转型社会的持续、健康与良性发展，探寻二者之间冲突的性质与成因，处理好维权与维稳之间的关系，对于推动国家治理体系与治理能力的现代化具有重要意义。

* 基金项目：国家社科基金青年项目（14CGL038），中国博士后基金第60批面上一等资助（2016M600746），中国博士后基金第9批特别资助（2016T90866），四川省哲社重点研究基地社会发展与社会风险控制研究中心年度项目（SR15A03），四川大学青年学术人才项目（SKQX201306）阶段性研究成果。此文已发表在《理论探讨》（2017年第1期）。

** 李强彬，四川大学公共管理学院副教授，硕士生导师，博士后研究人员，从事公共政策与社会治理研究；吝娜，四川大学公共管理学院硕士研究生，从事公共政策与社会治理研究。

一、研究回顾及问题的提出

维权与维稳之间关系的研究中，首先涉及的议题是二者之间关系的定位。对此，相关研究已形成基本共识，即维权与维稳之间是对立与统一的关系。在对立的一面，有研究认为二者在价值诉求上是不同的，公众维权基于自由价值诉求，而政府维稳则基于秩序价值指向；维权强调正义和规则，而维稳则强调秩序和安全；维权要求承认，而维稳则意味着否定。在统一的一面，有研究认为维权是维稳的前提和基础，造福民众是维护社会稳定的根本目的；维稳只有建立在民众基本权利得到确认与保护的基础上才可能稳固，否则只能是暂时和脆弱的；从秩序与权利之间关系出发，有研究认为良好的秩序是公众实现个人权利的外在环境，权利则是秩序的实体和内容。

对于实践中维权与维稳之间冲突的成因，相关研究主要从权利意识、维权通道、维稳模式、维稳目的、维稳途径等角度对此进行了探讨，将二者之间冲突的原因主要归结为：逐渐苏醒的权利意识与相对落后的权利实现机制之间的冲突，既有的维权通道不够通畅，为维稳而维稳的“刚性维稳”，运动式维稳和维稳中以权宜之计为主甚至以权代法，公权力代理人忽略维稳的根本目的而置维护私人合法权益的职责于不顾，对社会稳定问题过敏，“抓维稳精心部署，谈维权空洞乏力”之间“一手硬”与“一手软”的失衡，等等。

因此，对于维权与维稳之间关系的协调，从维护公众权利的角度出发，有研究提出应建立制度化的利益表达机制和维权途径；从维稳模式转变的角度，指出需要从静态、刚性的维稳模式转向动态、柔性的维稳模式；从法治的角度出发，认为法治是维权与维稳的结合点，主张以合法与否作为标准来化解维权与维稳之间的紧张关系。此外，从政府决策转型的角度，认为需要把“事后的抗争行为”转化为“事前的积极参与行为”，从相对封闭、以领导偏好为主的决策方式转向开放、多元、包容和协商的决策过程。

文献回顾结果表明：维权与维稳之间关系的相关研究已从二者之间的关系定位、冲突成因以及协调途径等方面进行了比较充分的探讨，形成了多种解释和分析视角。但是，在维权与维稳之间是怎样发生冲突的研究方面，缺乏对二者之间“错位冲突”的讨论，进而缺乏对两者之间错位关系何以形成又如何回归的研究。以“错位冲突”的视角来检视两者之间的关系，可以发现：最直接的成因在于两者在实际互动过程中各自偏离了其正常状态，甚至本末倒置。也就是说，维权与维稳在根本上是一致的，实践中表现出来的紧张关系是一种“错位冲突”，通过“归位”，维权与维稳之间的紧张关系是可以协调的。为此，本文主要回答的问题是：维权与维稳之间是如何错位的？造成维权与维稳之间错位的原因是什么？两者之间又如何归位？

二、维权与维稳：如何错位

维权与维稳是社会良性发展的重要条件，因为尽管“权利”是一种自然的正当性要求，但其实现需要以“稳定”的秩序为基础，而且“稳定”的秩序本身是人们的一种正当性要求。只是在现实的政治与社会关系中，一旦特定的政治体系与制度安排不能提供足够的制度化机制来容纳权利需求，选择通过限制、延缓或降低权利需求而不是提升政治体系对权利需求的回应能力时，维权与维稳之间的一致关系就会演化成“错位冲突”，表现为维权维稳化与维稳维权化。

（一）维权维稳化：维权的错位

维权维稳化即权利相关者围绕特定议题，倾向于以抗争性行动将维权问题转化为维稳问题，进而通过获得上层级政府或政府官员的注意而达到维权的目的。尽管权利具有正当性和普遍意义，但在现实中也是最容易遭到侵害的，“无论是个人的权利，还是民族的权利，大凡一切权利都面临着被侵害、被抑制的危险，因为权利人主张的利益常常与否定其利益主张的他人的利益相对抗”。当权利面临被侵害、被抑制时，提出权利主张的人往往会“为权利而斗争”，因而以何种方式来维权也就成为一个不得不考虑的关键性问题。在维权实践中，以抗争性行动来实现维权目的是一种常见的选择，其实质是将维权社会化，通过扩大冲突来形成压力，进而以压力来寻求问题或不满的解决。

谢茨施耐德在分析冲突范围理论时就指出，冲突的结果往往取决于冲突的范围，由于冲突各方在实力上总是存在差距，实力较弱的一方往往会通过冲突的社会化使更多的人卷入冲突，以此来打破原有的力量平衡并使冲突结果向着有利于己方的方向发展。与此相对应的是，维权者在维权实践中往往也有类似的动机：扩大冲突的范围，将更多的人或力量卷入维权活动，将维权问题转化为维稳问题，进而改变维权活动中的力量结构，使维权结果向着有利于维权者的方向发展。在我国，集体上访、围堵政府办公大楼、堵塞交通是维权维稳化的典型途径，其内在机理就在于：通过上述行动，将问题从较低一级政府带到较高一级政府，将上级政府和官员纳入其维权活动，促使上级政府和官员予以关注，形成自上而下的稳定压力，最终演化为“维权—维稳—维权”的错位路径。

可以发现，通过抗争性行为将维权维稳化以达到个人或集体的维权目的具有如下特点：一是维权维稳化的工具性，不同于种种泄愤行为，维权维稳化过程中公众所采取的行动本身不是目的，而是达到目的的一种手段，在此过程中，一旦维权诉求得到满足，抗争性行动会终结；二是维权维稳化的压力性，维权维稳化的演化及其维权功能的实现以“压力”的形成、扩散及其有效性为基础，这需要与之相联系的一套制度体系，否则维权维稳化难以达到维权的目的；三是维权维稳化的“冒犯性”，因为，尽管维权维稳化是以体制外行动来寻求维权目标的实现，但其实际所指向的是体制内制度安排的不足与缺陷。

（二）维稳维权化：维稳的错位

维稳维权化表明的是两者之间关系的另一种错位发展，即旨在维护社会稳定的行动反而激起或诱发更多、更激烈的维权行为。毫无疑问，稳定与安全是任何共同体生存与发展的重要条件，“社会稳定是所有政治社会中的重要价值，即使在个人权利之上的自由主义社会里，也承认社会稳定具有重要价值”。可见，维护社会稳定，确保社会的良性运转是政府的重要职责。然而，不同于自然系统和机械系统，社会系统是由人及其有意识的活动、组织和结构所构成，具有高度的复杂性。并且，从系统论的观点看，越是复杂的系统，越是意味着充满了更多的关系和矛盾，无变化、无矛盾、无冲突的状态对于社会系统而言是不现实的。

然而，当以封闭、静态和绝对的观念为基础而进行维稳制度的设计时，体制外维权行动的“冒犯性”往往会被要求“快速平息”，进而衍生出维稳维权化的如下两种形式：一是强力维稳，即在观念和态度上倾向于不接受公众的维权抗争行动而以维护社会稳定的名义对各种维权抗争行为“严防死守”和“围压堵截”，以“压”的方式来控制冲突的范围和强度。实践中，类似做法的效果已被证明十分有限，不仅难以实质性地消除抗争行为的根源，反而会诱发和激起更多的维权行动甚至“弄巧成拙”地导致相关者的维权决心更加坚定、维权行为更加激烈。二是妥协求稳，即在态度上回避公众的维权抗争行为，以“恩惠”的形式来“息事宁人”。然而，这一维稳方式往往诱发更多的机会主义和不合理的维权预期，一旦预期得不到满足，会衍生出进一步的维权行动。因此，无论强力维稳还是妥协求稳，不仅难以实现维稳与维权的协调，而且会直接导致“维稳—维权—维稳”的错位发展。

对维稳维权化的进一步分析，可以发现其具有如下特征：一是无论强力维稳还是妥协求稳，都是不稳定的，在手段上均带有较强的随意性和武断性，与法治精神相悖，在实践中会削弱政府的公信力，损害社会的长治久安；二是以“不出事”为导向的维稳是短期化的，表面上看强力维稳和妥协求稳颇具可行性，短期内可以避免抗争性行动，但难以实现制度化，同时会导致问题被延缓而难以得到及时的解决；三是强力维稳和妥协求稳都属于事后应对型，是对矛盾和冲突的被动式反应，具有时间上的滞后性，难以前瞻性、源头性、系统性地维护社会的长远稳定。

三、维权与维稳：何以错位

在宏观层面，公众维权与政府维稳之间的错位冲突深受国家治理体系完备性和治理能力现代化的影响，与特定的政治经济社会背景是分不开的。在微观层面，错位的冲突与人们的理性选择动机是分不开的，无论维权者还是维稳者，他们对“成本-收益”的比较往往直接决定各自的行为选择。从中观层面来讲，维权与维稳之间关系的错位发展主要源于维权需求与权利保障、公众参与需求与参与制度供给、政绩化维稳与现代性稳定观、“好”中央与“坏”地方之间的失衡。

（一）公众维权需求与制度化权利保障之间失衡

改革开放以来，从以经济建设为中心到科学发展和人民美好生活的实现，关注民生、回应民生、改善民生已成为各级政府职能履行中的重中之重，加之自由、平等、公平、正义的观念日益深化，促使公众追求自身权利和利益的意识日益增强。与此同时，公众的维权资源和维权途径多样化，尤其是以互联网信息技术为基础的新媒体使信息的传播和沟通变得更加便利，大大降低了维权的组织化成本。可以说，社会的变迁、观念的变化、维权资源的丰富化极大地推动了公众的维权需求在范围和层次上的不断拓展，亟须与之相适应的权利保障体系。因为，权利的实现程度与权利的保障体系之间具有正向关系，权利保障体系越健全，权利的实现也就越充分；反之，权利保障体系越不健全，权利的实现就越会受阻，维权需求也将变得更为强烈，抗争性维权就会成为一种“无奈”的选择。在我国，一项关于“中国公民政治文化”的全国性调查就显示，我国公民对于权利保障的评价明显低于对权利重要性认知的评价，潜在反映出我国公民维权需求的增长与制度化权利保障之间的差距。

（二）公众参与需求与参与制度供给之间失衡

在亨廷顿看来，政治稳定有赖于政治制度化和政治参与之间恰当的比率，在制度化程度较低而公众参与需求较高的情况下，公众会借助他们各自的方式和力量自发地参与到政治活动中来，当然这种参与可能是无序的、混乱的，自然很可能对社会稳定造成不同程度的威胁或破坏。也就是说，当公众参与制度的供给与公众参与的需求之间存在较大差距，制度难以及时、有效地容纳公众的参与需求时，公众的参与行为就很可能偏离制度化的轨道。对于现阶段正处于社会转型关键期的我国而言，社会各阶层的利益分化不断加剧，人们的权利和利益日益多元化，促使公众越来越多地关注可能对自身权利和利益产生影响的公共事务，并且越来越多地要求参与到与其自身利益相关的决策过程中去，随之对参与的制度化水平提出了更高要求。然而，在参与制度的供给方面，由于制度变迁滞后，既有的政治参与渠道不能有效发挥作用。因此，当不断增长的参与需求未能有与之相匹配的制度供给时，公众就会越来越多地转向制度外的参与渠道，包括通过越级上访、集体上访、集体抗争等方式来表达诉求、维护权益，进而加剧社会稳定的压力。

（三）政绩化维稳与现代性稳定观之间失衡

在我国，具有典型压力型体制特征的干部考核体系对于维稳与维权之间关系的错位具有十分重要的影响。在 20 世纪 90 年代，维稳被纳入地方政府考核体制，成为上级政府考核下级政府官员政绩的一项重要指标。在当届任期内政绩最大化的指引下，维稳考核指标体系和考核方式直接影响着地方政府官员的维稳策略，维稳实践中对集体上访、越级上访、群体性事件等的数量化指标考核以及“一票否决”的考核方式塑造着地方政府官员在维稳过程中的政绩化维稳倾向。一旦政绩化维稳成为最重要的选择，维稳目的和维稳动机就往往会被异化，一方面，维稳目的被异化为追求静态、绝对的稳定，仅仅看到社会冲突“不利”的一面而忽视“有利”的一面，将社会稳定与社会冲突完全对立起来，认为维稳的目标就是实现社会秩序的“绝对安定”，甚至表面上的“风平浪静”，于是动辄就将公众的维权抗争行为视为社会不稳定的因素和表现，强调维权抗争行为的快速平息，尽可能地将其压制在萌芽状态。另一方面，维稳动机被异化为“政绩之稳”而非“社会之稳”，在“零发生”和“一票否决”的强大压力下，地方政府官员的维稳动机往往在于通过上级考核、避免被问责，于是在政府维稳与公众维权抗争之间形成零和博弈的局面，也就是维权抗争行为的发生意味着政府官员的政绩损失，因而对维权抗争行为实施排斥也就成为一种非常自然的选择，公众的维权也就常常成为官员追求政绩的牺牲品，是最终导致政府陷入“越维稳越不稳”的重要原因。

（四）“好”中央与“坏”地方之间失衡

在我国的政治过程中，公众对政府的信任在不同层级之间的分布并不均衡，呈现出较强的差序格局。许多已有研究业已证实了这一点，如肖唐镖、王欣利用在江西、江苏、山西、重庆和上海五省份六十个村自1999年到2008年十年间的四次跟踪调查所形成的数据库，分析验证了农民对上级政府的信任度明显高于下级政府的信任度，且随着政府层级的下降，农民的政治信任度也在下降；吕书鹏通过对2002年、2008年、2011年亚洲民主调查数据的实证分析，证明了这种差序政府信任普遍存在于全国性样本中，而不仅仅是存在于某一种或某几种特定的群体中。公众对不同层级政府所割裂开来的信任在维权与维稳的实践中，会直接加强公众诉诸抗争而寻求上层政府支持的动机，会削弱基层政府履行利益调节和社会冲突管理职能的基础和保障，致使基层政府的维稳压力增大。其典型势态就是，基层政府和官员常常抱怨老百姓“素质低、不讲理、不懂法”。与此相伴的则是，一旦“老百姓”对基层政府和官员处置其维权诉求的结果不满，就会进一步降低对基层政府的信任，进而将希望寄托于上一层级甚至更上一层级的政府，加剧维权与维稳之间错位关系的发展。

四、维权与维稳：如何归位

公众维权与政府维稳在本质上应该是一致的，对于实践中两者关系难以协调甚至相互反向加剧的困境，可以从完善权利保障体系、提升公众政治参与制度化水平、矫正政绩化维稳观、强化基层政府公信力来推动公众维权与政府维稳之间一致关系的回归。

（一）着眼于权利保障体系的完善，切实维护公众权利

公众权利的维护和实现需要以充分、有效的权利保障体系为基础，可以从三个层面着手。第一个层面，需要在全社会强化尊重和维护公众权利的观念与文化，需要政府充分履行维护公众权利的职责，增强公共财政对公众权益保障的支持，为维护公众权利奠定物质基础。因为，公众权利要想得到高质量和较高程度的保护，不仅依赖于私人支出，也依赖于政府的公共成本支出。第二个层面，现代社会中公众权利的实现需要法律法规予以保障，需要根据社会的变迁适时制定和修订有关公众权利保障的法律法规，以有效回应公众权利范围与层次的拓展，推动公众维权的法治化。第三个层面，对公众权利的侵害意味着需要与之相匹配的公众权利救济制度，这样公众权利救济制度应该是多元、高效、低成本和高信度的。其中，多元化意味着通过多层次、多类型、个性化的权利救济制度设计实现权利救济过程的无缝连接，高效性意味着不同的权利救济途径能够实质性地回应公众的权利需求和影响维权者的行为选择，低成本意味着权利救济途径是便利、及时和可获得的，高信度意味着公众对权利救济的途径具有信心并且能自觉地运用制度化的救济渠道而非诉诸抗议行为来维护和实现自身的权利诉求。

（二）着眼于公众政治参与制度化水平的提升，充分吸纳公众参与需求

现代化进程中的社会稳定需要处理好政治制度化水平与政治参与之

间的关系，政治参与的制度设计需要因应社会治理变迁和公众参与需求增长的内在需要，将体制外的政治参与纳入体制内的制度框架以减少体制外的“冒犯性”参与。就政治制度化水平的衡量，亨廷顿提出可以从适应性、复杂性、自主性和内聚力四个方面加以衡量。有鉴于此，在吸纳、包容公众参与的过程中，公众政治参与制度的适应性、复杂性、自主性和内聚力也必须随之提升。具体而言，一是要提高公众政治参与制度的适应性以避免刻板和僵化，及时回应社会环境、公众参与需求变化所提出的挑战，积极鼓励制度创新并积极探索有利于公众行使参与权利的新渠道，强化公众有序参与的稳定性；二是要提高公众参与制度的精细化和专门化水平，通过建立健全层次多元化、形式多样化、功能专门化的公众参与制度，有效涵盖不同层次、不同目的的参与需求，增强公众有序参与的可行性和可及性；三是提高公众参与制度的自主性以避免依附性、从属性，自主性意味着制度的设计较少受特定社会集团直接或间接的操控，参与的制度要一视同仁地对待无论处于何种地位的人的参与需求；四是要提高公众参与制度的内聚力，使公众对参与的制度有信心并对社会争端的处置形成基本的共识。

（三）着眼于现代性稳定观的塑造，矫正政绩化维稳观

“现代性意味着稳定”并不是指实现了现代化的社会不存在社会冲突，而是指现代化的社会具有一套稳定、有效的应对社会冲突的观念和制度体系。在我国的现代化进程中，利益的多元化将促使基于利益分歧的社会冲突越来越多，甚至成为社会日常生活的一种常态，为此特别需要正确定位社会冲突的功能：一方面，社会冲突是潜在的“危险”，如对社会秩序确实可能造成一定程度的消极影响；另一方面，社会冲突也是释放公众不满情绪和促使政府对公众的不满和要求保持敏感性的一种重要途径，有益于社会的长治久安。因而，有效的维稳需要摒弃传统的静态、绝对的稳定观，树立动态、均衡、包容的稳定观，矫正政绩化的维稳思维和策略，进而扭转异化了的维稳目标和维稳动机。这可以从以下几方面着手：在维稳考核指标体系的设置上更加注

重“事前”而不是“事后”，逐渐摆脱单向的维稳思维与制度设计，重视“问题”的演化而非“不出事”，重视“问题”的实质性解决而非“问题”的象征与程序性处理，重视“事件”中持续的良性互动而非单向、简单的应急处置，重视体制内政策议程设定制度的改革与优化而非“事件”本身的快速平息，最终经由制度创新与发展来提升制度吸纳、回应和应对社会问题的内在能力，因应社会发展治理变迁的新任务、新要求。

（四）着眼于基层政府的公信力建设，增强公众对基层政府的信任

公众对基层政府的不信任，会直接导致维权活动中公众对政府处置措施的敏感和猜疑，政府官员的任何不当之举或者维权结果与维权预期之间的任何偏差都可能引发他们进一步的维权诉求，甚至诱发激烈的维权抗争行动，因此走出维权维稳化的发生逻辑需要强化公众对基层政府的信任。公众信任基层政府，意味着公众对基层政府拥有正向的心理预期，普遍性地相信基层政府重视公众利益，并且能够公平公正地处理公众的维权诉求，从而产生自愿性的认同和服从，正如戴维·伊斯顿所言，“在众多的服从动机中，对合法性的信仰是唯一的一个原因”。因而，改善基层政府与公众之间的信任关系是维护社会稳定的重要途径，可以从如下三个方面努力：一是不断提升基层政府官员的素质和能力，规范基层政府官员的言行，改善基层政府官员的形象，为公众与基层政府之间信任关系的建立奠定坚实的基础；二是增强基层政府和官员公正、依法行政的能力，尤其是协调、处理各种利益矛盾和冲突的凝聚力，为公众与基层政府之间信任水平的提升提供基于认同与可接受的合法性保障；三是强化公众对基层政府和官员的有效监督和问责，当公众能够有效约束基层政府和官员的不当行为时，公众才能更加信任基层政府和官员，从而也能促进公众权益在基层得到更好的维护和保障而避免将“不满”和“问题”诉诸上层级政府或带有“冒犯性”的维权行动。

参考文献

［1］胡朝阳．论网络舆情治理中维权与维稳的法治统一．学海，2012（3）．

［2］徐英荣．司法维稳与维权的法理基础、实践偏差及平衡路径．江西警察学院学报，2015（5）．

［3］梁文道．维权与维稳．南方周末，2010-04-08．

［4］张立．公民维权与政府维稳的关系．辽宁行政学院学报，2011（12）．

［5］于建嵘．维权就是维稳．人民论坛，2012（1）．

［6］朱振辉．社会治理创新中的维权与维稳研究．中共云南省委党校学报，2015（2）．

［7］段明．维权与维稳之争的问题转型——国家治理体系变革对两者的调和与统一．学术探索，2014（9）．

［8］梁道．对正确处理维稳与维权关系的思考．广西民族师范学院学报，2014（4）．

［9］清华大学课题组．以利益表达制度化实现长治久安．学习月刊，2010（9）．

［10］王常柱，夏晓丽．公权力尴尬：维稳与维权之间的价值迷失——基于群体性事件中公权力价值取向的研究视角．北京行政学院学报，2014（4）．

［11］张荆红．“维权”与“维稳”的高成本困局——对中国维稳现状的审视与建议．理论与改革，2011（3）．

［12］汤啸天．政府在公民维权中的指导责任和接受监督．社会科学，2007（10）．

［13］周望，魏淑君．法治、维权与维稳．甘肃理论学刊，2014（6）．

［14］邢亮．维权与维稳的冲突与化解——基于法治思维与法治方

式的考察. 福建行政学院学报，2014（4）.

[15] 朱德米. 建构维权与维稳统一的制度通道. 复旦学报（社会科学版），2014（1）.

[16] 耶林. 为权利而斗争. 北京：中国法制出版社，2004.

[17] 谢茨施耐德. 半主权的人民——一个现实主义者眼中的美国民主. 天津：天津人民出版社，2000.

[18] 蔡应明. 社会稳定学. 上海：上海三联书店，2014.

[19] 景天魁，王希如. 关于社会系统稳定与调节问题的对话. 哲学研究，1990（4）.

[20] 房宁. 中国政治参与报告（2013）. 北京：社会科学文献出版社，2013.

[21] 亨廷顿. 变化社会中的政治秩序. 上海：上海人民出版社，2008.

[22] WANG Y，MINZNER C. The Rise of the Chinese Security State. The China Quarterly，2015（22）.

[23] 肖唐镖，王欣. 中国农民政治信任的变迁——对五省份 60 个村的跟踪研究（1999—2008）. 管理世界，2010（9）.

第二篇
邻避冲突与环境治理

基于决策论证的邻避设施社会稳定风险防范制度建设*

雷尚清**

一、引言

邻避设施是指垃圾掩埋场、火力发电厂、变电所等有污染威胁的设施。这类设施给全体居民的生活带来较大便利，但也会引致比较严重的负外部效应，因此，居民一般会以环境影响为标准产生“不要建在我家后院”的邻避情结。这种情结如果处理不当，邻避设施的建设就会遭到民众的激烈反对，进而诱发社会稳定风险事件。

在学术界，关于邻避设施社会稳定风险防范的研究主要有：(1) 风险感知视角，发现多数公众对核设施“坚决反对、心理接受距离较远、

* 基金项目：四川省社科规划 2016 年度基地项目“重大决策事项社会稳定风险评估制度研究”(编号：SC16E029)；教育部人文社科基金青年项目“决策论证与邻避设施社会稳定风险防范研究”(编号：15YJC630052)。

** 雷尚清，讲师，四川大学公共管理学院，四川大学社会发展与社会风险控制研究中心，研究方向：风险治理与应急管理、公共政策与政府改革。

搬迁意愿不强烈”①，应关注关键节点和小团体②，弥补认知差异③。(2) 风险放大视角，认为邻避冲突事件经过个人、媒体、专家等的过滤、解读、传播④，形成“实在风险—感知风险—社会稳定风险”的演化链⑤，应优化风险沟通、重建公共信任⑥。(3) 风险社会预警视角，认为风险社会是当今的时代特征，应从基本动因、助燃剂、导火线角度构建社会稳定预警系统⑦，对污染类、风险集聚类、污名化类、心理不悦类邻避事件分类治理⑧。(4) 利益相关者民主参与视角，主张实行开放政治，协商对话，完善公民、专家等多主体参与机制⑨，以弥补邻避设施利益相关者参与的不足。(5) 政策过程视角，认为邻避设施决策问题不清楚、标准不一致、参与者不平等⑩，应优化政策过程，细化利益分配方案，强化监管⑪。(6) 风险话语视角，认为标语、谣言、在线讨

---

① 张乐，童星．公众的“核邻避情结”及其影响因素分析．社会科学研究，2014 (1).

② 朱正威，石佳．重大工程项目中风险感知差异形成机理研究——基于 SNA 的个案分析．中国行政管理，2013 (11).

③ 李小敏，胡象明．邻避现象原因新析：风险认知与公众信任的视角．中国行政管理，2015 (3).

④ 谭爽，胡象明．邻避型社会稳定风险中风险认知的预测作用及其调控——以核电站为例．武汉大学学报（哲学社会科学版），2013 (5).

⑤ 侯光辉，王元地．“邻避风险链”：邻避危机演化的一个风险解释框架．公共行政评论，2015 (1).

⑥ 张乐，童星．风险沟通：风险治理的关键环节——日本核危机一周年祭．探索与争鸣，2012 (4)；刘冰．邻避设施选址的公众态度及其影响因素研究．南京社会科学，2015 (12).

⑦ 牛文元．社会物理学与中国社会稳定预警系统．中国科学院院刊，2001 (1).

⑧ 陶鹏，童星．邻避型群体性事件及其治理．南京社会科学，2010 (8).

⑨ 何艳玲．“邻避冲突”及其解决：基于一次城市集体抗争的分析//马骏，侯一麟．公共管理研究（第 4 卷）．上海：上海人民出版社，2006：93-103；胡象明，唐波勇．危机状态中的公共参与和公共精神——基于公共政策视角的厦门 PX 事件透视．人文杂志，2009 (3)；郭巍青，陈晓运．风险社会的环境异议——以广州市民反对垃圾焚烧厂建设为例．公共行政评论，2011 (1)；何艳玲，陈晓运．从“不怕”到“我怕”：“一般人群”在邻避冲突中如何形成抗争动机．学术研究，2012 (5)；何艳玲．对“别在我家后院”的制度化回应探析——城镇化中的“邻避冲突”与“环境正义”．人民论坛·学术前沿，2014 (6).

⑩ 张乐，童星．“邻避”冲突管理中的决策困境及其解决思路．中国行政管理，2014 (4).

⑪ 刘冰，苏宏宇．邻避项目解决方案探索：西方国家危险设施选址的经验及启示．中国应急管理，2013 (8)；王奎明，钟杨．“中国式”邻避运动核心议题探析——基于民意视角．上海交通大学学报（哲学社会科学版），2014 (1).

论等方式体现了风险话语权的分配与再生产[①]，应据此治理。（7）社会支持视角，认为经济理性、科学理性、价值理性分别主导污染类、风险积聚类、心理不悦类邻避行动[②]，应使补偿超过邻避情结[③]，帮助民众建立公共理性[④]和合理的社会预期[⑤]。（8）空间规划视角，认为应精确计算邻避设施选址的成本收益，优化工程规划布局[⑥]。（9）伦理视角，认为邻避抗争是居民对环境非正义、权责分配不公正的抗争，应据此妥善处理[⑦]。

可以发现，当前学术界从风险感知、风险放大、风险社会预警、利益相关者民主参与、政策过程、风险话语视角、社会支持、空间规划、伦理等视角探究了邻避设施社会稳定风险的生成机理，提出了防范之道。这些研究视角独特多元，所提的防范策略客观深刻、中肯合理，值得借鉴。而且，部分研究重点关注如何通过“民主、参与、协商”的方式防范邻避情结，这为进一步研究提供了基础。不过，这些研究仍有缺陷——没有详细指明民主协商的步骤和操作细则，导致对策建议操作性和实用性不强，影响了实际效果的发挥。鉴于此，应思考如何从微观上构建民主参与、达成共识的制度。在公共政策学中，探讨如何通过对话辩论程序达成共识的是决策论证，因此本文以此为基础，构建基于决策论证的邻避设施利益相关者实质参与制度，实现从源头上防范邻避设施社会稳定风险的目的。

---

① 周裕琼，蒋小艳．环境抗争的话语建构、选择与传承．深圳大学学报（人文社会科学版），2014（3）；张乐，童星．事件、争论与权力：风险场域的运作逻辑．湖南师范大学社会科学学报，2011（3）．

② 张乐，童星．“邻避”行动的社会生成机制．江苏行政学院学报，2013（1）．

③ 曹峰，等．重大工程项目社会稳定风险评估与社会支持度分析——基于某天然气输气管道重大工程的问卷调查．国家行政学院学报，2013（6）．

④ 谭爽，胡象明．我国邻避冲突的生成与化解——基于“公民性”视角的考察．吉首大学学报（社会科学版），2015（3）．

⑤ 陈晓正，胡象明．重大工程项目社会稳定风险评估研究——基于社会预期的视角．北京航空航天大学学报（社会科学版），2013（2）．

⑥ 张向和，彭绪亚．基于邻避效应的垃圾处理场选址博弈研究．统计与决策，2010（20）．

⑦ 董军，甄桂．技术风险视角下的邻避抗争及其环境正义诉求．自然辩证法研究，2015（5）．

二、决策论证及其最优性

（一）何谓决策论证

所谓决策论证，是指决策过程中利益相关者寻找有利的信息，提出或强化自身的政策主张，并提出驳斥的理由，以抗辩其他不同主张及看法的行为，目的在于促使各方接纳或拒绝某项政策方案①。在现代社会，决策制定最重要的工作不是强行设定某种政策方案，要求对方执行，而是与不同的政策利益相关者进行理性辩论、恳切对谈，只有这样，政策目标才经得起质疑、假设才经得起考验、方案才经得起比较，也唯有经过这样批判、质疑与辩论的过程，公共政策是否真的于民有利才能显现出来②。因此决策论证具有重大意义：能够引发改进政策有效性、正确性和有用性的讨论；可以帮助呈现最有效和经验上正确的结论；有助于劝说他人接受政策论证及其方案③。那么，为什么决策论证是最佳的邻避设施社会稳定风险防范工具呢？

（二）作为最优工具的决策论证

1. 决策论证可改变邻避设施运营由政府和项目方主导的弊端

邻避设施有政府、项目方、专家和当地民众四类利益相关者，由于四类利益相关者掌握的资源和机会不尽相同，因此影响力也有差异。在需求识别阶段，政府和项目方根据当地的实际需求，确定是否建设邻避设施。政府的初衷是为当地居民解决实际问题，例如，垃圾处理厂可增强垃圾处理能力，改善社区周边环境。而项目方积极参与设施建设是因为通过建设可以获取直接经济利益，与政府建立良好的合作关系。从根

① 雷尚清．公共政策论证类型．长春：吉林出版集团有限责任公司，2017：7.

② 丘昌泰．公共政策：基础篇．台北：巨流图书公司，2004：206.

③ 邓恩．公共政策分析导论（第 4 版）．北京：中国人民大学出版社，2011：286.

本上说，政府和项目方的目标是一致的，因此现实中需求识别主要由上层利益相关者中的政府和项目方完成，其中政府负责启动议程、最终决策，项目方负责撰写项目书、编制可行性报告、提出初步的方案，而当地民众无法起主导作用，只能象征性地参与意见反馈、方案征集。随着需求确定，项目进入了方案制定阶段，主要的工作是细化方案、进行技术设计、编制预算，通过合同明确各自职责。这一阶段的工作除了政府和项目方继续主导外，专家的作用也得到了较大发挥，因为这一阶段工作专业性较强，需要借助专家的专业智慧。正因为专业性较强，当地民众的参与更少，主要是作为旁观者见证设施运营。随着具体方案被制定，设施进入了施工建设阶段，这一阶段的主要工作是按照计划书建造具体的设施，此时发挥主要作用的是承包商、材料设备供应商、投资人、监理单位、运营方。设施建成后，以政府为首的部门进行验收，合格后即可投入使用。可以看出，整个运营周期中政府、项目方起主导作用，专家仅仅在细化方案上发挥自己的专业才智，当地民众较少实质性参与，这导致真正受设施影响的民众无法全面反映意见和诉求，利益“被代表”。

决策论证可以改变这种弊端，因为决策论证首先强调公众、专家、项目方和政府等利益相关者共同参与某项议题的讨论，其次强调通过这种参与展现各方主张、达成共识。在此过程中，当地民众和专家的参与是尤其重要的，最终方案主要是反映这些直接利益相关者的看法、诉求，而不仅仅是政府和项目方的主张，这有力改变了现有运营中政府和项目方主导一切的格局，有助于发挥当地民众和专家的作用，吸取他们的意见，完善运营方案。

2. 决策论证为根本上化解利益相关者的冲突和诉求提供了载体

政府和项目方主导邻避设施运营在政治、经济、社会、环境等领域引发诸多问题，例如造成人力物力财力浪费和损失，破坏政府公信力，引发民众抗争，放大环境与技术风险。随着时间推移，这些问题不断累积、发酵，成为社会稳定风险的隐患，最终演变成恶性冲突事件。事件发生后，政府采取教育说服、控制事态、吸收民众代表参与、摆平控制、完善补偿方案的策略消解抗争，项目方则配合政府做好解释、善后工作。这些措施无法从根本上化解专家和民众质疑，因为它们不是致力于保护邻避设施周边民众的利益，而是想方设法保护政府、项目方的既得利益，掩盖问题，甚至拖延问题的解决。这导致政府的处置策略具有随机性、前后不一致——首先采用刚性的措施维持秩序，冲突升级后又与民众妥协①。在意见领袖和新媒体的介入下，民众的抗争不仅不会停止，反而可能会调整、升级，使局势进一步恶化。这让政府和项目方骑虎难下——他们已经投入了较多资源，如果半途而废会遭受巨大损失，但民众的抗议、质疑又无法从根本上得到平息，邻避设施运营就此陷入困境！

决策论证不同于现有的问题解决方式。决策论证首先强调利益相关者的参与，其次强调通过平等参与、理性辩驳达成共识。一旦通过科学民主的程序达成了共识，则相关主体只能遵守，不能违背。这在程序和内容上首先保证了个体或部门利益能够得到维护，其次保证了在此基础上实现公共利益，因此不同于现有的“刚性维稳为主、妥协收买为辅”的问题解决方式。通过这种方式制定的运营方案既反映了局部利益，又反映了整体利益，是二者的有机结合。当二者发生矛盾冲突，或者无法从局部利益上升为整体利益时，论证本身又能发挥民主参与、达成共识的作用，将利益相关者汇集在一起进行对话、讨论。这就为从根本上解决邻避设施社会稳定风险提供了载体和保障，而不是像现有的解决措施那样“事后修修补补”，无助于问题的根本解决。

3. 决策论证能够有效化解邻避设施运营带来的各类难题

首先，通过引入决策论证，持反对意见的专家和对邻避设施详情不了解的当地民众可以获知项目的详细信息，加深对项目利弊的了解，理解政府和项目方的决策依据，进而达到增进了解、促进信息共享的目的。实践表明，正是由于民众不了解、不支持、不理解项目的利弊好

① 侯光辉，王元地．邻避危机何以愈演愈烈——一个整合性归因模型．公共管理学报，2014 (3)．

坏，才会采用激烈的方式反对项目建设[①]。因此吸收民众参与项目论证，可以从根本上摆脱类似事件“决定—宣布—辩护”[②] 的发展轨迹，提升民众的主人翁意识，从源头上铲除抗争行为的产生土壤。

其次，事实证明，公众的邻避情结主要受个体情绪的主导和驱动，不一定有技术层面、经济层面或行政层次的理性知识[③]，因此宣泄民众各类情绪对邻避设施社会稳定风险事件解决至关重要。而现有解决方式并不能彻底消除民众的被欺骗、被愚弄、被代言、挫折感和愤怒情绪，随着设施变相开工建设，或者其他事件的诱发，这些情绪还会以特定的形式爆发出来，放大社会风险，因此要想从源头上消解这些负面情绪，最好的办法仍然是让各方，尤其是项目所在地民众参与对话论证，宣泄其心中的负面情绪，从而为后续行动赢得良好的感情和社会心理基础。

再次，决策论证能够改善政府形象，提升政府公信力。决策论证的精髓是通过对具体政策方案的批评、质疑、澄清实现利益相关者的实质参与，取得共同行动。这有助于改善政府封闭决策的现状。如前所述，正是由于政府封闭决策，导致设施运营方案忽视民众诉求、脱离民意，才招致民众激烈反抗。因此让民众实质参与决策过程，可以弥补这一缺陷，改善政府形象，提升政府公信力。

最后，在决策论证阶段吸收利益相关者参与是成本最低的决策方式，因为一旦决策方案被各方接受，一般情况下就不会轻易更改。对邻避设施来说这尤其重要，因为通常情况下，项目立项论证阶段的投入和成本只占整个项目成本的1%左右[④]，而这极小的投入可有效避免设施建设出现重大缺陷或失误，保证设施如期建设、顺利交付使用。

---

① 例如2012年7月3日下午，什邡市委书记李成金接受人民网记者采访时表示，由于前期宣传工作不到位，造成了部分群众对该项目的不了解、不理解、不支持。

② CASCETTA E，PAGLIARA F. Public Engagement for Planning and Designing Transportation Systems. Procedia-Social and Behavioral Sciences，2013（87）：103－116.

③ VITTES M E，POLLOCK P H，LILIE S A. Factors Contributing to NIMBY Attitudes. Waste Management，1993，13（2）：125－129.

④ 耿永常，王光远. 工程项目可行性论证的理论、方法与应用. 北京：高等教育出版社，2007：4.

4. 决策论证契合从源头上预防和化解社会稳定风险的宗旨

长期以来，我国始终坚持从源头上预防和化解社会稳定风险的宗旨，决策论证是与这一宗旨相符的。因为虽然决策论证贯穿于问题界定、议程设置、备选方案择优、政策执行、政策评估、政策终结等政策环节，但主要应用于问题界定、议程设置和方案择优三个阶段，因为在这三个环节中，对于什么是政策问题，如何进行界定，某一问题是否应进入政府议事日程，政策备选方案有哪些，如何选择最优方案等议题，不同的利益相关者有不同的理解，较难达成共识，这需要政策利益相关者仔细分析论证，以提高决策质量，减少政策失误。而决策一旦做出，剩下的就是执行和评估了，在这些阶段，政策利益相关者主要的任务是完成政策目标，评价其优劣，虽然也可能涉及参与、论证，但更多的是政策评估，而非政策论证。从这个意义上讲，作为问题界定、议程设置、备选方案择优的重要工具之一，政策论证直接决定了政策过程其他阶段的运行轨迹和品质高低，意义重大①。

基于此，如果能够引入决策论证，项目的需求识别、方案设计、方案择优等关键环节就会吸引利益相关者的充分参与，吸取他们的意见，通过这种方式制定出来的运营方案必然能够反映主要利益相关者的诉求和共识，因此它并不是事后补救型的解决措施，而是事先预防型的措施，不会压制、掩盖问题的解决，也不会因介入的方法不当而引发新的风险，这恰恰与“从源头上预防和化解社会稳定风险”的宗旨相契合。

5. 决策论证简便可行

其一，决策论证并不是要否定邻避设施建设，而是主张将利益相关者集合起来，共同探讨既科学又能为各个利益相关者接受的建设方案和实施计划，这首先符合政府和项目方的预期、诉求。因为政府的目的就是建设邻避设施，解决全体居民面临的共同问题。决策论证不反对这一点，只是强调在项目立项决策时吸收民众参与，商讨公认的建设运营方案，这与政府的预期相符，操作相对简便。

---

① 雷尚清. 公共政策论证类型. 长春：吉林出版集团有限责任公司，2017：9.

其二，现有制度已为决策论证提供了较好的基础和经验。当前，我国在决策中已经采用了论证制度。2013 年修订通过的《国务院工作规则》指出，“国务院各部门提请国务院研究决定的重大事项，都必须经过深入调查研究，并经研究、咨询机构等进行合法性、必要性、科学性、可行性和可控性评估论证”，这是对 2004 年开始采用的论证制度的第二次修订完善。可见，对重大事项进行论证已是各级政府决策的必经步骤，拥有 13 年的实践经验，这为邻避设施运营引入决策论证提供了一定的基础。

综上，决策论证既能改变政府、项目方主导邻避设施运营，专家和民众无法实质参与的状况，又能弥补当前问题解决手段的缺陷，实现从源头上和根本上化解邻避设施社会稳定风险的目标，因而是最佳的防范工具。那么，这样的制度包括哪些内容呢?

三、基于决策论证的邻避设施社会稳定风险防范制度

诺斯认为，制度是一个社会的游戏规则，更规范地说，它们是为决定人们的相互关系而人为设定的一些制约。制度由非正式约束（道德的约束、禁忌、习惯、传统和行为准则）和正式的法规（宪法、法令、产权）组成①。非正式规则是人们在长期实践中无意识形成的，包括价值信念、伦理规范、道德观念、风俗习惯及意识形态等。正式规则又称正式制度，是指政府、国家或统治者等按照一定的目的和程序有意识创造的一系列政治、经济规则、契约、法律法规，以及由这些规则构成的社会等级结构。非正式规则和正式规则需要通过具体制度得到实施，因而制度还包括为确保正式规则和非正式规则得以执行的相关制度安排。基于此，本文认为，基于决策论证的邻避设施社会稳定风险防范制度（简称“制度”）是指以决策论证为内核，在邻避设施社会稳定风险防范中

① 诺斯. 制度、制度变迁与经济绩效. 北京：生活·读书·新知三联书店，1994：3-5.

利益相关者必须遵守的共同行为准则、规章典范、禁忌约束。它包括三个部分：正式的法律法规和规章，非正式的习惯、传统、行为准则，保证这两项规则得以执行的具体制度设计。由于非正式传统、习惯和行为准则等是在长期生活实践中约定形成的，内化于人们的日常生活和言行中，因而本文重点探讨正式规则及其实施机制，暂不讨论非正式的风俗习惯。

（一）制度的内涵

1. 吸纳所有利益相关者参与

从主体看，所有的利益相关者都应该参与邻避设施论证，不应该有重要的利益相关者被排斥在论证过程之外，因此不仅需要政府、项目方和支持设施建设的专家的参与，更需要吸纳反对设施建设的专家学者和受项目影响的当地民众的参与，使得他们的意见得到充分表达，诉求得到合理满足。

2. 覆盖邻避设施整个运营周期

利益相关者不仅要参与对邻避设施的论证和运营，而且这种参与要从需求识别阶段开始，延续到方案制定、施工建设和交付使用阶段，贯穿整个运营周期。这是因为，虽然需求识别和方案制定阶段决策论证可以发挥巨大作用，但是施工建设和交付使用阶段仍然可以通过决策论证解决利益相关者之间的矛盾、冲突，从而防范、解决相关风险。

3. 包括一系列保证科学论证的制度安排

为了确保利益相关者真正参与设施运营，需要从制度上进行相关的设计。这样的制度安排包括：利益相关者甄别机制、利益相关者参与机制、信息管理与反馈机制、协商论辩机制、结果达成与运用机制、监督考核机制、问责机制，目的是确保基于决策论证的邻避设施社会稳定风险防范制度顺利运行。

4. 以寻求可接受的邻避设施共识为终极目标

不同利益相关者的诉求难免存在不一致甚至冲突的地方，但是在理性对话的制度平台和平等有效的言谈情境下，各方可以提出自己的邻避设施主张和依据，对他人的主张和依据进行质疑，如此反复，逐渐缩小差异，扩大共识，最终形成各方都能接受的项目建设方案。这是决策论证的终极目标，可以防止政府、项目方、专家、当地民众陷入无休止的争论和辩解中，无法就具体议题达成共识，从而影响论证效率。

那么，这样的决策论证制度包括哪些静态的实施机制呢？现实中又该如何运行？

（二）制度的实施机制

1. 理性对话的论证平台

该平台是建设决策论证的邻避设施社会稳定风险防范制度的前提和基础，只有搭建了这样的平台，基于决策论证的邻避设施社会稳定风险防范制度才有付诸实施的空间和载体。平台由政府、项目方、专家、当地民众共同主导，缺一不可。政府主导程序控制与决策平台，发挥议程设置、方案抉择、利益协调功能；项目方主导利益实现平台，主要功能是制定项目建议书、项目计划、进行可行性与社会稳定风险评估，实现利润；专家主导事实判断平台，发挥理性决策外脑、代言、监督功能；当地民众主导诉求实现和价值判断平台，进行利益损益、风险认知、项目预期判断，维护自身合法权益（见图 1）。四类平台分别承载着政府理性、项目理性、专家理性和大众理性，四种理性间如果存在冲突和不一致，则通过具体的论证加以弥合，进而实现公共理性。

2. 利益相关者甄别机制

即甄别、选择利益相关者的制度。决策论证的精髓是吸收利益相关者的参与，鼓励他们各抒己见，进而达成共识，实现这一目的的第一步，就是将利益相关者尤其是直接利益相关者从多个相关的主体中甄别出来，否则可能因缺乏直接利益相关者的参与而无法实现既定目标。邻避设施中，直接的利益相关者有：政府、项目方、当地民众、专家，这些相关者有个体、群体或组织三种形式。政府是决策者，项目方是邻避设施建设运营的各类组织的统称，当地民众是受设施建设影响的居民，专家是参与项目方案设计的个人或组织。决策论证的首要工作是根据其

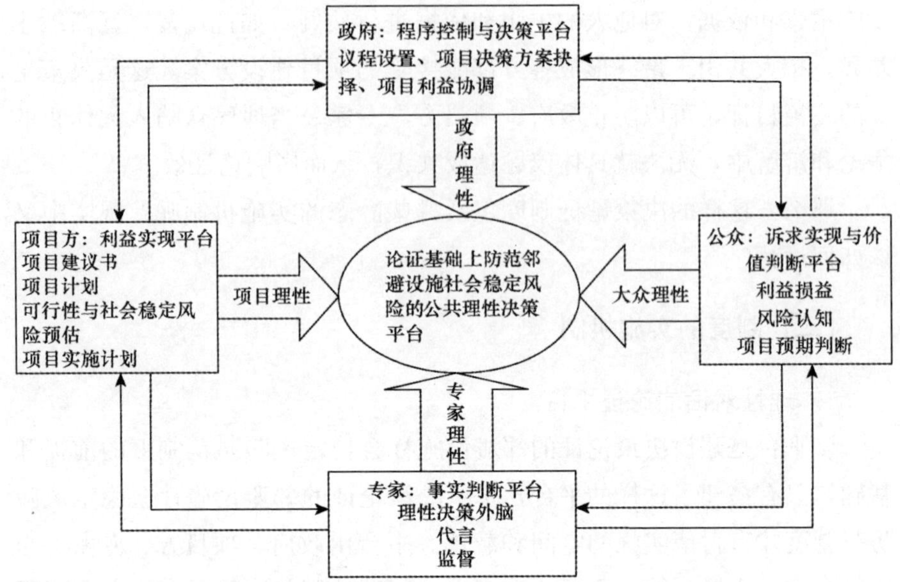

图 1　防范邻避设施社会稳定风险的公共理性决策论证平台

与邻避设施的利益关联度，甄别、细分这些直接利益相关者。例如，从构成看，政府可细分为最终决策者及其下属机构和部门、下级政府及其组成部门、设施所在地政府及有关部门、基层政府（如居委会、村委会、大队村组等）、基层组织和社会团体，项目方可细分为建设单位、承包商、材料设备供应商、投资人、勘察设计单位、监理单位、运营方、高层管理人员、员工①，当地民众可细分为项目所在地的社区及其居民、相关的法人和社会组织，专家可细分为勘察设计单位，以及参与方案设计的专家学者。从影响力看，四类直接利益相关者可分为上层、中间层和下层②。

区分出直接利益相关者后，还应该甄别设施建设的间接利益相关者，明确其特质和特长，界定其基本角色和功能。例如，政府中不负责设施建设运营的其他部门，项目方的同行，设施周边若干区域内的居民

① 王进，许玉洁. 大型工程项目利益相关者分类. 铁道科学与工程学报，2009（5）.

② 雷尚清. 决策论证与大型工程项目社会稳定风险化解//童星，张海波. 风险灾害危机研究（第 1 辑）. 北京：社会科学文献出版社，2015：7.

和相关单位，关心设施建设的专家学者，新闻媒体，民间领袖，等等，他们虽然不是设施的直接利益相关者，但是也能够影响设施进程，影响项目结果。对这些利益相关者进行区分，目的是寻找他们跟设施建设的潜在关联，提前制定应急预案，防患于未然。

3. 利益相关者参与机制

甄别出利益相关者之后，接下来的工作是确保这些利益相关者实质参与邻避设施运营环节。这里需要结合利益相关者的特点和角色，根据其诉求合理吸纳。政府是议程设置者和最终裁决者，因此应该参与需求识别、方案制定、施工建设、交付使用，不过，参与的方式应有所差别——不能直接代替项目方、专家、民众，替他们决策，而应该完善相关制度，创造条件，让他们深度参与，并以中立者的角色，调解三类利益相关者的分歧，帮助他们达成共识，监督运营过程。项目方应该参与方案制定、施工建设、交付使用，因为这三个阶段主要是建设相关设施，这恰恰是他们的专长，参与的方式主要是直接参与。当地民众主要参与需求识别、方案制定、施工建设、交付使用，这是因为立项决策可以吸收他们的意见，决定项目是否上马，方案制定阶段可以消除设施建设、补偿安置的隐患，施工建设阶段可确保建设符合预期规划，减少偷工减料，确保项目符合民众诉求。专家学者也应该全程参与，因为他们能够为需求识别、方案制定、建设施工、交付使用提供第三方立场，而不是跟在政府和项目方后面亦步亦趋、人云亦云。这样，虽然参与的方式有所不同，但利益相关者都参与了邻避设施建设运营，确保了设施建设能够真正体察民意，反映民意，尊重民意。总而言之，参与的关键是根据设施运营阶段的不同确定具体的参与者。

4. 信息管理与反馈机制

利益相关者参与设施运营后，如何收集、汇总他们的意见，确保这些意见得到重视，并将重视的结果反馈回来呢？这直接关系着制度运行成效。现行的邻避设施运营中，正是因为这一环节做得不够好，导致民众的意见不能准确、全面、及时地得到处理，从而将设施建设推向政府和项目方主导的境地。因此，除了将现行“稳评”制度中意见征求机制不折不扣地落实外，更重要的是建立一套长效机制，确保信息收集、汇总、反馈制度化、规范化。为此，首先应该安排专职或兼职的邻避设施信息收集员，专司社情民意收集之责，以弥补仅通过“稳评”收集民意来了解居民意见需求的临时化、表面化之弊端。举凡设施周边利益相关者的动向、态度、意见、诉求、看法、建议，都是信息收集员采集的内容。其次，建立专门的社情民意分析研判机制，即对信息员等搜集的信息进行分析、整理、加工、筛选，掌握民众和社会的动态，了解民众诉求，对发现的不良倾向和苗头经验研判，提出化解预案或措施。最后，建立社情民意报送和反馈机制，将民众和社会的呼声报送给决策者，供其参考，将政府和项目方等的看法、决断反馈给民众，建立官民沟通通道。

5. 协商论辩机制

即利益相关者在论证平台上如何协商论辩，从而展示各自的偏好、诉求，寻求共识。这是基于决策论证的邻避设施社会稳定风险防范制度的核心和精髓，内容包括：基本规则，基本程序，人数规定与会议程序，主动议、附属动议、委托、优先动议、偶发动议的具体要求和处理细则，发言与辩论，表决，提名与选举，会议纪要与报告①。这些机制是有效协商和论辩的必备程序，能够确保利益相关者真正表达自己的意见和诉求，发现各自的分歧，弥合分歧，寻求共识，实现程序正义和实质正义的双赢。与现有的结果实现与共识达成方式相比，协商论辩机制：(1) 限制了决策者和政府、项目方的权力，让处于弱势群体的民众有机会充分表达对邻避设施的意见，获得与政府和项目方同等的地位、待遇；(2) 能够发现一言堂、权威主导等模式下多数参与者无法真正表达看法从而掩盖多数人意见诉求的程序性弊端，通过严格遵守会议程序，鼓励多数人表达意见，阐述理由，落实知无不言、言无不尽的要求，真正了解多数人对邻避设施的态度；(3) 提供宣泄负面情绪、表达不满的机会和窗口，让一切意见得到充分表达，让一切不满和怨恨尽情

① 罗伯特. 罗伯特议事规则（第10版）. 上海：格致出版社，2012.

释放；（4）提高邻避设施决议和方案的质量，提高相关决策的科学化和民主化水平；（5）提供学习的机会，让政府、项目方和公众经受程序民主的洗礼，解放其思想，转变其观念，提高其技能，共同迎接绕不开的程序性民主浪潮的到来，为这一浪潮贡献邻避设施治理经验。

6. 结果达成与运用机制

这是说，如何通过协商论辩达成各方都满意的结果，确保该结果被各方所遵守。如果说协商论辩机制主要强调的是参与过程的话，结果达成与运用机制则主要强调的是参与要达到什么结果，如何运用这一结果，这是利益相关者实质参与邻避设施社会稳定风险防范制度不可或缺、前后相连的两个部分。只要严格遵守了公认的决策和会议规则，各方进行了充分的意见表达，则应该根据多数人赞成的内容形成决策结果，该结果即具备正式效力，决策者不可轻易推翻。而且，根据该结果制定的相关决定命令应该全面准确反映多数人的共识，在设施运营各个阶段严格执行。

7. 监督考核机制

即组成利益相关者代表参与的独立监督小组或委员会，全程监控论证过程，监督邻避设施建设运营。该小组的成员由政府根据利益相关者的人数多少设定代表比例，挑选符合条件的代表组成，任期固定，或根据设施运营状况及时调整优化。小组成员不参与设施运营的具体事务，以第三方的身份独立监督运营过程，发现问题及时报告反馈，做出决议，要求政府、项目方、当地民众执行。考核机制是指由监督委员会对邻避设施运营各个阶段中政府、项目方、民众、专家的参与状况进行考核。

8. 问责机制

即明确利益相关者违法乱纪、违反民意时的处理办法，目的是督促各方遵守既定程序，真正为民着想，提高邻避设施运营质量，减少冲突、对立。其内容包括：问责的具体情形、问责的方式和问责的程序。通常而言，决策严重失误，造成重大损失或者恶劣影响的；因工作失职和监督管理不力，导致发生特别重大事故、事件、案件，或者在较短时间内连续发生重大事件、事故、案件，造成重大损失或者恶劣影响的；

滥用职权，强令、授意实施违法行政行为，干扰协商论辩，引发民众强烈不满，诱发群体性事件或者其他重大事件的；擅自更改协商论辩结果，或不使用该结果，造成群体性、突发性事件，导致事态恶化，造成恶劣影响的，应该予以问责。问责方式分为责令公开道歉、停职检查、引咎辞职、责令辞职、免职，视情节或结果严重程度适当运用。问责遵守如下程序：调查取证、给出建议、申诉、做出决定、执行决定。

（三）制度的运行

明确了制度的构成，还要确保制度在现实中得到运用，并通过这种运用检验其绩效，及时修正。因此本部分重点探讨基于决策论证的邻避设施社会稳定风险防范制度的宏观和微观运行要求。

1. 宏观原则

（1）营造平等、有效的言谈情境。

民主参与的关键在于确保参与者充分表达意见，据此达成共识，邻避设施也不例外。因此实施该制度，关键是营造保证各个利益相关者平等、理性、真诚、有效对话的“言谈情境”，让利益相关者在这个情境中畅所欲言。在该“言谈情境”中，论证过程须满足平等、有效两个基本条件。所谓平等，第一，所有潜在的论证参与者必须有同等的机会进行相关的言语行为，以便他们能够随时启动论证，并通过演说、反诘、提问、答辩将这些行为持续下去；第二，所有的论证参与者必须有同等的机会提出解释、主张、推理、说明、证据，并根据讨论的议题进行有效的证立、反驳，以消除所有疑问，没有新的批评发生；第三，只有那些充分运用同等的机会表达其态度、情感、意图，发布论点、提出反驳、做出辩解和说明的言谈者才允许参与相关的论证过程①。所谓有效，在哈贝马斯看来，是指话语表达可理解、命题构成要素是真实的、行为是正确的或恰如其分的、言谈主体愿意真诚对话②，这就要求论证参与

① 阿列克西．法律论证理论——作为法律证立理论的理性论辩理论．北京：中国法制出版社，2003：150-151．

② 哈贝马斯．理论与实践．北京：社会科学文献出版社，2010：14．

者在论证过程中：第一，用共同的话语体系和易理解的语言表达自己的观点、诉求，不可过于咬文嚼字，或大量使用难懂的专业术语，人为制造沟通障碍；第二，推理证明符合逻辑要求和实际情况；第三，推理行为符合个人道德、社会公德和职业伦理，既不过分张扬也不过于谦卑，恰到好处；第四，真诚坦率地对话，既不敷衍搪塞、模棱两可、顾左右而言他，也不强词夺理、利用优势地位压制他人发言，更不无责漫谈、偏离主题。这样，不仅论证向所有利益相关者开放，确保他们参与具体的论证过程，参与每一项共识的达成，而且这种参与论证是实质的，真正能够表达意见、反映诉求、陈述理由和根据、自然地达成共识。

（2）践行包容、协作的理念。

现实中，由于各种原因，不同利益相关者的实际影响力是不同的，这特别要求在具体的议题讨论中相互包容，真诚地倾听对方的声音，提出建设性的意见，而不是根据影响力大小，垄断议题和话语。而且，由于各个利益相关者知识学历、生活经验、看问题的角度等存在差异，不同群体的利益相关者出现分歧和观点冲突在所难免，甚至同一群体内部的利益相关者也会因为上述原因出现观点上的差异，此时更需要参与者之间相互包容、相互理解，站在对方的立场上思考问题，检视其观点和立场是否合理科学。如果一味地坚持己见，听不得不同的意见，不能容忍反对声音存在，必然会伤害平等有效对话的前提，伤害参与者的积极性和感情，最终伤害论证的品质。

此外，由于论证的最终目标是达成各方都能接受的共识，因此论证过程中相互协作也十分重要，“事先联系沟通熟悉、及时交换掌握的信息、较强的合作意愿是必需的”①，不能等开始论证时才开始熟悉，这样势必影响交流效果，也不能将拥有的信息捂在手中，不与他人交换使用，更不能认为协作没有必要，而从思想和行动上拒绝与其他利益相关者协作。关于这一点，恰恰是当前邻避设施建设运营的软肋。当前邻避

① WILLIAM L，WAUGH J，TIERNEY K. Emergency Management：Principles and Practice for Local Government. Washington：ICMA Press，2007：61.

设施运营多采取事先封闭决策，瞒着民众，只是在开工前贴个告示，说明要在这里施工，以至于项目都要开工了，当地民众才明白原来自家门口有一个大项目。这种事先不告知、不吸纳民众参与的做法，严重伤害了民众的自尊心，因此通常他们会恼羞成怒、极度愤恨，迅速采取措施，进行反抗。如果政府和项目方从一开始就与当地民众沟通协商，主动协作，就不会引发如此严重的后果。

(3) 创造专业、理性的文化氛围。

所谓专业，不是指完全用专业的术语进行论证，而是指各方要围绕每一次具体的论证议题做好充分的准备，提高论证品质，这一点对当地民众尤其重要，因为政府、项目方和专家都能够较好地掌握相关知识，而民众由于天然的弱势地位，必须在论证前做好充足的准备，否则即使参与论证，也很容易被边缘化，无法发挥应有的作用。为此，一个可行的办法是通过公开推举的方式，选择那些热心公益，愿意为大家代言，且掌握专业知识和论证技能的人，让他们代替当地民众参与具体论证过程，使得民众的利益能够被充分吸收、尊重。

理性是指在论证过程中需避免为情绪所左右，应通过科学合理的程序设计，保障每一个参与者都能充分表达自己的建议，提出科学的对策，形成既科学又能被接受的方案。为此，需要做到：1) 利益相关者能够围绕邻避设施运营的关键议题进行讨论，没有议题被遗漏；2) 在对议题进行讨论时，遵循提出主张、对主张进行证立的程序，不允许只提出主张而不阐明支持主张的理由；3) 论证中不发生以权力、社会地位、知识、资源等优势地位强迫他人接受自己观点及主张的行为。

2. 微观实施细则

(1) 兼顾不同利益相关者的实际特点。

就邻避设施而言，四类利益相关者的素养、资源和能力是有差别的，因此在运用该制度时还需要考虑其实际特点，有所区分。总体上，政府和项目发起人掌握的信息、资源、权力最多，在论证中就需要特别注意不可以权欺人，以权压人，强迫他人接受自己的观点。专家的特点是掌握的专业知识较多，但要注意用他人听得懂的语言进行论证，不可过于晦涩、傲慢。民众的知识、资源等都处于劣势地位，但应认真准备，不卑不亢、合理地表达自己的正当诉求。如果不考虑利益相关者的这些特点，简单粗暴地强调参与，引入论证，必会因无法充分反映利益相关者的诉求、态度而招致他们的反感，久而久之，制度就会流于形式，失去应有的效果。

（2）考虑邻避设施不同阶段的工作重点。

邻避设施包括需求识别、方案制定、施工建设、交付使用四个阶段。通常，在需求识别和方案制定阶段运用决策论证效用最大，这是因为需求识别阶段的主要工作是撰写项目建议书、进行项目可行性研究、初步设计项目方案、决定项目是否建设，方案制定阶段的主要任务是进行技术设计、编制造价预算、细化实施方案、制定项目的详细计划、订立相关的合同，这两个阶段的工作直接决定着项目能否顺利实施、能否按时保质地交付使用。而且，现实中邻避设施之所以引起各类社会稳定风险事件，多是因为在这两个阶段没有充分引入利益相关者的参与论证，致使政府和项目方界定的需求不符合专家和当地民众的需求，实施方案不符合专家和民众的期待。因此，虽然决策论证制度应该贯穿邻避设施的全部运营周期，但在运用时要注意根据不同阶段的特点灵活掌握，在需求识别、方案制定阶段重点运用，其他两个阶段择机使用。

（3）有效衔接现有制度。

当前，我国的重大行政决策遵循“公众参与、专家论证、风险评估、合法性审查、集体讨论决定”的法定程序，该程序实际上包含了决策论证的全部要素，但是将之拆分为不同的环节，每个环节的重心有所不同，这是符合实际需要的，但这同时又带来一个问题——如何在践行五个环节的同时，尽可能地将各方的不同意见整合在一起，实现五个环节的无缝衔接。这个问题如果处理不好，公众参与、专家论证、风险评估、合法性审查的意见都可能被束之高阁，用集体讨论决定代行前四个阶段的功能，甚至演变为一言堂、拍脑袋决策。为此，在引入决策论证制度时，既要注意强调通过科学合理的程序和平等有效的对话达成共识，更要注意与现有决策制度相衔接，实现二者的有机融合和优势互补。

四、结语

本研究提出了在微观上实现邻避设施“民主参与、协商治理”的制度体系和操作细则——决策论证制度，探讨了其特质和独特功能，勾勒了该制度的实施机制、运行原则和注意事项。这种制度能够将邻避设施中的民主参与落到实处，实现政府、项目方、当地民众和专家的合作共赢，因而是一种最佳的防范邻避设施社会稳定风险的政策工具。具体而言，这样的制度有助于弥补当前研究过于宏观、操作性不强的缺陷，推动邻避设施微观治理研究走向深入；能够改善现有决策体制相对封闭的弊端，畅通邻避设施的民主参与、协商论辩渠道，提升项目运营方案的品质和认可度，降低社会稳定风险发生的概率，提升邻避设施运营管理水平，实现邻避设施源头治理、综合治理，因而理论和现实意义都较大，值得推广、运用。

参考文献

［1］张乐，童星．公众的“核邻避情结”及其影响因素分析．社会科学研究，2014（1）．

［2］朱正威，石佳．重大工程项目中风险感知差异形成机理研究——基于 SNA 的个案分析．中国行政管理，2013（11）．

［3］李小敏，胡象明．邻避现象原因新析：风险认知与公众信任的视角．中国行政管理，2015（3）．

［4］谭爽，胡象明．邻避型社会稳定风险中风险认知的预测作用及其调控——以核电站为例．武汉大学学报（哲学社会科学版），2013（5）．

［5］侯光辉，王元地．“邻避风险链”：邻避危机演化的一个风险解释框架．公共行政评论，2015（1）．

［6］张乐，童星．风险沟通：风险治理的关键环节——日本核危机一周年祭．探索与争鸣，2012（4）．

［7］刘冰．邻避设施选址的公众态度及其影响因素研究．南京社会科学，2015（12）．

［8］牛文元．社会物理学与中国社会稳定预警系统．中国科学院院刊，2001（1）．

［9］陶鹏，童星．邻避型群体性事件及其治理．南京社会科学，2010（8）．

［10］何艳玲．“邻避冲突”及其解决：基于一次城市集体抗争的分析//马骏，侯一麟．公共管理研究（第 4 卷）．上海：上海人民出版社，2006．

［11］胡象明，唐波勇．危机状态中的公共参与和公共精神——基于公共政策视角的厦门 PX 事件透视．人文杂志，2009（3）．

［12］郭巍青，陈晓运．风险社会的环境异议——以广州市民反对垃圾焚烧厂建设为例．公共行政评论，2011（1）．

［13］何艳玲，陈晓运．从“不怕”到“我怕”：“一般人群”在邻避冲突中如何形成抗争动机．学术研究，2012（5）．

［14］何艳玲．对“别在我家后院”的制度化回应探析——城镇化中的“邻避冲突”与“环境正义”．人民论坛·学术前沿，2014（6）．

［15］张乐，童星．“邻避”冲突管理中的决策困境及其解决思路．中国行政管理，2014（4）．

［16］刘冰，苏宏宇．邻避项目解决方案探索：西方国家危险设施选址的经验及启示．中国应急管理，2013（8）．

［17］王奎明，钟杨．“中国式”邻避运动核心议题探析——基于民意视角．上海交通大学学报（哲学社会科学版），2014（1）．

［18］周裕琼，蒋小艳．环境抗争的话语建构、选择与传承．深圳大学学报（人文社会科学版），2014（3）．

[19] 张乐，童星．事件、争论与权力：风险场域的运作逻辑．湖南师范大学社会科学学报，2011 (3).

[20] 张乐，童星．"邻避"行动的社会生成机制．江苏行政学院学报，2013 (1).

邻避冲突过程中的公众参与影响因素及其变迁

——基于典型 PX 项目事件的案例分析

田　昭　张宝华*

一、问题的提出

邻避效应（not in my backyard，NIMBY），可直译为“不要建在我家后院”，是指具有一定外部性同时又有一定公益属性的设施，附近居民不愿意建在自家附近，由此引发当地居民在心理和行动上的抗拒行为。邻避冲突是基于邻避效应问题而引发的公众对于邻避设施的抗拒活动，随着我国居民收入水平的提高，权利意识、环保意识、健康意识、民主意识不断增加，由此引发的抗争行为逐年增多，并成为当前社会群体性事件的导火索。

邻避冲突的背后是公众与政府、公众与社会、公众与国家的关系互动，是集体利益与个人利益矛盾冲突的结果。邻避冲突关系到经济、社会、心理、政治等多元综合因素，是一个复杂的社会矛盾体，但其中的核心在于公众基于自身利益诉求的参与式抗争，并以抗争的形式实现与

---

* 田昭，四川大学公共管理学院教师，博士研究生，研究方向：社会治理、公共服务；张宝华，女，成都体育学院教师，硕士研究生，研究方向：社区治理、公民参与。

政府互动，进而解决邻避设施对自身利益影响的问题。因此，对于邻避冲突的研究核心在于邻避冲突过程中公众参与，邻避冲突的管理也在于通过控制参与以建立有效的沟通互动来解决冲突和矛盾。对此，就是要研究在邻避冲突中公众参与的影响因素是什么，这些影响因素在过程上如何导致公众参与的结果，近些年影响因素的变迁如何？本文通过分析三个 PX 项目事件公众参与的影响因素，试图总结这一影响因素变迁路径，以为缓解我国的邻避冲突提供相应的对策建议。

二、文献回顾与研究述评

国外对于邻避冲突中公众参与的研究较多。国外的研究者对于邻避冲突中公民参与的研究主要包括两个方面，一方面将邻避冲突的公民参与作为一个政治事件和法律事件，探索邻避冲突背后的权力制衡和政治过程问题，如萨哈用实证研究证明法律是公众参与邻避设施决策的有力保障，能提高有效参与水平，有利于加强公众对设施倡议者的信任[①]。卡萨特也认为在邻避设施的决策过程中，当政府尚未给利益相关主体提供参与渠道，或者其他沟通渠道不畅的情况下，也会导致邻避冲突的发生[②]。另一方面则是研究邻避冲突中公众参与的心理学和行为学问题，通过认知、情感和互动来解决冲突，如亨特就认为邻避冲突的发生根源在于民众自利心理的非理性行为[③]。波珀也提出了可以通过沟通机制推动公众不断参与风险评估和决策过程，从而避免和缓解邻避冲突[④]。国内学者也逐步开始了对邻避冲突中公众参与的研究，魏娜、韩芳基于邻

---

① MOHAIP S. Histrorical Context and Hazardous Waste Facility Siting：Understanding Temporal Patterns in Michigan. Social Problems，2005，52（4）：618-648.

② CASCETTA E，PAGLIARA F. Public Engagement for Planning and Designing Trans-Portation Systems. Procedia—Social and Behavioral Sciences，2013（87）：103-116.

③ HUNTER S，LEYDEN K M. Beyond NIMBY，Policy Studies Journal，1995，23（4）：601-611.

④ POPPER F J. Siting of LULUs. Planning，1981（47）：12-15.

避冲突中的公众参与案例分析，提出了基于社会建构的公众参与分析框架①。何艳玲着重研究了邻避冲突中公众参与的抗争行为特征②。张乐、童星提出了邻避效应中基于公众参与的决策困境和议程设置问题③。崔晶主要研究了城市化进程中土地征用和占用所形成的邻避冲突中公众参与的抗争问题④。朱正威、王琼、吴佳通过实证研究，认为“利益—风险”分配不公是公众参与邻避问题并导致邻避冲突的根源，并提出了包括民主协商制等在内的多元参与路径规制⑤。

综合国内外的研究来看，学者对于邻避冲突中公众参与的研究主要基于案例分析探索邻避冲突中公众参与的形式、路径、面临的障碍和结果，其中的案例主要是对单一的群体性事件进行分析和研究。而公众参与是一个多元因素共同作用的过程，公众参与的影响因素会随着具体因素的变化而发生改变，进而影响公众参与的行为和效果。对此，本文基于同一类型事件（PX 项目事件）进行分析，总结公众参与的影响因素，并分析邻避冲突中公众参与影响因素的变迁。

三、研究假设——邻避冲突中公众参与影响因素的理论建构

邻避冲突的产生是一个公共部门与公众社会互动的过程，其中公众对于项目风险的规避行为和政府维护公共利益的公共行为的互动决定了邻避冲突的发生和产生的结果。邻避冲突具有典型的过程性特征，一般

① 魏娜，韩芳．邻避冲突中的新公民参与：基于框架建构的过程．浙江大学学报（人文社会科学版），2015（4）．

② 何艳玲．“中国式”邻避冲突：基于事件的分析．开放时代，2009（12）．

③ 张乐，童星．“邻避冲突”中议程设置——基于 R 市的实证研究．行政论坛，2015（1）：109-113．

④ 崔晶．从“后院”抗争到公众参与——对城市化进程中邻避抗争研究的反思．武汉大学学报（哲学社会科学版），2015（5）．

⑤ 朱正威，王琼，吴佳．邻避冲突的产生与演变逻辑探析——基于对 A 煤矿设施当地民众的实证调查．南京社会科学，2017（3）．

而言邻避问题的产生导致邻避冲突的萌芽、出现、持续、发生冲突和平息的过程，并且每一个过程都有其典型特征。同时邻避冲突会因为公共部门和公众社会双方的互动在任何一个阶段都转向平息，也就是说邻避冲突并不一定会以全过程的形式出现，邻避冲突也不一定都会酿成现实的社会冲突现象，这一过程中，一系列的因素影响了邻避冲突的发展和走势，如图1所示：

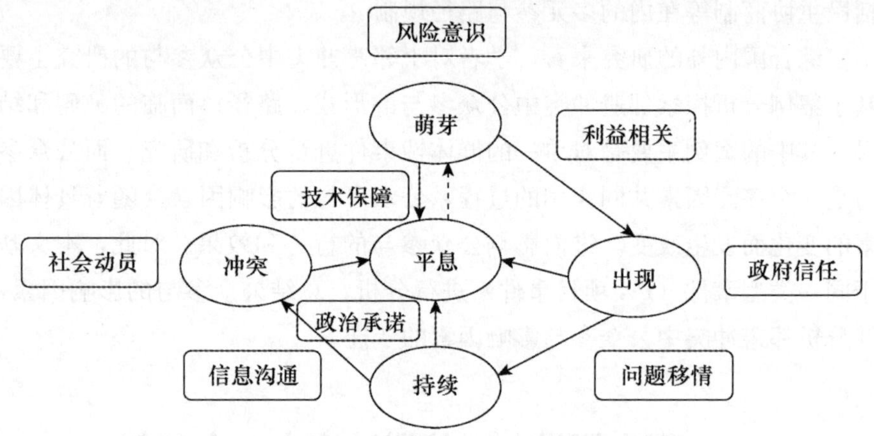

图1　邻避冲突的发展过程与公众参与影响因素

（1）邻避冲突的萌芽阶段。在这个阶段随着邻避项目的决策出台或前期建设，社会中出现了与政府规划或决策意见不一致的群体，并成为邻避冲突潜在的力量。这一力量的作用发挥有两个基础性要件：一是公众社会中出现了风险意识，意识到了邻避项目所有可能带来的潜在社会风险或负外部性现象；二是公众意识到了这种风险与自身的利益相关性，即这种风险会对自身利益产生潜在的或长远的侵害，但这一阶段的公众参与更多仍是表现为参与的倾向。如果政府能够及时回应，特别是通过信息公开、专业解释以及相关的补偿性措施，往往能够将潜在的邻避冲突进行消解。

（2）邻避冲突的出现阶段。这一阶段个别的公民出现在了邻避项目的活动之中，但是公民的行为是单一的、非连续性的，公民的行为方式包括了生活中的闲谈、网络社交媒体的关注和通过正规渠道对公共部门的意见反馈。这一阶段的核心要素在于公民对政府的信任程度，特别是对政府处理该项问题能力和决心的信任程度。在这个阶段，如果政府能够做好沟通工作，及时进行问题的处理，往往能够将邻避问题提前解决。

（3）邻避冲突的持续阶段。在这个阶段，公众参与逐步增加，公众之间基于共同参与的联系逐步建立，公众参与行为呈现出连续性状态。公众参与的行为包括了聚集、材料发放、信息发送、社区动员等。这一阶段的公众参与行为往往受问题移情的影响，即公民对公共部门的不满情绪集中爆发，将多种社会问题合一进行抗争，并要求政府做出回应。信息的沟通在其中发挥着重要的作用，良好的信息沟通有助于化解冲突，而信息沟通不畅则会使矛盾进一步激化。

（4）邻避冲突的冲突爆发阶段。在这个阶段，公民参与呈现出了集中爆发的趋势，公民之间形成了群体性行为，行为呈现出一致性、集中性和长期性，公民的行为包括了游行、示威甚至是暴力冲突。在这一过程中有两个重要的方面：一是信息的沟通，信息不及时、不完整或者可信度不高往往是酿成冲突的重要因素。二是社会动员情况，即其他社会主体对于冲突的倾向非常关键，也在一定程度上决定了冲突的涉及范围和深度。

（5）邻避冲突的平息阶段。这个阶段公民参与的行为逐渐平和，开始接受政府的解决方案和意见，并将政府行为作为自己下一阶段行为的重要依据。这一阶段的主要影响因素一是技术保障，即政府以核心的公共部门通过技术手段来确保邻避项目的安全性；二是政治承诺，主要是政府就邻避项目对公众社会所做出的为或不为的一些承诺，以获得公众的信任与支持。邻避冲突的平息存在三种可能，一是政府顺应公众要求做出改变，二是政府和公众达成某种妥协，三是政府通过强力手段强制进行。

四、典型案例的描述

（一）福建厦门 PX 项目案例（2007）

萌芽阶段：2001 年，翔鹭化纤向厦门市提出在海沧建设 80 万吨 PX

项目，该项目自2004年2月经国务院批准立项后，厦门市并未进行全市公开听证，环评也没有公众参与。2006年11月17日，项目正式开工建设，预计2008年建成投产。

出现阶段：海沧PX项目刚刚动工，就遭到了中国科学院院士、厦门大学教授赵玉芬等人的反对。2007年“两会”期间，105名全国政协委员联名提交“关于厦门海沧PX项目迁址建议的议案”，对PX项目的选址与安全隐患提出了质疑，表示该项目将会直接影响到厦门的生态环境，必须紧急叫停项目并迁址。

持续阶段：2007年5月底，一条关于PX项目危害的短信迅速在厦门市民的手机上传播，造成厦门市民对PX项目的种种安全和环保危害的揣测。厦门著名的网络社区关于PX项目的帖子，有数以万计的点击率。厦门网民的邮件、MSN、QQ等也收到了与反PX相关的信息。

冲突爆发阶段：2007年6月1日，厦门万余市民举行了“保卫厦门、还我蓝天”的游行，以此表达自己抵制PX项目的意愿。6月2日厦门市民在市政府附近游行示威，约1 000人参加。示威人群在上午开始聚集，然后拉着“不要毒气、还我厦门”等反对兴建工厂的标语，在市内主要街道游行前往市政府。

平息阶段：2007年6月3日，厦门市政府新闻发布会称截至当日中午12点整，共收到意见和建议1 557条。当日晚，政府散发的传单开始进入厦门千家万户，而坊间谈论反对PX项目的声音逐渐平和。2007年12月16日，福建省政府和厦门市政府决定顺从民意，将该项目迁往漳州市漳浦县的古雷半岛。

（二）云南昆明PX项目案例（2013）

萌芽阶段：早在2012年底，网上就传出可能有PX项目落户昆明的消息。鉴于厦门、大连等地PX项目事件的影响，昆明市民对于PX项目担心、关注和抵触的舆论逐步在网络上扩散。

出现阶段：2013年2月昆明当地媒体刊发《国家发改委正式批复中石油云南项目，安宁将成为西南石油中枢》一文引起舆论关注。民众普遍对石油炼化项目特别是其下游产品 PX 项目表现出抵制情绪，并要求披露相关详细信息，同时也对地方政府监管能力表示怀疑，担忧项目运行过程中产生风险。

持续阶段：2013 年 3 月 29 日，昆明市政府召开新闻发布会回应质疑，但并未消除公众疑虑。4 月 18 日昆明本地环保组织与当地政府和项目园区负责人进行了对话，对于环保组织提出的公开全部环评报告要求，当地政府表示该项目属于国家战略，需要将机密部分剥离后才能公布，引起了专业人士和公众的不满。

冲突爆发阶段：2013 年 5 月 4 日，近 3 000 名昆明市民走上街头反对 PX 项目，最终冲突以集体散步的形式爆发在昆明市中心南屏广场街头。公众要求相关部门加强该项目信息公开和环保监督。

平息阶段：2013 年 5 月 11 日，昆明市召开新闻发布会，昆明市市长承诺，“市人民政府将充分广泛听取社会各界的意见和建议，将严格按广大群众的意愿办事”。

（三）广东茂名 PX 项目案例（2014）

萌芽阶段：2014 年 2 月初，随着茂名市 PX 项目逐步进入规划阶段，关于建设 PX 项目的一些不完整信息开始在社会上流传，公众也关注到这一在国内其他地区引发社会冲突的问题。

出现阶段：2014 年 2 月底到 3 月中下旬，茂名市接连通过《茂名日报》发表多篇有关 PX 项目的引导性报道为项目发布做好铺垫，与媒体提前沟通以引导舆论，在部分单位和群体中签署《支持芳烃项目建设承诺书》等形式扩大群众参与。至此，更多群众知晓了政府的 PX 项目规划，虽然政府也做了大量前期的危机预警工作，但是公众关于 PX 项目问题的担心和关注却在不断加强。

持续阶段：2014 年 3 月 27 日晚，茂名市政府组织了专门的 PX 项目推广会活动，并邀请了在当地具有一定影响力的 50 名本地网友参与会议。但是在推广会现场却来了 250 名左右的市民。在推广会上官方只回答了三个问题，但在场的群众并不满意官方的回应，会议上发生了一些争吵。

冲突爆发阶段：2014 年 3 月 30 日，部分茂名市民在茂名市委门前聚集表示抗议在茂名建设 PX 项目，少数不法分子趁机破坏公物并引发警民冲突。31 日晚，茂名市发生打砸抢事件，部分公共设施被破坏，事件中有 15 人受伤。

平息阶段：面对冲突，茂名市警方开展积极应对措施，防止了冲突的进一步扩大。4 月 1 日茂名市官方也对外宣布，“该项目尚在科普阶段，在社会没有达成共识之前绝不启动”。

五、邻避冲突过程中的公众参与影响因素实证检验

上述的三个邻避冲突的 PX 项目案例可以看出，虽然三个事件在时间上和空间上有很大的差距，当地的行政生态环境也各有特点，但在整个邻避冲突的过程中，都存在着以下影响因素作用的共同特征。

（一）风险意识——邻避问题产生的导火索

风险意识是公众社会对公共项目的第一态度，也是邻避冲突产生的前提。三个地方的 PX 项目产生都存在着公众风险意识的作用。但风险意识的产生也有所不同：一是源自公众自身对于邻避项目潜在危险的意识，PX 项目抗争的发起者往往是项目风险的提前知晓者，核心参与者也是对风险能够熟悉的认知。二是源自一些媒体报道的“启发”，如厦门事件中风险意识的产生受到了 105 名政协委员的提纲及其报道的影响。三是源自其他地方的“经验”扩展，如昆明、茂名的事件中公众就基于其他地方公众对于其他地方 PX 项目的抗争事件而更为广泛地知晓了该项目可能造成的危险。公众的风险意识促使邻避冲突萌芽，成为邻避问题产生的潜在性因素。对于公众的风险意识，如果公共部门采取措施予以解释或消除，往往邻避问题将趋于平息。但如果公共部门无法采取有效的措施消除，那么邻避问题将浮出水面。

（二）利益相关性考量——邻避问题出现的源头

即公众社会对于是否参与到邻避问题之中，主要会考量这一邻避项目对自身利益的影响程度，同时考虑到自身参与所有可能产生的成本，在综合考量之后再决定自身的行为。三个地方事件中前期参与的公众都具有明确的自身利益导向，即将邻避项目与自身利益相联系是公众参与的直接影响因素，公众在综合考量参与成本和自身效果的基础上决定自身的参与行为。

（三）政府信用问题——邻避问题出现的助燃器

邻避问题的出现一定程度上与公众对政府信任度密切相关，政府信任不仅包括公众对于政府信誉的认可程度和政府职责履行的信赖程度，也包括了公众对于政府行为委托主体如专业机构、相关专家的信任态度。从以上的案例可以看出，政府对于 PX 项目风险评估和风险消除等信息发布并未消除公众的疑虑，昆明事件和茂名事件中，信息发布更是直接成为邻避问题出现的助燃器。可见，长期以来所形成的政府信用危机已经造成公众消极评估政府行为的惯性思维，政府关于邻避问题的消解措施往往成为公众认为政府进行掩饰或责任回避的反面行为，并直接造成了邻避问题的出现。

（四）问题移情——邻避问题持续的推动器

所谓问题移情，就是指民众将对社会的不满情绪转移到邻避设施问题上，因而一些非利益相关者也积极参与其中①。问题移情往往具有积聚效应和扩散效应，从积聚效应来看，问题移情往往会将问题集中化，特别是将以往问题或其他问题集中到邻避设施的问题之上。从扩散效应来看，问题移情往往会将邻避设施的问题扩散到其他的问题之上，将问题扩大化，难以达成有效的解决意见。上述的三个案例中均出现了公众

① 魏娜，韩芳．邻避冲突中的新公民参与：基于框架建构的过程．浙江大学学报（人文社会科学版），2015（4）．

对邻避问题以外的利益诉求，导致了参与公众人数和影响力的迅速扩大，使得邻避冲突持续加剧。

（五）信息沟通——邻避冲突持续的催化剂

信息沟通是邻避问题激发和加剧的重要影响因素，信息沟通问题包括以下几类：一是公共部门没有及时公布有效的信息；二是公众社会没有及时获取有效真实的信息；三是一些虚假的信息在公众社会中传播而没有得到有效修正和制止。这些信息沟通问题往往会影响到群体的行为，加剧邻避冲突的出现。上述的三个案例中，政府等公共部门关于PX项目的规划不公开和不透明导致大量低效信息在社会上的传播，当公众要求政府公开信息的时候，不完整的信息公开进一步激化了公众与政府的矛盾，如昆明和茂名事件中政府与公众之间的对话明显加剧了公众对于信息公开度不满的情绪。

（六）社会动员度——邻避冲突的燃烧炉

邻避冲突的一方（主要是公众社会）对具有风险的项目，为维护自身权利而在政府无法或未能及时给出有效回应时而采取抗争行动的社会聚合效应，公众社会的社会动员是群体行为的典型形式。从上述的三个案例可以看出，群众的聚合直接导致了邻避冲突的出现，虽然三个案例中的公众行为都是以有序、和平的形式出现，但在进行的过程中往往酿成了社会的冲突，这种典型的个体理性到群体非理性行为使得社会动员情况成为邻避冲突的燃烧炉，直接酿成了公众参与者与政府以及公众参与者之间的冲突。

（七）技术保障——邻避问题平息的专业支撑

所谓技术保障，就是政府等公共部门为回应公众对于邻避项目危险抗争而通过专业机构对于项目安全性的鉴定说明，或通过新技术应用而对危险消除情况的证明。主要是要从专业领域打消公众对于邻避项目的忧虑、怀疑和抗争行为。在上述的案例中，政府都通过大量的安全性证明和专业人士的论断来确保邻避项目的安全性，但是这一技术保障均为平息公众的抗争行为，可见技术保障在公众参与的诉求回应中发挥决定性的作用。

（八）政治承诺——邻避问题平息的决定性因素

即公共部门将公众对于邻避项项目的抗争行为通过政治方式予以解决的行动，包括对于公共项目的修正、重新决策和取消等，从而重新获得公众的支持和认可。从上述的三个案例中，邻避项目冲突的解决均有政治承诺，而从公众参与的结果来看，公众实现了参与邻避项目的最终诉求，政府行为屈服于政治行为之中。

以上分析可以看出，国内如 PX 等邻避项目中的公众参与行为受到多重因素影响，因而造就了公众的参与行为特征，影响了公众的行为变化，使公众从参与倾向到个别参与行为再到群体参与行为，过程中也对社会秩序和社会发展产生影响，并决定了邻避冲突的走势。因此对于因素的控制使得对于公众参与行为能够进行有效的预测、研判和控制，从而更好地维护社会秩序、推动社会发展。

六、邻避冲突过程中公众参与影响因素的变迁

（一）公众参与动机的变迁

从三次在时间维度上具有影响传承的 PX 项目事件可以看出，公众参与已经逐步从由内生性因素主导走向由内外生因素共同主导的阶段。一是公众参与更具权利特征，从之前仅仅关注健康权拓展到包括知情权、参与权和健康权在内的，更加完整的权利体系，公众参与要求对自身权利的维护和实现。二是公众参与更具外部性压力所产生的动机，厦门 PX 项目事件作为公众参与的最早事件，公众无例可以参照，参与动机也仅仅是以自身规避风险的利益诉求为出发点进行参与，最终的参与也是以专家学者的意见作为重要的参考。而之后的昆明事件和茂名事

件，由于 PX 项目作为一个国内“关注事件”的已有处理模式，公众参与具有自身利益诉求动机的同时，也有依照其他地方处理管理的经验，更有全社会关注的压力和自身预期，这使得这一邻避项目的公众参与更具复杂性。

（二）公众参与内容的变迁

公众的参与虽然最终的结果都是要求 PX 邻避项目取消或迁移，但在参与内容上发生了变化。一方面公众参与组织性更强，有明确的组织特别是环保组织参与其中，相对于厦门事件中公众参与的分散形式，昆明事件中有正式的环保组织参与其中，茂名事件中也有更专业化的组织参与其中。另一方面公众与政府的互动形式更具多样性，基于公众社会压力政府主动开辟渠道成为公众参与的重要特征，较之于厦门，昆明和茂名政府主动召开了与公众进行沟通的会议，虽然效果有待进一步评判，但是起到了一定的沟通作用。也反映了政府在应对过程中的转变。

（三）公众参与影响因素的变迁

公众的风险意识进一步增加。从厦门事件到昆明事件再到茂名事件，可以看出，公众对于邻避项目的风险意识进一步增强，与之前厦门事件中公众在专业人士带动下了解 PX 项目不同，昆明和茂名事件中公众更加主动关注 PX 项目，更加主动去了解项目的风险，并以最大悲观原则看待项目风险，进而加剧了自身的忧虑感，触动了参与的动机。

利益相关性因素有所变化。相对于厦门事件中公众对于自身潜在利益受损的关注，其他事件中公众更加关注公共利益，甚至与个人利益没有直接相关性的公众也会由于关注公众社会利益而参与其中。

问题移情现象在减弱。公众更加关注单纯邻避项目事件的解决，较少涉及其他问题，这也反映了公众参与更加理性化的特点。

信息沟通问题在转化。之前公众由于信息不足而与政府处于信息不对称的状态，冲突的产生和发展一定程度上是由于信息闭塞导致的。而后面发生的事件可以看出，信息混乱而难以界定有效信息成为邻避冲突产生的重要因素。

社会动员能力进一步加强。由于一些组织化团体参与到了邻避冲突之中，公众参与的社会动员能力进一步增强，加上信息扩散所导致的社会动员基础扩大使得大规模、短时间的公众参与聚集效应明显。

社会压力因素出现并发挥作用。基于网络媒体等信息传播，其他地区对于当地区域公众参与邻避抗争的压力显现，并成为号召、促使和加剧公众参与抗争的重要因素。

（四）公众参与结果的变迁

从政府的角度来看，由之前的技术保障和政治承诺转向了完全的政治承诺，公众参与的政治价值占据主导地位。厦门事件中政府通过技术保障和政治承诺平息事件中专业技术保障的应对措施并未被公众接受，昆明和茂名的 PX 项目最终也都由于公众的抗争而直接搁浅、迁移或取消，公众通过参与取得了邻避项目的最终决定权。这一效应也进一步扩展，地方政府在邻避项目决策中受到公众社会的更大压力。

七、优化邻避冲突过程中公众参与路径的对策建议

（一）扩大邻避项目中的公众参与领域

当前邻避项目的建设，公众并未进入决策和评估之中，只是被动地为利益诉求而做出抗争性参与，这也就导致了邻避问题中公众参与所呈现出来的聚集性、爆发性和一定的破坏性。因此，要进一步将公众参与纳入邻避项目实施的过程之中，特别是项目的前期论证、综合评估和决策过程，并以制度化对公众参与进行规范，让公众切实将自身利益和社会利益结合，如此才能更好地协调公众、个人和邻避项目方之间的利益冲突。

（二）完善邻避项目中的公众参与机制

政府可以通过三个层面来推动公众参与，一是获取公众诉求的参与

机制设计，包括设置专门的邻避项目建设意见箱并建立受理回复机制；确立项目论证中的公众调查制度从而对项目可行性进行研判；确定关键公民接触制度，做好集中意见的集中收集。二是强化公众沟通的参与机制设计，包括推进与公众恳谈会制度、完善听证会制度以及设立专门从事群众沟通的综合协调工作制度。三是推动公众合作参与的制度设计，包括邀请公众代表进入项目决策小组、项目评估小组和项目监督小组，做好公众代表全程化的信息公开制度，推动政府与社会合作，促进社会发展。

（三）健全邻避项目决策的风险预警机制

设立邻避项目从论证到决策再到执行中全面风险控制机制，设计科学化的关键风险指标控制点，随时监测邻避项目潜在的各种社会风险，做好预判和防范工作。

邻避问题中的公众参与是公众权利与政府行为双向互动的过程，其背后是公众对于公共项目的参与问题。随着社会经济、政治、社会、文化等因素的发展，公众参与扩大化和纵深化已经是未来的发展趋势，邻避项目建设设计到公共利益的实现，因此如何将个人利益与公共利益有效协调就成为当前邻避抗争问题解决的关键。

参考文献

[1] MOHAIP S. Histrorical Context and Hazardous Waste Facility Siting：Understanding Temporal Patterns in Michigan. Social Problems，2005，52（4）.

[2] CASCETTA E. Pagliara Public Engagement for Planning and Designing Transportation Systems. Procardia—Social and Behavioral Sciences，2013（87）.

[3] HUNTER S，LEYDEN K M. Beyond NIMBY，Policy Studies

Journal，1995，23（4）.

［4］POPPER F J. Siting of LULUs. Planning，1981（47）.

［5］魏娜，韩芳．邻避冲突中的新公民参与：基于框架建构的过程．浙江大学学报（人文社会科学版），2015（4）.

［6］何艳玲．“中国式”邻避冲突：基于事件的分析．开放时代，2009（12）.

［7］张乐，童星．“邻避冲突”中议程设置——基于R市的实证研究．行政论坛，2015（1）.

［8］崔晶．从“后院”抗争到公众参与——对城市化进程中邻避抗争研究的反思．武汉大学学报（哲学社会科学版），2015（5）.

［9］朱正威，王琼，吴佳．邻避冲突的产生与演变逻辑探析——基于对A煤矿设施当地民众的实证调查．南京社会科学，2017（3）.

［10］汤志伟，邹叶荟．基于公民参与视角下邻避冲突的应对研究——以广东省茂名市PX项目事件为例．电子科技大学学报，2015（2）.

［11］卢文刚，黄小珍．群体性事件的政府应急管理——以广东茂名PX项目事件为例．江西社会科学，2014（7）.

邻避设施邻避风险的可接受性与解决措施研究

赵　成　丁慧侨[*]

一、引言

（一）研究背景

随着我国经济与社会的快速发展，各种公共设施如雨后春笋般快速发展起来，极大地改善了人民的生产生活面貌。但一些设施如垃圾处理厂、通信、供电设施等，也可能给周边居民生活带来负面影响，令人又爱又恨。邻避设施似乎突然地闯入公众视野，布局在我们的生活毗邻区域。民众对邻避设施的选址、建设、运营的关注度越来越高，对邻避设施的抵触情绪有增无减，邻避的表达方式也从温和走向激烈。近年来所发生的一系列邻避事件（见表1）印证了以上判断。

* 赵成，西南交通大学公共管理与政法学院副教授，博士，研究方向：社会风险管理；丁慧侨，西南交通大学公共管理与政法学院硕士研究生，研究方向：社会风险管理。

表 1　　近年来国内重大邻避冲突事件表

冲突事件名称	发生时间	主要污染物	结果
北京六里屯居民反垃圾焚烧事件	2006 年 10 月	二噁英	项目重新选址
厦门 PX 项目事件	2007 年 3 月	二甲苯	项目迁往漳州
南京汉口路西延之争事件	2008 年 1 月	噪声、交通拥堵	方案改动
广州番禺居民反垃圾掩埋厂事件	2009 年 11 月	二噁英	项目重新选址
北京西二旗业主反垃圾处理厂事件	2011 年 11 月	垃圾恶臭和有毒气体	项目重新选址
天津市反对 PC 化工项目	2012 年 4 月	有毒气体、粉尘	项目重新评估
四川什邡市民反对钼铜项目事件	2012 年 7 月	重金属离子等污染物	项目取消
上海松江市居民反兴建电池厂事件	2013 年 4 月	“三废”污染	项目取消
成都市民反彭州城石化项目事件	2013 年 4 月	聚乙烯、石化有毒气体	争论中
云南昆明民众反对 PX 项目事件	2013 年 5 月	二甲苯	项目停建
杭州余杭民众反垃圾焚烧厂事件	2014 年 5 月	二噁英	项目停建

邻避现象作为我国当代社会一个备受瞩目的社会环境管理问题，尚未找到有效的治理途径，邻避治理困境重重，近年来国内重大邻避冲突事件如表 1 所示。究其原因，一方面是由于邻避设施“社会享受收益，部分人群承担风险”的特点使然；另一方面源于邻避问题容易成为“转型期”中国各种矛盾和社会不信任的爆发点。例如在中国曾引起轩然大波的 PX 项目，在日本却可以顺利建设。国家“十三五”规划着重强调社会建设与生态文明建设。在此背景下，本课题研究邻避设施的特定分类以及如何提高不同类型邻避设施的可接受性，具有一定的理论和实践价值。

（二）研究问题与方法

本课题研究各种邻避解决措施的有效性是如何受到邻避设施类型的影响的，基本思路和框架如图1所示：

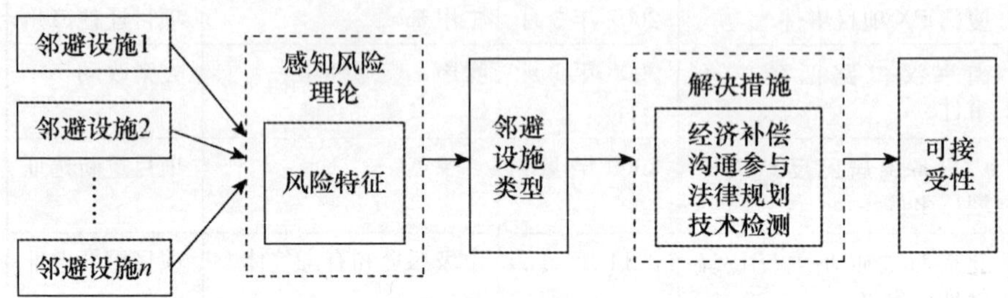

图1 研究思路框架图

第一，邻避设施的分类。本文根据邻避效应的多维特征，通过聚类分析方法，对邻避设施进行分类。具体而言：（1）通过文献以及和相关专家的深度访谈，确定邻避效应的主要特征维度；（2）利用邻避特征、邻避设施（列举常见的20种）的二维问卷表格，选择约40人对各类邻避设施的不同特征维度进行打分；（3）通过聚类分析的方法确定和划分邻避设施的类型。

第二，邻避解决措施的有效性。通过问卷的方式，针对不同类型的邻避设施，请受访者对各项解决措施的有效性进行排序，调查各项解决措施对不同类型邻避设施的有效程度。对解决措施进行各类邻避设施分组下的方差分析，比较各种邻避解决措施分别更适合于哪类邻避设施。

二、相关文献与研究假设

风险是现代社会的特征，随着贝克提出的“风险社会”时代到来，人们对于各种风险的思考方式和行为模式也随之改变，邻避风险就是广受社会关注的一种风险。

（一）邻避的相关概念

奥黑尔最早提出了邻避的概念，是指美国 20 世纪 70 年代以来兴起的以环境保护为目的的公民运动。邻避是对一个不受欢迎的设施表现出来的保护主义态度，以及由此所引起的反抗行为。陶鹏、童星结合中国现实认为：邻避是在城市化进程中，人们对于具有污染风险和“污名”的设施，在其进行选址与建设过程中表现出的一种环境抗争行为；是居民或当地单位因担心建设项目给居民身体健康、当地环境质量和资产价值等带来诸多负面影响，因而激发人们的嫌恶情结，促使当地居民采取的强烈而坚决的、有时高度情绪化的集体反对甚至抗争行为。

（二）邻避设施及分类

邻避设施可以从多个角度进行分类，不同类型的邻避设施会引发不同程度和形式的抵触反抗，也影响着解决措施的选择。奥黑尔和桑德森根据成本收益的对象将邻避设施分为五类（见表 2），设施成本收益的对象逐渐扩大，设施带来的负面伤害逐渐减小至最低。李永展根据邻避效果大小由轻到重将设施分为四个等级，从“不具邻避效果”到“具有高度邻避效果”的邻避设施，居民对其态度由接受逐渐变为抵触。曹祖耀、秦春根据设施的风险大小将邻避设施划分为：污染类设施、风险积聚类设施、污名化类设施、心理不悦类设施。李敏将邻避设施划分为能源类、废弃物类、社会类设施等。但所有这些分类缺少定量的分析，具有一定的任意性。

表 2　　　　邻避设施类型

类型	描述
无成功希望的（nonstarter）	几乎对任何人都是坏的
火鸡（turkeys）	项目对邻居有很大伤害
不公平（unfair）	项目对邻居造成的伤害小于它们对每一个人的帮助

续前表

类型	描述
经典的邻避（classic NIMBY）	项目强加理性成本在邻居身上，而这些成本的承担则是为了集体利益的获得
免费的午餐（free lunch）	项目对邻居和社会都是有益的

（三）邻避设施的可接受性

联合国减灾战略对可接受风险的定义为：一个社会或一个社区现有社会、经济、政治和环境条件下认为可以接受的潜在损失。美国环境保护署建议将“可接受风险”（acceptable risk）用“可忍受的”（tolerable）或“适当的”（appropriate）等词代替。一般认为环境可接受风险水平大致有两方面含义：（1）环境风险受体对风险所带来危害客观上的承受能力；（2）环境风险受体或公众对某种环境风险主观的接受意愿。

有学者认为邻避设施风险程度与居民接受补偿交换的意愿相关；认知风险越高，补偿方式越需谨慎。詹金斯等认为信任低、风险高的设施，如核废料储存场，居民的接受度较难改变。洪鸿智指出面对风险水平高、发生率低的设施，解决邻避冲突时应考虑居民风险认知特性，才能有效减少阻碍。

克拉夫特和克拉里总结了影响邻避设施可接受性的各种因素，包括：对项目的不信任、限制选址的信息、对冲突情绪化的反应、对高风险的关切等。叶颖超分析了政府回应的影响。格罗斯考察了可察觉的公平感、平等感和决策制定过程的透明度等程序正义信念的影响。沃克、卡斯、迪瓦思-赖特分析了分配正义，主要是效益与成本分配的影响。陈尧、黄缪指出法规操作性差、执行力度不够、技术标准与实际不符、政府监管技术滞后等是影响邻避设施可接受性的重要因素。

对于如何降低和减缓邻避效应的产生，国外形成了后院理论和困境及博弈理论等解释。对邻避效应解决措施的研究大体分为以下四个类型：经济补偿、风险沟通与公众参与、法律与规划、技术与监测。

（四）研究假设

个体特征的不同会影响对邻避设施风险的认知和接受度，麦钱特的研究表明：由于身体和心理的特质，女性会更多地关注家庭（尤其是家庭成员中的儿童）健康环境，并且在抵制毗邻区域邻避设施活动中更为踊跃。同时，所接受教育的知识背景不同，是否具有邻避风险的相关经验，可能会影响其对邻避设施的可接受程度。

假设 1：个体特征与邻避设施风险可接受性呈显著相关。

经济补偿常常被用于解决邻避效应。美国田纳西州市政垃圾填埋场选址就是典型的经济补偿成功案例，当提供一定的经济补偿后，支持率翻了一倍。但卡斯帕森认为补偿金有可能被视为贿赂而产生更大的反弹抗争。昆鲁斯等发现，对于核电厂、化工厂等居民认为具有较大风险的设施，补偿的效果较差。

假设 2：经济补偿措施的效果与邻避设施类型显著相关。

迈克尔·迪尔认为，邻避问题是技术问题，更是一个民主进程，公众参与是应对邻避效应挑战的新路径。设施建设成功与毗邻居民的及时、持续参与高度相关。休发现：事前通知比事后知晓好得多，公众会更加愉快地接受而且可能提出更好的建议。

假设 3：公共参与和沟通措施的效果与邻避设施类型显著相关。

一个相对完善、规定具体且具有可行性的法律体制是公共政策的保障。萨哈和马海毛的研究表明，法律保证公众参与邻避设施决策是美国近年来邻避设施遇阻减少的重要原因。吴云清研究了日本的公害防止协议中的回馈制度、公示制度——政府对协议进行担保，严格环境影响评价工作，以工作合法性的提高来降低风险事件的发生。

假设 4：法律措施的效果与邻避设施类型显著相关。

对邻避设施建设前进行规范、科学的评估是缓解民众恐惧不安心理的必要举措。运筹学、GIS 等决策支持的新技术方法，可以为邻避设施的区位选择提供科学的依据。管在高提出有效的环保措施在设施建设运营过程中必不可少，需要完善监测系统，定期向社区居民公布环保评估。何羿、赵智杰提出，广泛宣传普及环评知识、加强环评技术研究和从业人员的素质有助于提高风险可接受性。

假设 5：技术措施的效果与邻避设施类型显著相关。

三、邻避设施的聚类分析

分类是科学研究的基础性工作，好的分类有助于提供分析问题的指向。本课题为研究不同类型邻避风险解决措施的有效性问题，需要选择一种合适的分类方式，简单随意的分类并没有多大的价值。本课题的分类思路是：(1) 通过文献以及和相关专家的深度访谈，确定邻避效应的主要特征维度；(2) 利用邻避特征、邻避设施（列举常见的 20 种）的二维问卷表格，选择约 40 人对各类邻避设施的不同特征维度进行打分；(3) 通过聚类分析的方法确定和划分邻避设施的类型。

（一）邻避设施风险特征的测量

研究首先在课题组内部进行并邀请相关人士进行开放式讨论，请大家描述并写出对 20 项具体邻避设施最大的担心是什么？能联想到哪些名词或形容词？回答有“污染”“爆炸”“恐惧”“噪声”“泄漏”等。总结归纳为：“危害身体健康”“影响心情”“害怕发生意外”。

在风险特征测量文献研究中，朱利安和朱利亚·道在研究香港公众对 25 种环境健康风险条目的定量评价时，采用了以下维度：了解程度、恐慌程度、危害程度、新旧程度、社会控制水平、被科学解释的程度；于清源和谢晓非在研究北京公众对 39 个环境条目做定量评价时，采用了以下维度：可控制程度、熟悉程度、影响程度、影响的持续性、发生的可能性、后果的严重性；范小杉的研究提出风险特征的 8 个维度；张乐归纳公众对邻避设施风险特征感知维度为：风险规模、致命性、健康损害性和世代危害性。

综合比较分析，本问卷中“主要风险产生的来源”的问题项参考李晓晖的问卷，测量均采用十级量表（最高为10，最低为1）。具体内容见表3：

表3　　邻避设施风险特征问卷

编号	项目
1—1	日常运作中产生污染或破坏程度
1—2	突发性事故产生污染或破坏程度
1—3	带来风险的影响性质程度

（二）数据收集

本部分研究邀请40名研究生对邻避设施的特征进行评估，主要原因是考虑到研究生具备较高的知识水平，对环境风险的敏感度较高，对邻避设施的认知也较全面，能够从更客观的角度审视邻避设施的风险特征。问卷设计者在现场随时回答评估者的疑问。所有问卷均当场发放和回收，回收结果全部有效。参与研究的40名研究生的基本信息统计如表4所示：

表4　　问卷——样本基本信息统计（n=40）

人口学变量	类别	人数	百分比（%）
性别	男	16	40
	女	24	60
年级	研一	8	20
	研二	8	20
	研三	24	60
专业	文科	22	55
	理工科	12	30
	艺术类	6	15
有无“邻避”经历	有	22	55
	无	18	45

（三）邻避设施的聚类分析

为将20种具体的邻避设施划分成适宜的类型，以“日常运作中产生污染或破坏”“突发性事故产生污染或破坏”“带来风险的影响性质”作为变量进行聚类分析。聚类分析方法有多种，本文采取欧氏距离平方计算样本距离，利用系统聚类法进行聚类分析，结果如表5所示：

表5　邻避设施群集结果

邻避设施	5群集	4群集	3群集
1. 垃圾处理厂	1	1	1
2. 污水处理厂	1	1	1
3. 化工厂	2	2	2
4. 高架	1	1	1
5. 飞机场	1	1	1
6. 电信发射站	1	1	1
7. 精神病院	3	3	3
8. 监狱	3	3	3
9. 疾控中心	4	1	1
10. 公墓	5	4	3
11. 戒毒所	3	3	3
12. 殡仪馆	5	4	3
13. 变电所	4	2	2
14. 加油站	4	2	2
15. 核电站	2	2	2
16. 煤气供应站	2	2	2
17. 消防站	3	3	3
18. 危险品处理站	2	2	2
19. 炼油厂	2	2	2
20. 核废料储存场	1	1	1

对比三种分类结果，根据聚类原则，当邻避设施聚类为“3群集”时较为理想。每类中包含的样本不会太多或太少，同时具有比较明显的分类特征。根据分类结果，邻避设施分为三种类型，分别命名为：(1) 日常风险型。风险主要存在于日常运行中，带来的污染以空气、水源、噪声、辐射等为主。(2) 突发风险型。风险主要存在于突发性情况中，以带来爆炸、泄漏等破坏为主。(3) 心理不悦型。风险主要在于引起周围民众心理不悦或情绪反感。具体分类情况如表6所示：

表 6　　邻避设施风险特征聚类情况

类型	邻避设施
第一类：日常风险型	垃圾处理厂、污水处理厂、疾控中心、高架、飞机场、电信发射站、核废料储存场
第二类：突发风险型	化工厂、核电站、煤气供应站、危险品处理站、炼油厂、变电所、加油站
第三类：心理不悦型	精神病院、监狱、公墓、戒毒所、殡仪馆、消防站

四、邻避设施类型与解决措施有效性分析

根据以上研究所得到的邻避设施分类，通过问卷的方式，针对不同类型的邻避设施，请受访者对各项解决措施提高其可接受程度的有效性进行排序，调查各项解决措施之于不同类型邻避设施的有效程度。对解决措施进行各类邻避设施分组下的方差分析，比较各种邻避解决措施分别更适合于哪类邻避设施。

（一）问卷设计

1. 邻避设施可接受性的测量

根据宋涛、王丽娟的研究，可接受性通过两个项目来测量。项目采用利克特五点尺度量表进行测量（“1”代表完全不接受，“2”代表不接受，“3”代表中立，“4”代表接受，“5”代表完全接受）。具体项目见表 7：

表 7　　四类邻避设施可接受性调查问卷

编号	项目
1—1	是否接受该类设施建设在您周围
1—2	若您期盼的解决措施均已实施，是否接受该类设施建设在您周围

2. 经济补偿措施对邻避设施可接受性影响的测量

从经济补偿角度研究邻避设施可接受性在国内外学者中较为普遍，

本研究结合三类邻避设施的风险特征，提出了八项经济补偿的解决措施。

问卷要求被访者从八项具体解决措施中限选三项，且效果由高到低排序，来测量经济补偿措施对三类邻避设施类型的可接受性影响。具体选项见表8：

表8　　经济补偿措施的问卷

编号	项目
2—1	提供直接补偿金
2—2	周围建设医疗保健设施（如社区医院、定期体检等）
2—3	周围建设生活服务设施（如草地、图书馆、公园等）
2—4	提供设施风险的应急基金
2—5	提供受项目影响居民更多就业岗位
2—6	减免受项目影响居民的部分税收
2—7	提供受项目影响居民低息贷款
2—8	针对房价贬值为受项目影响居民提供财产保险

3. 沟通参与措施对邻避设施可接受性影响的测量

罗伯特提出建立多方间的合理沟通体制是布局的重要保障，陶特立认为公共参与沟通方式主要有：信息公开、问卷调查或民意访谈、召开听证会。笔者根据以上学者的研究，结合目前中国实际国情对选项做了细微调整，提炼出六项具体可操作的沟通参与措施。

各选项采用限选三项，且效果由高到低排序的方法，进行对邻避设施可接受性影响程度的测量，具体选项见表9：

表9　　沟通参与措施的问卷

编号	项目
3—1	选址前举行听证会，公开审议
3—2	选址前进行全民公投（绝不排斥受项目影响的普通公众和弱势群体）
3—3	建设运营全过程保证风险信息的完全公开
3—4	建立官民互动制平台随时交流相关信息
3—5	建设后组织参观设施运营并进行讲解
3—6	在项目选址社区举办经常性的科技知识普及和宣传工作

4. 法律规划措施对邻避设施可接受性影响的测量

霍华德认为公开透明的法律和充分的技术保障是民众接受经济补偿的前提，李永展也提到风险消减机制中环保合同或协议书是十分有效的，乔艳洁、曹婷、唐华从选址程序透明公平的角度强调法律规范的重要性，曹祖耀提出，通过法律程序的“已规划”邻避设施可大幅度降低居民对邻避设施所产生的排斥心理。本部分提炼出的法律规划选项主要参考上述学者的研究角度，并结合了受过邻避设施影响的利益相关者的诉求，共包括七个选项。

各选项同样采用限选三项，且效果由高到低排序的方法，对邻避设施可接受性影响程度进行测量。具体选项见表10：

表10　法律规划措施的问卷

编号	项目
4—1	完善公民知情权的相关法律
4—2	完善规划选址程序法律，保障选址程序的公开透明
4—3	完善行政诉讼法
4—4	完善环境保护法
4—5	规范选址前的行政许可程序
4—6	提供邻避设施多个选址的决策参考
4—7	加大对违反邻避设施选址和运营相关法律和规划的处罚力度

5. 技术监测措施对邻避设施可接受性影响的测量

邻避设施选址过程中，专家在决策中占据重要地位。民众对邻避设施的担心，以及邻避冲突的产生一个很重要的原因是民众对技术和风险的无知。基于上述现象，技术方面的问题通常作为邻避设施建设过程中的一个重要思考点。综合国内外学者对技术监测领域的建议，结合中国现有技术程度和社会环境情况，本研究归纳出六个具体措施。

各选项同样采用限选三项，且效果由高到低排序的方法，进行对邻避设施可接受性影响程度的测量。具体选项见表11：

表11　技术和监测措施的问卷

编号	项目
5—1	规划前进行多次专家风险评估

续前表

编号	项目
5—2	建设第三方处理委员会（第三方组织由该项目非利益相关者组成）
5—3	环评组织定期进行环境评估并公开评估报告
5—4	舆论媒体对项目进展实时监督
5—5	提高设施建设和运营过程中的技术
5—6	加大对设施维护方面技术的研发力度

（二）数据收集

大学生具备一定的知识储备，受教育程度较高，对环境风险的认知也较为理性，而且几年后这部分群体即将成为邻避设施的使用者，因此其对邻避设施可接受性和对解决措施选择的倾向性，可以作为改善社会邻避冲突的有效参考。本研究对西南交通大学、四川大学两所综合性高校的在校学生，通过现场方式发放问卷。受访者涵盖了文科、理工科、艺体类等各类学科，平衡了学科背景可能造成的影响。在被访者填写问卷的过程中，调研人员一直在旁随时准备解答被访者提出的各种疑问。正式问卷共发放 260 份，回收 260 份，回收率 100%，经过筛选剔除无效问卷后，得到有效问卷 232 份，有效率为 89.2%。研究样本的描述性统计见表 12：

表 12　样本基本信息统计（*n*=232）

人口学变量	类别	人数	百分比（%）
性别	男	112	48.3
	女	120	51.7
专业	文科	104	44.8
	理工科	78	33.6
	艺体类	36	15.5
	其他	14	6
有无受邻避设施影响经历	有	102	43.9
	无	130	56.1

（三）邻避设施可接受性的分析

1. 邻避设施可接受性的描述性分析

数据显示，学生们对三类邻避设施的初始可接受性最小值均为 1，即非常不能接受；最大值均为 4，即可以接受。而通过采取措施后的可接受性，学生们对三类邻避设施的可接受性最小值均为 2，最大值均为 5。三类邻避设施初始可接受性均值依次为 1.84、1.63、2.28，措施实施后可接受性均值依次为 3.18、3.06、3.12，可接受性均得到提高，并且高于中间值（无所谓）。具体数据统计见表 13：

表 13　　邻避设施可接受性的描述统计（$n=232$）

变量/项目		极小值	极大值	均值	标准差	提高值
日常风险型（垃圾场等）	初始可接受性	1	4	1.84	0.705	1.34
	采取措施后可接受性	2	5	3.18	0.667	
突发风险型（化工厂等）	初始可接受性	1	4	1.63	0.741	1.43
	采取措施后可接受性	2	5	3.06	0.623	
心理不悦型（公墓等）	初始可接受性	1	4	2.28	0.902	0.84
	采取措施后可接受性	2	5	3.12	0.915	

被访者对于不同类型邻避设施的可接受性，有以下特点：（1）就初始可接受性水平而言，突发风险型邻避设施最低，而心理不悦型邻避设施最高；（2）采取措施后，可接受性绝对水平最高的是日常风险型邻避设施，最低的是突发风险型邻避设施；（3）就可接受性提高程度，也就是措施有效性而言，突发风险型邻避设施提高值最大，心理不悦型邻避设施提高值最小。可见，被调查者最排斥的是突发风险型。由突发性事故带来风险的邻避设施，即便采取各项解决措施，其可接受性也是最低；日常风险型中，由日常运营中带来风险的邻避设施较为被调查者所接受，并且解决措施对其也较为有效；心理不悦型中，带来心理上不悦的邻避设施的可接受性较为稳定。

2. 邻避设施可接受性的性别差异

由表 14 结果可知，三类邻避设施的可接受性水平显著性结果均大于 0.05，T 检验不显著，因此三类邻避设施可接受性在性别上不存在显著差异。

表 14　　邻避设施可接受性的性别差异

变量/维度	性别	N	t	df	显著性
日常风险型邻避设施可接受性	男	112	1.833	114	0.069
	女	120			
突发风险型邻避设施可接受性	男	112	0.362	114	0.718
	女	120			
心理不悦型邻避设施可接受性	男	112	0.641	114	0.523
	女	120			

3. 邻避设施可接受性的专业差异

由表 15 结果可知，三类邻避设施的显著性均大于 0.05，不同专业的学生对三类邻避设施的可接受性差异并不显著。

表 15　　邻避设施可接受性的专业差异

变量/维度		平方和	df	均方	F	显著性
日常风险型邻避设施可接受性	组间	1.035	3	0.345	0.986	0.402
	组内	39.196	112	0.350		
	总数	40.231	115			
突发风险型邻避设施可接受性	组间	1.344	3	0.448	1.253	0.294
	组内	40.044	112	0.358		
	总数	41.388	115			
心理不悦型邻避设施可接受性	组间	5.015	3	1.672	2.447	0.068
	组内	76.519	112	0.683		
	总数	81.534	115			

4. 邻避设施可接受性的经验差异

由表 16 结果可知，只有心理不悦型邻避设施的显著性小于 0.05，因此，心理不悦型邻避设施与有无相关经验显著相关。笔者推断，这可能是由于心理不悦型邻避设施本身的风险特征是带来心理上的不悦和不适，并无对身体健康造成伤害的巨大隐患，因而有过受此类邻避设施影响经验的人群，与无此经历的人群有较大差异，相对来讲，有相关经验者则更加理性，因而接受水平更高。

表 16　　　　邻避设施可接受性的经验差异

变量/维度	类别	N	t	df	显著性
日常风险型邻避设施可接受性	有	60	0.078	60	0.938
	无	172			
突发风险型邻避设施可接受性	有	60	−0.154	60	0.878
	无	172			
心理不悦型邻避设施可接受性	有	60	2.127	60	0.036
	无	116			

5. 小结

关于假设 1 的验证，对三类邻避设施可接受性水平在性别、专业和受邻避设施影响经历等变量上的差异进行检验发现：在性别、专业上，三类邻避设施均无显著差异；在有无受邻避设施影响经历上，日常风险型邻避设施和突发风险型邻避设施无显著差异，而心理不悦型邻避设施则差异显著。

（四）邻避设施的解决措施有效性分析

根据问卷中对各项措施限选三项且根据有效程度由高到低进行排序的结果，将排在首位的措施赋值为 3，居中者为 2，末者为 1，其余未被选择的措施为 0，再将所有回收的问卷中每项措施得分求出均值。均值越大则表明该项措施对该类邻避设施的可接受性提高程度越大，即有效性越高。由于三类邻避设施本身风险特征的不同，因此解决措施对其可接受性提高的有效程度各不相同。表 17 综合体现了三类邻避设施的四种类型解决措施及其具体解决措施的有效性的排序情况。

表 17　　三类邻避设施各自解决措施的有效性汇总

日常风险型设施	突发风险型设施	心理不悦型设施
（法律规划类） 1. 选址程序透明 2. 加大违法处罚力度 3. 公民知情权法 4. 环境保护法 5. 多项选择决策 6. 行政许可规范 7. 行政诉讼法	（法律规划类） 1. 选址程序透明 2. 公民知情权法 3. 加大违法处罚力度 4. 环境保护法 5. 多项选择决策 6. 行政许可规范 7. 行政诉讼法	（法律规划类） 1. 选址程序透明 2. 公民知情权法 3. 加大违法处罚力度 4. 多项选择决策 5. 行政许可规范 6. 环境保护法 7. 行政诉讼法
（经济补偿类） 1. 医疗保健 2. 直接补偿金 3. 生活服务设施 4. 财产保险 5. 应急资金 6. 就业岗位 7. 低息贷款 8. 减免税收	（经济补偿类） 1. 医疗保健 2. 直接补偿金 3. 应急资金 4. 生活服务设施 5. 财产保险 6. 就业岗位 7. 减免税收 8. 低息贷款	（技术监测类） 1. 第三方委员 2. 专家风险评估 3. 舆论监督 4. 环评报告会 5. 提高建设运营技术 6. 加大维护力度
（沟通参与类） 1. 参观设施运营 2. 全民公投 3. 信息完全公开 4. 互动制平台 5. 科普宣传议 6. 听证制公开审	（沟通参与类） 1. 全民公投 2. 听证制公开审 3. 信息完全公开 4. 互动制平台 5. 参观设施运营 6. 科普宣传	（沟通参与类） 1. 全民公投 2. 听证制公开审 3. 信息完全公开 4. 互动制平台 5. 科普宣传 6. 参观设施运营

（五）解决措施与邻避设施类型的显著性分析

通过对三类邻避设施解决措施的效果描述，可以发现一些解决措施是普遍有效的，具体包括：经济补偿措施中的直接补偿金和医疗保健设施；沟通参与措施中的全民公投、信息完全公开和听证制公开审议；法律规划措施中的公民知情权法完善、选址程序透明和加大违法处罚力度；技术监测措施中的专家风险评估和建立第三方委员会。而邻避风险解决措施对于不同设施效果差异的显著性如何，需要做进一步的方差分析。

1. 经济补偿类措施在三类邻避设施可接受性上的差异比较

关于假设 2 的验证，从表 18 各项经济补偿措施的 F 值和显著性可以看到，提供医疗保健设施、生活服务设施、应急资金、减免税收和财产保险五项措施显著性系数小于 0.05，因此在三类邻避设施间具有显著差异。

表 18　　经济补偿类措施在三类邻避设施可接受性上的差异比较

具体措施	类型	平方和	均方	F	显著性
直接补偿金	组间	4.259	2.129	1.339	0.264
	组内	548.716	1.590		
	总数	552.974			
医疗保健	组间	52.489	26.244	19.01	0.000
	组内	476.259	1.380	1	
	总数	528.747			
生活服务设施	组间	7.885	3.943	3.048	0.049
	组内	446.284	1.294		
	总数	454.170			
应急资金	组间	14.523	7.261	8.178	0.000
	组内	306.336	0.888		
	总数	320.859			
就业岗位	组间	1.569	0.784	1.307	0.272
	组内	207.052	0.600		
	总数	208.621			
减免税收	组间	4.385	2.193	6.114	0.002
	组内	123.716	0.359		
	总数	128.101			
低息贷款	组间	0.592	0.296	1.305	0.272
	组内	78.224	0.227		
	总数	78.816			
财产保险	组间	10.138	5.069	6.297	0.002
	组内	277.733	0.805		
	总数	287.871			

结合经济补偿类措施对三类邻避设施的有效性排名可见：提供直接补偿金措施在三类邻避设施间均有一定效果，差异不大；提供医疗保健设施在三类邻避设施间效果明显且差异显著，更适用于第一、二类邻避

设施的解决；提供服务设施在三类邻避设施间差异显著，是心理不悦型邻避设施的有效解决措施；提供应急资金在三类邻避设施间差异显著，是突发风险型邻避设施的有效解决措施；提供财产保险在三类邻避设施间差异显著，是日常风险型邻避设施的有效解决措施。就业岗位提供和低息贷款在三类邻避设施间有效性偏低且差异不显著，即对三类设施普遍有效性较低。

2. 沟通参与措施在三类邻避设施可接受性上的差异比较

关于假设 3 的验证，从表 19 中各项沟通参与措施的 F 值和显著性可看出，听证制公开审议、参观设施运营两项措施显著性系数小于 0.05，因此在三类邻避设施间具有显著差异。

表 19　沟通参与类措施在三类邻避设施可接受性上的差异比较

具体措施	类型	平方和	均方	F	显著性
听证制公开审议	组间	122.23	61.261	51.326	0.000
	组内	411.784	1.194		
	总数	534.307			
全民公投	组间	0.420	0.210	0.129	0.879
	组内	562.500	1.630		
	总数	562.920			
信息完全公开	组间	0.983	0.491	0.416	0.660
	组内	407.397	1.181		
	总数	408.379			
互动制平台	组间	2.603	1.302	1.696	0.185
	组内	264.741	0.767		
	总数	267.345			
参观设施运营	组间	145.569	72.784	79.442	0.000
	组内	316.086	0.916		
	总数	461.655			
科普宣传	组间	0.575	0.287	0.566	0.569
	组内	175.276	0.508		
	总数	175.851			

结合各项沟通参与措施的有效性可以得出，听证制公开审议在三类邻避设施间差异显著，对第二、三类邻避设施更为适用，尤其适合心理

不悦型邻避设施，而对日常风险型邻避设施效果不明显；参观设施运营在三类邻避设施间差异显著，只对日常风险型邻避设施具有显著有效性。全民公投、信息完全公开在三类邻避设施间差异不显著，因此这两项措施对三类邻避设施提高可接受性的有效性比较接近但效果居中；建设互动制和科普宣传在三类邻避设施间差异不显著，对三类邻避设施的作用较相似且效果均较低。

3．法律规划措施在三类邻避设施可接受性上的差异比较

关于假设 4 的验证，从表 20 中各项法律规划措施的 F 值和显著性可看出，所有措施显著性系数均大于 0.05，因此所有法律类措施在三类邻避设施间差异均不显著。结合具体措施有效性分析，公民知情权完善、选址程序透明和加大违法的处罚力度三者对三类邻避设施均存在一般有效性，且差异不大，而剩余的几项法律规划措施对三类邻避设施的有效性都偏低，并且也差异不大。

表 20　　法律规划类措施在三类邻避设施可接受性上的差异比较

具体措施	类型	平方和	均方	F	显著性
公民知情权法	组间	99	0.149	0.089	0.915
	组内	577.802	1.675		
	总数	578.101			
选址程序透明	组间	2.092	1.046	0.790	0.455
	组内	456.94	1.325		
	总数	459.066			
行政诉讼法	组间	213	0.106	0.158	0.854
	组内	232.440	0.674		
	总数	232.652			
环境保护法	组间	6.075	3.037	3.274	0.539
	组内	320.06	0.928		
	总数	326.101			
行政许可规范	组间	4.575	2.287	2.596	0.076
	组内	303.90	0.881		
	总数	308.514			

续前表

具体措施	类型	平方和	均方	F	显著性
多项选择决策	组间	3.155	1.578	1.683	0.187
	组内	323.44	0.938		
	总数	326.629			
加大违法处罚力度	组间	1.672 44	0.836	0.647	0.524
	组内	6.198 44	1.293		
	总数	7.871			

4. 技术监测措施在三类邻避设施可接受性上的差异比较

关于假设5的验证，从表21中可见，专家风险评估、提供环评报告、提高建设运营技术三项措施的显著性系数小于0.05，因此这三项措施在三类邻避设施间差异显著；其他如成立第三方委员会、进行舆论监督、加大维护力度的显著性系数大于0.05，因此在三类邻避设施间差异不显著。

表21　技术监测类措施在三类邻避设施可接受性上的差异比较

具体措施	类型	平方和	均方	F	显著性
专家风险评估	组间	12.109	6.055	3.466	0.032
	组内	602.638	1.747		
	总数	614.747			
第三方委员会	组间	7.052	3.526	2.227	0.109
	组内	546.267	1.583		
	总数	553.319			
提供环评报告	组间	26.247	13.124	12.020	0.000
	组内	376.681	1.092		
	总数	402.928			
舆论监督	组间	4.385	2.13	1.938	0.146
	组内	390.267	1.131		
	总数	394.652			

续前表

具体措施	类型	平方和	均方	F	显著性
提高建设运营技术	组间	32.276	16.138	15.157	0.000
	组内	367.319	1.065		
	总数	399.595			
加大维护力度	组间	2.230	1.115	1.523	0.220
	组内	252.586	0.732		
	总数	254.816			

从上述几项措施的有效性可见，在三类邻避设施（日常风险型、突发风险型、心理不悦型）中，专家风险评估措施对第一、二类邻避设施效果明显，尤其对第二类邻避设施效果最突出，对第三类邻避设施效果不大；提供环评报告对第一类邻避设施效果显著，而对第二、三类邻避设施效果不大；提高运营技术对第二类邻避设施效果显著，而对第一、三类邻避设施效果不大；成立第三方委员会对三类邻避设施均有一定效果，且差异不大；舆论监督和加大设施的维护力度对三类邻避设施的效果均不明显，且差异不大。

五、研究结论与对策建议

本研究以西南交通大学、四川大学在校生为样本，研究不同邻避设施类型对于邻避风险解决措施的可接受性的影响，研究分为两个阶段：第一阶段，根据邻避效应的多维特征，通过聚类分析方法，对邻避设施进行分类。第二阶段，研究邻避解决措施的有效性。通过问卷的方式，针对不同类型的邻避设施，请受访者对各项解决措施提高其可接受程度的有效性进行排序，调查各项解决措施之于不同类型邻避设施的有效程度。对解决措施进行各类邻避设施分组下的方差分析，比较各种邻避解决措施分别更适合于哪类邻避设施。

（一）主要研究结论

1. 根据邻避设施的风险特征，邻避设施可以分为三种类型

根据邻避设施的“日常运营中产生主要风险”、“突发事故中产生主要风险”和“主要风险的影响性质”风险特征维度，针对20项邻避设施，通过聚类分析，可将邻避设施划分为三类。日常风险型设施包括：垃圾处理厂、污水处理厂、高架、飞机场、核废料储存场等。突发风险型设施包括：化工厂、核电站、危险品处理厂、加油站等。心理不悦型设施包括：精神病院、监狱、公墓、戒毒所等。

2. 对于接受过高等教育的群体而言，人口学特征对邻避设施可接受性影响可能不显著

本研究的数据分析显示：各专业的男女学生对三类邻避设施的可接受程度较为一致。有无受邻避设施影响的经历对第一、二类邻避设施可接受性影响不显著，但对心理不悦型邻避设施影响显著，并且有受邻避设施影响的学生对心理不悦型邻避设施的接受程度较高，也间接说明心理不悦型邻避设施本身的可接受程度较第一、二类略高。

3. 邻避风险解决措施受到邻避设施类型的显著影响

日常风险型和突发风险型邻避设施会影响身体健康和生命安全，因而技术保障对于可接受性水平的提高更为有效。心理不悦型邻避设施主要会影响心理情绪，因而可接受性的提高更依赖于经济补偿手段，最好以间接补偿的方式为妥，其中又以提供服务设施的效果最为显著。

（二）主要对策建议

本研究结论表明：各种邻避风险的解决措施有其具体的适用性，这很大程度上取决于具体邻避设施的归属类型。此结论具有很强的对策取向：

对于日常风险型邻避设施，邻避风险解决措施的有效程度较高，特别对技术监测和间接补偿更敏感。因此，在提高此类邻避设施可接受性的措施中，要从减少居民对其日常运营所产生的风险抵触出发。

突发风险型邻避设施的可接受性水平最低，并且采取解决措施后可接受性提高水平也不大，因此邻避设施的选址就更应慎重。降低突发事故的概率，提高事故应急处置的能力，对于改善突发风险型邻避设施的公众印象，进而提升可接受性，具有长远的价值。

心理不悦型邻避设施的实质性伤害并不大，因此技术监测措施效果不佳。此类邻避设施可接受性的提高，应该从缓解公众主观的厌恶情绪出发。通过有效沟通和民主参与，公众感知才会更加理性，也才能促进公民对公共利益的理解，真正实现公共利益的展现和维护。此外，提供完备的服务设施，能够转移居民的厌恶焦点，平衡因厌恶带来的心理不适。

参考文献

[1] O'HARE M. "Not on My Block You Don't" —Facility Siting and the Strategic Importance of Compensation. Public Policy，1977 (25).

[2] DEAR M J，TAYLOR S M. Not on Our Street：Community Attitudes toward Mental Health Care. London：Pion，1982.

[3] 陶鹏，童星. 邻避型群体性事件及其治理. 南京社会科学，2010 (8).

[4] O'HARE，SANDERSON M K，BACOW L. Facility Siting and Public Opposition. New York：Van Nostrand-Reinholf，1983.

[5] 李永展. 邻避设施冲突管理之研究. 台湾大学建筑与城乡研究学报，1998 (9).

[6] 曹祖耀，秦春. 邻避设施及其社会稳定风险防范. 中国工程咨询（理论探讨），2012 (12).

[7] 李敏. 城市化进程中邻避危机的公民参与. 东南学术，2013 (3).

[8] SCHIVELY C. Knowledge Base and Informing Future Research. Journal of Planning Literature，2007 (21).

[9] LESBIREL S H. NIMBY Politics in Japan：Energy Siting and

the Management of Environmental Conflict. Japanese Journal of Political Science，2000.

［10］JENKINSSMITH H C. Micro and Macro Level Explanations of the Presidential Expectations Gap. Journal of Politics，2005.

［11］洪鸿智．科技邻避设施风险知觉之形成与投影：核二厂．人文及社会科学集刊，2005.

［12］KRAFT M E，CLARY B B. Citizen Participation and the Nimby Syndrome：Public Response to Radioactive Waste Disposal. Western Political Quarterly，1991.

［13］叶颖超．环境正义的实践．台北：南华大学，2003.

［14］FINNIGAN K，GROSS B. Do Accountability Policy Sanctions Influence Teacher Motivation?. Lessons from Chicago's Low-Performing Schools，American Educational Research Journal，2007.

［15］CASS N，WALKER G，DEVINE-WRIGHT P. Good Neighbours，Public Relations and Bribes：The Politics and Perceptions of Community Benefit Provision in Renewable Energy Development in the UK. Journal of Environmental Policy & Planning，2010.

［16］黄缪，陈尧．垃圾焚烧设施“邻避效应”及其应对机制．城市管理与科技，2012（4）.

［17］HILL K L，MERCHANT S. In Vivo Competition between Plastocyanin and A Copper-Dependent Regulator of the Chlamydomonas reinhardtii Cytochrome c（6）Gene. Plant Physiology，1992.

［18］KASPERSON R. Siting Hazardous Facilities：Searching for Effective Institutions and Processes//HAYDEN L，DAIGEE S. Managing Conflict in Facility Siting，Cheltenham. UK：Edward Elgar，2005.

［19］KUNREUTHER H，EASTERLING D. The Role of Compensation in Siting Hazardous Facility. Journal of Policy Analysis and Management，1996（15）.

公共事件中科学风险信息的舆论建构与政府应对

王 理 赵 颀 李 晨*

一、引言

（一）研究背景

随着高科技的飞速发展、人口结构和生态环境等逐步变化，风险社会在全球范围内已然来临并不断扩大，而“围绕公共健康和公共安全所建构的环境问题则是阐释风险文化（尤其是自然风险）最有代表性的公共议题”①。面对日益突出的环境问题，近年来，我国各地环境公共事件逐渐频发且呈现较强的对抗性风险特征，加大了社会治理压力。

中国环境与发展国际合作委员会 2015 年发布的《生态环境风险管理研究》报告指出，随着公众对环境需求的持续增长，公众可接受的环

---

* 王理，电子科技大学政治与公共管理学院讲师，研究方向：新媒体传播、危机传播管理等；赵颀，电子科技大学政治与公共管理学院硕士研究生，研究方向：新媒体传播；李晨，电子科技大学政治与公共管理学院硕士研究生，研究方向：新闻业务。

① 刘涛. 环境传播——话语、修辞与政治. 北京：北京大学出版社，2011.

境风险水平持续下降，中国近年来环境污染问题引发的信访和投诉数量以每年 20％～30％的速度上升，实际环境风险水平与公众感知的环境风险水平之间的差距不断扩大，环境风险现状形势严峻①。在新媒体环境下，“新媒体自身风险和事件风险合成的风险漩涡很容易将一起突发性事件演变成复杂的社会公共事件”②。这些涉及环境风险问题的突发公共事件，在新媒体环境中持续发酵，借助广泛的传播渠道、以空前的传播速度扩散至全国，导致社会不稳、社会建设停滞、公众对科学及政府的信任丧失等严重后果③。

面对如此严峻的环境风险形势，2011 年国务院印发了《关于加强环境保护重点工作的意见》，首次把“环境风险防范”写入国务院文件④。2014 年，国务院办公厅修订印发了《国家突发环境事件应急预案》，其中对“突发环境事件”进行了重新定义，由 2005 年版的“突然发生、造成或者可能造成重大人员伤亡、重大财产损失和对全国或者某一地区的经济社会稳定、政治安定构成重大威胁和损害，有重大社会影响的涉及公共安全的环境事件”⑤ 扩充为“由于污染物排放或自然灾害、生产安全事故等因素，导致污染物或放射性物质等有毒有害物质进入大气、水体、土壤等环境介质，突然造成或可能造成环境质量下降，危及公众身体健康和财产安全，或造成生态环境破坏，或造成重大社会影响，需要采取紧急措施予以应对的事件，主要包括大气污染、水体污染、土壤污染等突发性环境污染事件和辐射污染事件”⑥。从环境风险防控纳入国务院文件、突发环境事件定义的进一步完善和更新可以看出，国家对环境事件的认识和治理，更趋科学、具体和明确，并且将自然科学知识融

---

① 中国环境与发展国际合作委员会主编．生态环境风险管理研究，2015.

② 李春雷，凌国卿．风险再造：新媒体对突发性事件的报道框架分析．新闻界，2013（16）.

③ 邹霞，邱沛篁．新媒体环境下突发公共事件的正向科学传播．西南民族大学学报（人文社会科学版），2015（6）.

④ http://www.gov.cn/zwgk/2011-10/20/content_1974306.htm.

⑤ http://www.gov.cn/yjgl/2006-01/24/content_170449.htm.

⑥ 2015 年 3 月 19 日环境保护部公布并施行的《突发环境事件应急管理办法》中相关定义亦为同一表述。

入其中，增加了突发环境事件原因的描述和界定，列举了引发和次生突发环境事件的具体情形，为该类事件的应对提供了科学依据。

可以说，对环境科学风险信息的判断和传播，不仅影响公众对事件的认知，也关乎相关政府部门对事件治理的决策手段。因此，以环境科学风险信息的传播为基础，充分发挥网络媒体的优势进行议程的引导和设置，规避环境公共事件带来的负面影响，是促进环境事件合理解决的重要措施。

（二）研究问题

本文以科学传播、风险沟通为视角，基于 2007—2016 年我国网络媒体对社会影响较大的环境公共事件及其风险信息的发布与报道，试图分析近十年来新媒体环境下环境公共事件中科学风险信息的产生、传播和干预等特征，探讨其舆论建构规律，并在此基础上就政府部门如何应对环境公共事件中科学风险信息传播提出对策建议。

（三）研究方法

本研究主要采用内容分析法、案例研究法等，对 2007—2016 年 8 起社会影响较大的环境公共事件进行案例分析，并将这些事件过程中出现的 256 条网络舆论信息逐一编码后进行内容分析。

二、文献回顾

环境公共事件多数时候可以归结为人、自然、技术三者之间关系引发的问题，早在 1983 年，曾任美国环保署署长的拉克尔肖斯就在一次美国国家科学院的会议上对环境风险管理做出评价，他认为：公众对风险的主观感知与专家对风险的科学评估之间存在差距，因此环境风险管理工作中，科学家需要在向公众解释这些风险的科学原理时扮演重要角色①。约

① RUCKELSHAUS W D. Science，Risk，and Public Policy. Science，1983（221）.

翰·汉尼根也认为，现代社会中的两个重要的社会设置——科学和大众媒体，在建构环境风险、环境意识、环境危机以及环境风险治理方面，发挥着极其重要的作用①。可以说，环境风险传播与其中的科学信息传播有着密不可分的关系。因此本研究对文献的回顾将沿科学风险信息传播、环境公共事件中的科学风险信息传播依次展开。

（一）科学风险信息的传播及感知研究

1. 科学风险议题传播的媒介因素研究

大量研究已经证实媒介在风险事件报道方面的议程设置效果，科学议题的信息框架也确实对公众的理解和认知产生影响②。如记者们不仅从科技视角来理解全球变暖议题，同时也将其作为一个政治问题来探讨③。全燕分析了以科学与环境为主题的新闻报道，发现风险传播存在技术和民主两种路径：前者有利于迅速做出风险决策，但不符合风险公开公平原则；后者重视生态和人文，但有可能放大风险，导致决策困难④。杨嫚认为，我国科学传播与公众风险认知之间存在错位，这需要主流媒体更好地承担其风险沟通功能⑤。多米尼克指出，网络科学新闻和网络媒体传播科学的实用性有助于弥补传统媒体所造成的高教育背景的人更容易获得信息的知识代沟⑥。邹霞和邱沛篁结合新媒体环境，从

---

① HANNIGAN J A. Environmental Sociology：A Social Constructionist Perspective. Taylor & Francis US，1995.

② 曾繁旭，戴佳，王宇琦．技术风险 VS 感知风险：传播过程与风险社会放大．现代传播（中国传媒大学学报），2015（3）；HO S S，DIETRAM A S，CORLEY E A. Making Sense of Policy Choices：Understanding the Roles of Value Predispositions，Mass Media，and Cognitive Processing in Public Attitudes toward Nanotechnology. Journal of Nanoparticle Research，2010（8）；NISBET M C，MYERS T. The Polls-Trends：Twenty Years of Public Opinion about Global Warming. Public Opinion Quarterly，2007（3）.

③ RUSSILL C，NYSSA Z．The Tipping Point Trend in Climate Change Communication. Global Environmental Change，2009（3）.

④ 全燕．技术与民主：风险在科学与环境报道中的传播进路与思考．国际新闻界，2015（5）：94-105.

⑤ 杨嫚．沟通的错位：公众风险认知与科学议题报道．科学学研究，2014（4）：481-485.

⑥ BROSSARD D，DIETRAM A S. Science，New Media，and the Public. Science，2013（339）.

技术条件、事件载体、阐释机遇和公众需求等方面探讨了突发公共事件作为科学传播载体的现实可能性，倡导突发公共事件中的正向科学传播，为新的科学传播路径做出探索①。

2. 个体认知/群体情绪在风险信息传播中的作用研究

风险的社会放大理论是指相对小的风险有时却引发大规模的公众关注和社会影响，而一个风险事件的实际风险与民众对其感知的风险并不存在显著一致性。传统风险认知理论认为风险认知是一种纯理性过程，而近些年来一些学者认为情感在风险认知中可能扮演着重要角色，如斯洛维克等用情感启发式的模型来研究情绪状态与风险事件感知、风险概率判断、风险问题解决等认知评价以及决策行为的关系②。约翰逊和特韦尔斯基认为消极情感增加了感知到的风险，而消极情感可能是来自其他因素而非风险③。此外，沉默的螺旋、群体极化、群体情绪感染等理论也支持了群体情绪因素在风险信息传播中的作用。

（二）环境公共事件中的科学风险信息传播研究

“环境”与“传播”的结合，原本就是风险社会语境下的一场“现代性后果”④。早在20世纪80年代，乌尔里希·贝克疾呼，人类已经进入了风险社会，需要对科技成为社会风险源的风险进行治理。随着近年来部分领域的危机事件频发，专门就企业生产安全、环境污染、食品安全等事件的风险管理研究也在逐渐增多。其中环境风险传播研究是风险管理领域的重要内容。

---

① 邹霞，邱沛篁. 新媒体环境下突发公共事件的正向科学传播. 西南民族大学学报，2015（6）：169-173.

② COVELLO V T. Risk Communication，Radiation，and Radiological Emergencies：Strategies，Tools，and Techniques. Health Physics，2011（5）.

③ SLOVIC P，MONAHAN J，MACGREGOR D G. Violence Risk Assessment and Risk Communication：the Effects of Using Actual Cases，Providing Instruction，and Employing Probability Versus Frequency Formats. Law and Human Behavior，2000（3）.

④ JOHNSON E J，AMOS T. Affect，Generalization，and the Perception of Risk. Journal of Personality and Social Psychology，1983（1）.

1. 环境公共事件中科学风险的舆论建构研究

目前国内文献涉及公共事件中科学风险的研究可以归纳为以下几类：第一，分析新媒体环境下，公共事件科学传播的必要性。比如邹霞、邱沛篁认为新媒体环境中，以科学普及为主的传统的静态、线性常规途径已经不适合形势发展，而突发公共事件为载体的科学传播形成了独特的“景观”①；李浩鸣认为在重大危机事件中，利用新媒体网络发挥科技新闻舆论导向与监督作用，对弘扬科学精神、普及科学知识、维护社会安定、支持政府科学决策是至关重要的②。第二，对公共事件风险传播过程中涉及的大众媒介角色定位和责任功能的研究。第三，从新闻业务的角度出发论述媒介在环境公共事件中怎样做到科学传播。但其中将公共事件范围锁定在环境类事件的研究还较为罕见。

2. 环境公共事件中科学风险舆论的应对研究

目前国内文献中对公共事件政府舆论应对的研究较多，但具体到环境领域和科学传播的较为匮乏。已有研究中较具代表性的有如全燕以环境领域的危机事件为例，认为，平衡科学与环境，促成各方在风险沟通中的共识与合作，同时在发展和保护中求得个人和社会全面发展，是科学的使命，也是传播的使命③。侯丹丹、彭光芒认为政府的应对策略往往与重大公共环境事件结合，但立足点是传统的纸质媒体上数量有限的文字报道研究，缺乏与当前社会新媒体的背景融合④。罗子欣以四川什邡宏达钼铜事件为例，通过对其发生前后过程的监测与分析发现，突发公共环境事件爆发的很大一部分原因在于媒介传播存在前期解释与科学传播力度不够、基层媒体从业者的专业精神和民意监测缺失、传

---

① CONREY F R，SMITH E R. Attitude Representation：Attitudes as Patterns in A Distributed，Connectionist Representational System. Social Cognition，2007（5）.

② 刘涛.“传播环境”还是“环境传播”？——环境传播的学术起源与意义框架. 新闻与传播研究，2016（7）：110-125.

③ 邹霞，邱沛篁. 新媒体环境下突发公共事件的正向科学传播. 西南民族大学学报，2015（6）.

④ 李浩鸣. 危机事件中科技新闻的舆论导向与监督问题. 科技、媒体与重大危机应对. 第四届亚太地区媒体与科技和社会发展研讨会论文集，2014，北京.

播方式与议程设置的不合理，导致与民生相关重大事宜得不到有效地沟通和化解，从而导致冲突的发生。作者还据此提出了提升突发公共环境事件中地方政府舆情应对能力的建议：新媒体互动与民意监测、制定民生新闻专项发布制度、完善网络意见领袖的联络机制、举行基层公务人员媒介素养的相关培训、加强对政务信息的管理和考核①。

不过，总体来看，尽管一直以来环境风险沟通的研究都是热点，但既有研究大多关注传统媒体，尤其是纸媒对环境风险议题的建构，同时，对环境公共事件中科学风险信息传播的研究非常少。在此背景下，本研究基于近十年环境公共事件案例的实证分析，对网络环境中环境科学风险信息的传播规律进行研究，尝试发现它们的产生和传播特点以及不同的干预措施所取得的效果，希望可以为媒体与相关管理者提供科学有效的决策依据。

三、研究设计及发现

（一）研究设计

1. 相关概念界定

本文对“环境风险”的界定借用 2015 年中国环境与发展国际合作委员会发布的《生态环境风险管理研究》中的表述：环境风险是指由自然原因或人类活动所引起的，通过降低环境质量及生态服务功能，从而对人体健康、自然环境与生态系统产生损害的事件的可能性，通过对事件发生以及环境受体暴露受损的概率来确定。因此，不论成因为自然或是人为，只要涉及环境损害的后果，且这种后果出现的概率大于零（不论大小），即可视为环境风险。因此，不确定

① 全燕. 技术与民主：风险在科学与环境报道中的传播进路与思考. 国际新闻界，2015（5）：94-105.

性和危害性是环境风险的两个最重要的特点，结合信息论创始人克劳德·艾尔伍德·香农对“信息”的定义，可以认为“环境风险信息”就是用来消除关于环境风险的随机不定性的东西。选样中涉及的“环境公共事件”是指由环境诱因引发社会问题的公共事件。

因此，本文指称的“环境公共事件中的科学风险信息”即是指在涉及环境风险的公共事件中，用于消除/建构环境风险的与专业知识或科学依据相关的舆论信息。

2. 样本的抽取

（1）选定作为研究对象的目标媒体：本文以2007—2016年我国网络媒体中8起影响较大的环境公共事件中涉及风险信息的256条信息样本作为研究对象。

（2）抽样规则的说明：通过查询人民网舆情数据库以及人民网舆情监测室2007—2016年发布的历年《互联网舆情分析报告》，筛选出近十年来我国热点环境公共事件，以CNKI中的相关研究案例作为补充，确定了8件影响较大的环境公共事件（见表1）。

表1　　2007—2016年影响较大的环境公共事件列表

环境公共事件	发生年份	当年舆情事件热度排名
太湖蓝藻	2007	13
厦门PX项目群体事件	2007	—*
日本核泄漏导致“抢盐”事件	2011	11
四川什邡事件	2012	15
黄浦江死猪漂浮事件	2013	12
兰州自来水苯超标事件	2014	11
广东茂名PX项目群体事件	2014	19
连云港反核群体事件	2016	20

*该事件在当年舆情排名中未进入前20热点事件，但考虑到其实际影响力及代表性，本文仍将其纳入分析范围。

由于本研究涉及案例事件的时间跨度较大，考虑到样本的可靠度，参考人民网舆情监测室发布的网络舆情报告，本文分别从论坛、博客、微博、新闻网站四大网络媒体中选取样本。通过查证创建时间、比对一手信息的数量和可靠性，本文将样本选择范围确定为：社交网站——天涯社区、强国论坛、新浪博客、新浪微博；网络新闻——新浪新闻、人民网。

以事件全名在各网络媒体中进行搜索，筛选出与环境风险相关的全部报道、发帖以及文章，去掉内容重复以及与本文研究不相关的样本，共抽取了256条样本，其中从社交媒体选取而来的样本137条，来自新闻网站的样本119条。

3. 类目的建构与说明

研究所用的256条样本全部为网络媒体公开发布或报道的资料，通过初步的阅读和分析，将每一条搜索结果视为一个编码单元，分别从环境风险信息产生和传播（舆论建构内容和方式）、干预措施（政府应对）三个维度设计了编码表（见表2）。

表2　　样本编码表

首曝媒介	0 社交媒体　　1 新闻网站
首曝时间	0 与环境公共事件同时曝出　1 环境公共事件曝光的初级阶段（曝光当天—第5天） 2 环境公共事件曝光的中期（第6天—第15天） 3 环境公共事件曝光后期（第16天之后）
是否有特定的首曝主体	0 无特定主体　　1 有特定主体
主题性质	0 客观陈述现状以及可能引发的风险 1 明确提出存在风险并提供依据 2 明确提出不存在风险并提供依据 3 担心忧虑风险是否存在，抱怨事件的发生 4 明确提出应对风险的措施 5 质疑、反驳相关部门的说法和解决措施 6 相信相关部门的说法和解决措施 7 夸大、渲染风险、煽动不安情绪、鼓动不当的应对行为 8 其他

是否包含科学信息	0 否 1 仅包含不全面、不充分、零散的科学知识 2 包含明确、详细的专业知识或科学依据，并附具有可信性的来源或相关链接
如包含明确、详细的科学信息，其表现形式	0 转载权威性媒体的报道 1 附有权威机构的报告、政府统计年鉴或资料 2 引用专家的原话 3 引用专业论文或专家的观点 4 其他
明确、详细科学信息的引入主要用于确认/建构风险还是消除风险	0 建构 1 消除
是否为原创/转载信息	0 原创（新闻媒体中非转载的新闻也视为原创） 1 转载自新闻媒体 2 转载自社交媒体
是否涉及新闻媒体/社交媒体所发布的信息	0 否 1 引用部分内容 2 截图 3 附链接 4 讨论或评价相关内容
是否针对明确的主体	0 无　　　　1 政府相关管理部门 2 专家　　　3 公共事件相关人员 4 其他某一特定人群，如白领、学生
是否包含政府相关部门发布的干预措施信息	0 否 1 是
干预措施的类型	0 发布正式、明确地回应和澄清信息 1 召开记者招待会 2 策划相关报道专题、进行议程设置 3 删除或屏蔽相关信息、评论 4 通过法律途径 5 发布解决措施和解决进程 6 其他

（1）环境风险信息的产生。主要探究风险信息的产生特点，主要从首曝媒介、首曝时间（在环境公共事件传播过程中所处阶段）、首曝主体、基本内容特征（包括主要内容、感情倾向、主要目的等）、针对主体等方面。其中，重点分析了风险信息中是否包含相关专业知识和科学依据。

（2）环境风险信息的传播。主要探析环境风险信息在网络媒体中的传播规律和特点，如在不同媒体中的分布、关注热度、持续时间、对环境公共事件的发展有何影响、信息的传播主体具有何种特征等。

(3) 环境风险信息的干预。侧重对政府以及相关部门干预措施的研究，是否有明确的回应和澄清信息、以何种方式回应等。

4. 编码员的信度检测

为了保证本次内容分析编码工作的普遍性、科学性和准确性，本文共有三名编码员参与编码工作，除笔者外，还有一名电子科技大学传播学专业的研究生以及一名电子科技大学心理专业的研究生。参与本次编码工作的三位编码员在事前都进行了系统的编码训练，并各自进行本次样本的编码。在正式编码之前，在全部样本中随机抽取了 30 条样本，三位编码员分别进行独立的编码。本次研究的信度检验方法使用了科恩的 Kappa 指数公式，在剔除随机因素之后，得到的信度值为 0.8，大于该检验要求的最低标准 0.7，符合此次检测的要求。

本研究中的公众参与意愿即分析在邻避情境中，公众在公共政策的不同阶段的参与意向，并比较不同阶段意愿的异同，从而探究公众参与意愿是否存在差异。本文将首先分析在公共政策的三个阶段的公众参与意愿，然后通过对“制定期”和“实施期”、“实施期”和“评估期”公众参与意愿进行比较，从而得出在不同阶段公众参与意愿的是否存在差异。

（二）研究发现

1. 环境风险信息的产生分析

(1) 信息来源：涉及风险内容的信息更多来自社交网络。

通过查证 8 起环境公共事件的最早曝光信息发现，有 6 起事件的环境风险信息的首曝媒体为社交网络，曝光时间全部为环境公共事件曝光的初级阶段。风险信息通过社交媒体曝光后，引起公众讨论，从普通的新闻事件演变成网络热点议题。兰州自来水苯超标事件和广东茂名 PX 项目群体事件的首曝媒介是新闻媒体，风险信息与公共事件同时曝光，曝光后立刻演变为广泛关注的环境公共事件。由此可知，风险信息与环境公共事件的形成和发展具有紧密的联系，当一个普通的环境事件或新闻，包含涉及公众安全和利益的风险信息时，很容易形成公众大范围关注和讨论的网络议题。如果再不及时干预和管理，甚至会引发现实中公众自发组织的活动或骚乱，如广东茂名PX项目事件中，公众自发组织了座谈会①，甚至还举行了反PX项目游行②，与警察发生冲突，发生了打砸抢等违法犯罪行为，造成人员受伤，演变成了性质恶劣的公共事件。

除了兰州自来水苯超标事件和广东茂名PX项目群体事件的曝光主体为新闻媒体，其他事件的曝光主体均为普通网友。由社交媒体首曝的6个事件环境风险信息中，有5条样本的主题性质为客观陈述现状以及可能引发的风险，1条样本主题性质为担心忧虑风险是否存在、抱怨事件的发生。由新闻媒体首曝的2个事件中，兰州自来水苯超标事件首曝风险信息为明确提出存在风险并提供依据，广东茂名PX项目群体事件首曝风险信息为明确提出不存在风险并提供依据。

（2）主题性质：多为肯定风险存在并指出防范措施。

关于样本的主题性质，经分析发现，主题性质为客观陈述现状以及可能引发的风险、明确提出存在风险并提供依据以及明确提出应对风险的措施等较为正面内容的样本占总样本的65%（见图1），如新浪新闻网《中法千亿级核循环项目惹争议连云港市暂停前期工作》中提道：

> 8月10日，中核集团在官微刊出《中核瑞能总经理：中法核循环项目安全可控》一文，回应称核循环项目选址将缜密考虑地震地质、岩基、洪水以及外部人为事件等各种因素，最终确定将在科学论证基础上，广泛征求社会公众意见，经地方政府同意，最终由国家决策。

以质疑、反驳相关部门的说法和解决措施、夸大、渲染风险、煽动不安情绪、鼓动不当的应对行为等负面内容为主题的样本仅占8%（见图1），如新浪微博中@李子暘Lee发的微博：

① http://weibo.com/1904896680/ACW2biYDb? refer_flag=1001030103_&type=comment.

② http://bbs.tianya.cn/post-free-4239792-1.shtml.

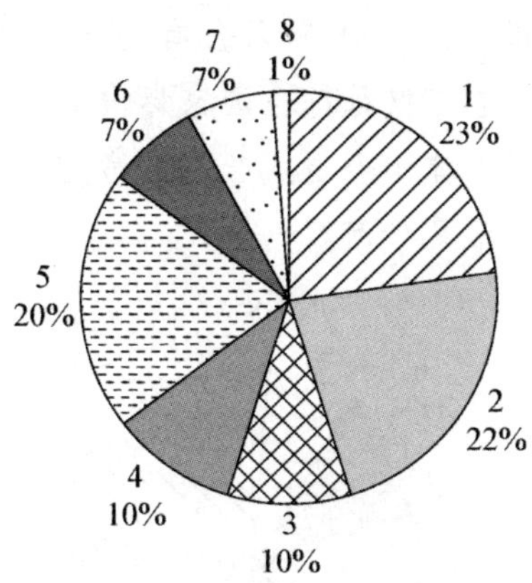

图 1　总体样本主题性质统计图

注：图 1—图 3 均为作者自绘，其数据标签说明如下：
1. 客观陈述现状以及可能引发的风险
2. 明确提出存在风险并提供依据
3. 明确提出不存在风险并提供依据
4. 担心忧虑风险是否存在，抱怨事件的发生
5. 明确提出应对风险的措施
6. 质疑、反驳相关部门的说法和解决措施
7. 相信相关部门的说法和解决措施
8. 夸大、渲染风险、煽动不安情绪、鼓动不当的应对行为

> 连云港那个核废料处理厂，和广东江门那个没建成的是什么关系？这个大项目，哪个地方的官员要是能克服民粹建成了，当地就算有了摇钱树了。据说江门的官员至今还惋惜不止。和厦门 PX 项目是同一类型。本来的巨大收益，因为民粹，只好拱手让人。

进一步分析发现，不同媒体中样本的主题性质也不同，在社交媒体中，明确提出存在风险并提供依据的风险信息占样本的 29％（见图 2），如天涯社区中《厦门 PX 项目》一文中就说明了什么是 PX、成分辨识资料、PX 的用途、PX 的危害以及厦门 PX 事件始末，并附相关链接，明确陈述了 PX 项目的危害和可能造成的影响。担心忧虑风险是否存在、抱怨事件的发生占样本的 15％，如天涯社区《我的关切——关于厦门 PX 项目》中提道：

> 在正常情况下对环境是否有影响？影响到什么程度？人体是否

能感觉到它的味道，对人体是否会有伤害？还是会对环境造成污染？请不要告诉我它仅仅是符合国家标准的，我不相信人体都能闻得到的化学气体对人体不会造成长期的危害，如果谁这么说，请他长期在此环境下生活又如何？

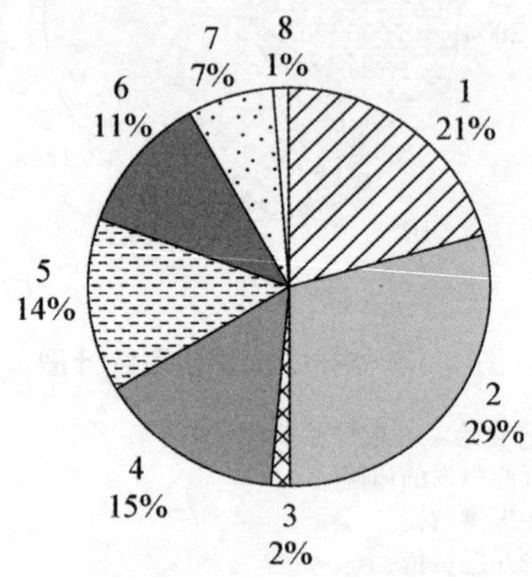

图 2　社交媒体中样本主题性质统计图

与新闻媒体相比，社交媒体中质疑、反驳相关部门的说法和解决措施、担心忧虑风险是否存在、抱怨事件的风险信息所占的比重明显增高。与社交媒体相比，新闻网站“以明确提出不存在风险并提供依据”和“明确提出应对风险的措施为主题的风险信息”所占比例明显较高（见图 3）。

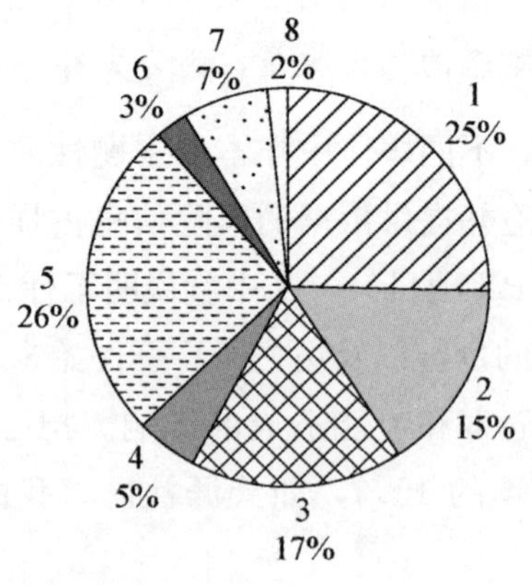

图 3　新闻网站中样本主题性质统计图

（3）科学依据：以明确的科学依据对风险进行阐释的信息数量较少。

分析发现，在相关风险信息中运用到专业知识或科学依据对风险成因、危害、防范等进行解释说明的信息数量共计 74 条，不足半数。

其中，能够通过相关专业知识或科学依据来充分解释和证实环境风险是否存在的样本共有 33 条，占 12.8%，其中 14 条来自社交媒体，29 条为新闻媒体信息。这些信息大多能够提出明确的专业知识和科学依据，并附具有可信性的相关链接，如相关部门的官方信息、权威媒体的新闻报道、词条解释、专业网站链接等。其专业知识来源主要包括：第一，转载权威性媒体的报道，如来自社交媒体的样本中，有 11 条转载自凤凰网、人民网、科技日报等权威媒体；第二，附有权威机构的报告、政府统计年鉴或资料；第三，引用专家的解释和观点。如在广东茂名 PX 项目事件中，某博文①引用《人民日报》文章，就“你真的了解 PX 吗?”摘取了以下内容：

> 根据《全球化学品统一分类和标签制度》和《危险化学品名录》，在美国、澳大利亚等很多国家，PX 不算危险化学品。资料显示，无论是危险标记、健康危害性、毒理学资料，还是在职业灾害防护等标准下，PX 都不属高危高毒产品。在欧盟，PX 也仅被列为有害品。一项看起来温和的化工原料，我们为什么会如此害怕呢？一个主要原因就在于 PX 中的“苯”。根据国际癌症研究机构（IARC）的认定，苯属于一类致癌化学物质。一类致癌物的含义是，对人类致癌性证据充分。
>
> 但是，IARC 对 PX 的认定却在五个梯度分类中的第三类——可能致癌。该机构可能致癌的含义是对人类致癌性的证据有限，对实验动物致癌性证据并不充分；或者对人类致癌性证据不足，对实验动物致癌性证据充分。IARC 对化学物质引起人类癌症危险性评价是目前公认的权威性资料。

① http://blog.sina.com.cn/s/blog_d53513350102vvn5.html.

通过不全面、不充分、零散的科学知识解释风险信息或者仅用几个相关名词作为科学依据的样本有 41 条，占比 16%。这些信息大多会涉及与事件相关的部分科学术语或专业知识，但对其中的科学原理、知识背景等并未展开做进一步说明。如在黄浦江死猪事件中，人民网文章①刊发相关内容（节选）：

上海市水务局表示，已要求相关供水企业采取强化常规处理工艺，适当提高出厂水余氯至 2.0 毫克/升，以确保供水安全。加强原水水质监测。相关区水务部门对原水水质进行跟踪监测，重点对耗氧量、氨氮、菌落总数、总大肠菌群等指标进行化验分析。目前，上述指标均处于正常范围。

另外，研究发现，明确、详细科学信息的引入主要用于确认/建构风险的样本有 7 条，用于消除风险的有 26 条。

（4）小结。

从前文分析可知，环境公共事件中风险信息多是产生于社交媒体，且风险信息的产生对环境公共事件的形成与发展具有直接影响。风险信息的主题性质较为正面，多为客观陈述、明确风险存在并提出解决措施。通过明确的专业知识和科学依据对风险进行阐释的信息数量较少，尤其是在社交媒体中，大多数风险信息仅包含片面、无出处、零散的科学知识甚至并没有通过相关科学知识解释风险信息。

2. 环境风险信息的传播分析

关于样本在不同媒体中的分布情况，研究发现，社交媒体中的风险信息共 137 条，新闻网站中的风险信息共 119 条，比例较为均衡。分析发现，社交媒体中转载自新闻媒体的风险信息有 92 条，占社交媒体样本总数的 67%，其中多数样本主题为明确提出不存在风险并提供依据和明确提出应对风险的措施。其中天涯社区和新浪博客就分别有 33 条和 27 条样本转载自人民网、中新网、新华网以及其他相关的新闻媒体。在社交媒体中剩余的 45 条原创样本中，有 13 条样本的内容涉及新闻媒体所发布的信

① http://leaders.people.com.cn/n/2013/0311/c58278-20751419.html.

息，其中表现形式多数为引用部分内容和附相关链接，引用内容多为专家的采访原话、权威组织或机构发布的科学的消除风险的信息或针对风险信息的应对措施，如天涯社区中《从各地的抢盐看谣言的可怕之处》① 的帖子中为证实食盐不能防辐射，引用了新华网发布的部分内容：

> "吃碘盐能不能预防放射性碘的摄入?""把碘酒涂抹在甲状腺部位可以预防放射性碘辐射?"……针对诸如此类的公众疑问，卫生部网站解释，通过食用碘盐无法预防放射性碘的摄入，把碘酒涂抹在甲状腺部位预防放射性碘等措施是不科学的。

新闻媒体中没有发现转载自社交媒体的风险信息，有 21 条样本涉及社交媒体所发布的信息，表现形式多数为截图和引用，其中引用的内容基本没有科学信息，多数为网友爆料或网友言论，如新浪新闻网在《云南省食用盐供应充足　消费者不要盲目抢购囤积》② 中提道：

> 有网友反映我省（云南省）部分地区 17 日出现食盐供应异常波动。本网记者即时采访云南省盐业产品质量检验站。

新浪新闻网在《清华化学化工学生昼夜捍卫百度百科 PX 词条，复旦等高校学生留言声援》③ 新闻中就引用了新浪微博中的内容：

> 新浪网友@御坂 12889："我只想说：一千万个民众上街反对，也无法改变化学物质的性质！觉得有毒的，觉得没毒的，都给我把其性质弄清楚了再说!"
>
> 新浪认证微博@夏尔谢夫工程师转发"交战"截图，赞许清华学生具有"当今中国大学生的独立人格：天命不足畏，人言不足恤，此乃大丈夫也！"

由此可知，社交媒体议程与新闻媒体议程具有高度的一致性和较强的互动性，新闻媒体中的风险信息更具有权威性和可信性，对社交媒体

---

① http://bbs.tianya.cn/post-worldlook-329285-1.shtml.

② http://news.sina.com.cn/c/2011-03-17/120822132336.shtml.

③ http://news.sina.com.cn/c/2014-04-04/194129868166.shtml.

中风险信息的传播具有重要影响。

3. 环境风险信息的干预措施分析

在总体样本中，政府以及相关部门发布的干预信息的主要类型有：发布正式、明确的回应和澄清信息、主动发布解决措施和解决进程、召开记者招待会、策划相关报道专题、删除或屏蔽相关信息、通过法律途等（见图 4）。如广东茂名 PX 项目事件中，人民网能源频道就发布了《不该被妖魔化的 PX　揭开 PX 项目的神秘面纱》① 专题，并发布了《还原 PX 真相》系列报道，通过 5 篇系列文章，从 PX 是什么、能做什么、为什么要发展 PX 项目、风险的不确定程度和可控程度以及如何消除不必要的恐惧等方面，运用科学信息，对 PX 项目的风险信息做了充分的解释。这个系列报道被社交媒体多次转载，对消解 PX 项目风险、反驳 PX 项目谣言发挥了重要作用。但是在分析中发现，这样的专题非常少，新闻媒体和社交媒体中多数对风险信息和干预措施的报道都比较片面。

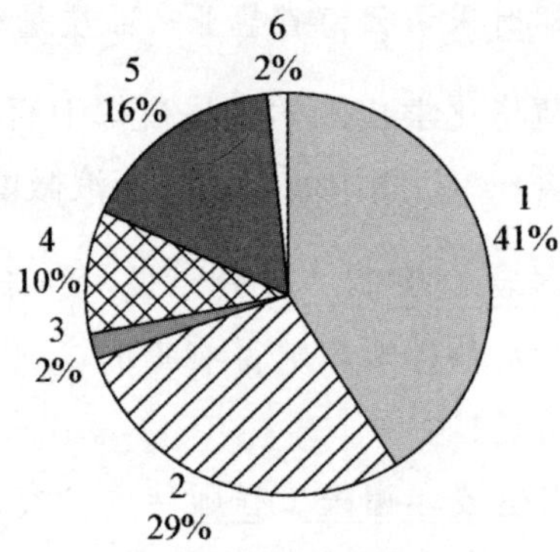

图 4　干预措施类型统计图

注：1. 发布正式、明确的回应和澄清信息
2. 发布解决措施和解决进程
3. 召开记者招待会
4. 策划相关报道专题
5. 删除或屏蔽相关信息、评论
6. 通过法律途径
资料来源：作者自绘。

① http://energy.people.com.cn/BIG5/115016/140072/384241/index.html.

除了这些措施之外，政府相关部门还积极利用其他方式进行风险信息的干预，如抢盐事件中，海南省盐务局就及时召开新闻发布会，会上省盐务局局长王凤奇正式回应，食盐能够防辐射以及盐将受到核污染的说法并没有科学依据，并公布了海南省还有22 000吨的原料盐，2 600吨成品盐库存，按照正常的供应量足够全岛供应10个月，让公众放宽心，无须跟风抢盐。

运用专业知识或科学依据能够充分对风险成因、危害、防范等进行解释说明并明确提出风险信息是否存在的干预信息有23条，如新浪新闻网发布《湖州：蓝藻肆虐危及太湖流域饮水安全》一文，多方引证解释太湖蓝藻大规模爆发的原因：

> 湖州市环境保护局工程师王海介绍，由于湖州水域与太湖连带关系密切，近一个月来降雨甚少……太湖流域管理局相关人士表示，这次蓝藻肆虐的直接原因是污染造成的水体富营养化。太湖上游地区污染源排放的污染物，则是太湖污染负荷量的重要来源……
>
> 根据9月对太湖上游沿湖地区工业企业污染源排放情况进行的第六次监督监测，14家企业废污水排放浓度达标，占被调查企业的58%……
>
> 专家认为，虽然由于西北风风向的缘故，这次蓝藻只在太湖南端的湖州肆虐，但因区域性污染而生的蓝藻威胁远非仅限于湖州。据江苏无锡市环境监测站资料显示，今年当地太湖蓝藻数量就比去年同期增加五成以上，蓝藻爆发时间也比去年要提早一个月。

由上文可知，政府相关部门能够对风险信息及时进行干预，但是新闻媒体和社交媒体能够全面、清晰地报道政府相关部门的干预措施信息的较少，能够充分运用科学信息对风险进行阐释的信息数量较少，公众并不能及时、全面地了解风险信息以及政府的干预行为。

四、研究结论与建议

"当前，现代科学在环境风险问题上往往与事实不确定、价值有争议、风险全球化、决策紧迫等情况相关联"①，然而，媒体在对这些环境公共事件进行舆论建构时，更多指向风险的既定性和其调控，一定程度上忽视了相关风险知识的报道。陈经超、郑海燕等曾在对 PX 事件报道的研究中也指出，"事件发生后忙着追责，而没有理性思考事件……，风险知识传播数量严重不足，无法满足公众信息需求，媒介风险知识建构失衡"②。在这种情况下，公众了解相关环境科学风险知识的媒介信息不足，势必导致自发寻求相关信息的行为增加，传言爆炸性增长。而由于环境公共事件中多数风险信息专业性较强，非专业信息源往往质量参差不齐，难以消除风险的不确定性。同时，"由于风险知识未被充分讨论，风险议题重新陷入风险话语的不确定性中，在之后事件中体现出来"③，这也是很多同样性质的环境公共事件在不同地区多次出现的重要诱因之一。

本研究通过对近十年来我国社会影响较大的 8 起环境公共事件及其中的风险信息，尤其是涉及科学知识的环境科学风险信息进行梳理分析，得出以下主要观点：

（1）我国环境公共事件中，网络舆论上呈现出的风险信息大多包含一定的科学知识，但解释性不足。社交媒体由于传播主体的复杂性和匿名性、传播内容的碎片化和内容的实时共享等特征，极易产生对风险信息断章取义的误传和缺少科学依据的谣传，非常容易出现抱怨、质疑、不满等负面情绪，甚至造成大规模恐慌。新闻媒体中能够运用详细、明

① 薛桂波．从"后常规科学"看环境风险治理的技治主义误区．吉首大学学报（社会科学版），2014（1）．

②③ 陈经超，郑海燕．国内媒体建构环境风险话语的特征及其问题——以厦门、宁波及大连 PX 事件为例．广告大观（理论版），2015（4）：27-35．

确的专业知识和科学依据阐释风险信息的信息较少，能够运用科学知识有效消解风险信息的信息数量更少。新闻媒体应充分发挥权威性、可信性的优势，对风险信息的阐释尽量做到有据可依、有据可查，带动网络中风险信息的良性传播。

（2）环境公共事件风险信息的传播中，新闻媒体议程与社交媒体议程趋于一致，且新闻媒体更能引导社交媒体舆论。参考风险信息的产生机制，可以归纳出环境风险信息的传播特点：在社交媒体中曝光的风险信息吸引大量网友参与讨论，演变为网络热点，社交媒体中的议题是新闻媒体重要的信息监控渠道和来源，随着新闻媒体的跟进，社群议题很快演变成为公共事件。而新闻媒体对风险信息的回应和干预，会引起社交媒体中的新一轮关注和谈论。因此，在新闻报道中如能运用到准确易懂的相关专业知识阐释风险信息，将更有利于公众认知风险。

（3）新闻媒体和社交媒体在转载政府干预信息时，主要关注风险信息是否存在。而实际上，政府在应对环境公共事件的风险舆论时，进行信息发布会包含详细可信的科学信息来进行专业阐释，一般会包括风险信息产生的原因、风险信息的不确定性、管控风险的难度、应对措施以及相关公共问题的改善和发展等方面。新闻媒体和社交媒体有选择性地转载和传播，不利于公众充分理解风险信息出现的原因以及现阶段解决措施的必要性，容易对政府的回应和干预行为产生误解。建议新闻媒体与社交媒体能够在充分了解政府干预措施的基础上，进行快速、全面、准确的传播，提高媒体策划意识，通过对风险相关信息的梳理与安排，设立专题报道或系列报道，主动引导议程，运用多媒体优势，多角度、全面的报道风险信息。

参考文献

［1］BROSSARD D，DIETRAM A S. Science，New Media，and the Public. Science，2013（339）.

[2] KASPERSON R E, et al. The Social Amplification of Risk: A Conceptual Framework. Risk Analysis, 1988 (2).

[3] RUCKELSHAUS W D. Science, Risk, and Public policy. Science, 1983 (221).

[4] 曾繁旭，戴佳，王宇琦. 技术风险 VS 感知风险：传播过程与风险社会放大. 现代传播（中国传媒大学学报），2015（3）.

[5] 贾鹤鹏，刘立，王大鹏，任安波. 科学传播的科学——科学传播研究的新阶段. 科学研究，2015（3）.

[6] 刘华杰. 科学传播的三种模型与三个阶段. 科普研究，2009（2）.

[7] 刘涛. “传播环境”还是“环境传播”？——环境传播的学术起源与意义框架. 新闻与传播研究，2016（7）.

[8] 刘涛. 环境传播——话语、修辞与政治. 北京：北京大学出版社，2011.

[9] 全燕. 技术与民主：风险在科学与环境报道中的传播进路与思考. 国际新闻界，2015（5）.

[10] 许志晋，毛宝铭. 风险社会中的科学传播. 科学学研究，2005（4）.

[11] 于清源，谢晓非. 环境中的风险认知特征. 心理科学，2006（2）.

[12] 中国环境与发展国际合作委员会. 生态环境风险管理研究，2015.

[13] 周桂田. 知识科学与不确定性——专家与科技系统的“无知”如何建构风险. 政治与社会哲学评论，2005（1）.

空气污染与社会稳定风险的诱发

刘　磊　李少爽*

一、引言

随着改革开放后快速的工业化、城市化和机动化，我国的空气质量逐渐恶化。近年来在传统煤烟型污染尚未得到有效控制的情况下，以PM2.5和臭氧为主的区域性复合型空气污染日益突出。《2016中国环境状况公报》显示，在全国338个地级及以上城市中，仅84个（24.9%）空气质量达标。而美国耶鲁大学发布的《2016年环境绩效指数报告》显示，在空气质量指标排名中，中国位列180个国家中的倒数第二，属空气污染的重灾区。

值得注意的是，环境污染目前已经成为我国继“征地拆迁”和“劳资矛盾”之后引起群体性事件最重要的原因①。据中国社会科学院法学

* 刘磊，四川大学公共管理学院副研究员，研究方向：环境与能源政策；李少爽，四川大学公共管理学院硕士研究生，研究方向：公共政策。

① 刘科，杨莹. 公共危机管理视域下的我国环境污染群体性事件分析. 环境保护与循环经济，2016（4）：14-18.

研究所发布的《中国法治发展报告 No. 12（2014）》，在所有万人以上的群体性事件中，有50%都是由环境污染所引发的。尽管环境群体性事件的发生往往涉及很多因素，在某些情况下环境污染甚至变成谋取经济利益的幌子，但不可否认的是，环境污染的负外部性是形成群体性事件的根源，是环境风险感知、放大直至演变成群体性冲突的逻辑起点。与可以通过合理分配利益解决的其他群体性事件不同的是，环境群体性事件直接涉及公民的健康权与生存权。因此，环境问题更易引起社会的不稳定，因为健康与生存更加触动民众敏感的神经。一旦面临较大的环境风险或发生环境污染事件，公众可以在短时间内达成共识，采取行动。

2015年中国环境状况公报显示，国家环保部热线2015年受理的1 145件举报中，涉及空气污染的有896件，达56.8%，在所有污染类型中占比最高。显然，随着近年来灰霾天气高发，公众环境健康意识的不断提高，以及新媒体发展带来的信息快速传播渠道使得空气污染已成为公众与社会舆论关注的焦点和不可忽视的社会稳定风险源。然而，目前针对社会稳定风险的研究主要集中于具体的重大工程和政策决策的评估，缺乏对社会问题可能存在的稳定风险的分析识别。本文在对空气污染影响社会稳定的风险因素进行识别的基础上，分析空气污染引发社会不稳定事件的演化机理，并提出相应的预防机制。

二、社会稳定风险

社会风险指一种导致社会冲突、危及社会稳定和社会秩序的可能性，更直接地说，社会风险意味着爆发社会危机的可能性①。美国政治社会学家亨廷顿认为，“现代性孕育着稳定，而现代化过程却滋生着动乱”②，指

① 熊光清. 当前中国社会风险形成的原因及其基本对策. 教学与研究，2006（7）：17-22；林兴发. 当前中国的社会风险及其治理. 云南行政学院学报，2008（1）：61-63.

② 亨廷顿. 变化社会中的政治秩序. 上海：上海三联书店，1992：38.

出发展中国家在现代化进程中普遍存在着稳定问题。德国社会学家贝克提出了“风险社会”理论，认为全球已进入风险社会，并从历史的角度，按不同的社会形态将社会风险划为三类：前工业社会的风险（自然力作用的结果）、工业社会早期的风险（资本原始积累的结果）和后工业社会时期的风险（科技进步的产物）①。中国正处于高速的现代化和工业化转型期，社会矛盾交错混杂，同时具有前工业社会、工业社会早期、后工业社会等时期的风险特性，即所谓的“风险共生”②。从 20 世纪 90 年代起，中国的群体性事件一直呈现快速增长态势。可以说，中国目前已进入“高风险社会”。

社会稳定是指社会各个系统之间以及系统的不同部分、不同层次之间在相互协调、相互促进的过程中呈现出的动态平衡。“社会稳定风险”一词来源于中国地方的治理实践。2005 年四川省遂宁市为了预防群体性事件，维护社会稳定，在国内首先建立并实施了“重大事项社会稳定风险评估机制”。这一制度随后被全国多地政府学习，并最终获得中央肯定，党的十八大提出“建立健全重大决策社会稳定风险评估机制”。同时，伴随着这一实践创新活动的推广，社会稳定风险在我国学术界迅速传播，成为研究热点。

作为一个新概念，在社会稳定风险的定义上，如表 1 所示，很多研究从不同角度进行了阐释。

表 1　　社会稳定风险的定义

来源	定义
陈静[a]	社会稳定风险即是指广义的社会风险，指由于经济、政治、文化等子系统对社会大系统的依赖，任何一个领域内的风险都会影响和波及整个社会，造成社会动荡和社会不安，成为社会风险。
周红云[b]	社会稳定风险意味着社会不稳定、社会失序或社会动荡的可能性，是破坏社会和谐的重要因素。

① 贝克．从工业社会到风险社会（上篇）．马克思主义与现实，2003（3）．

② 李忠，张涤新．转型期社会风险问题探析．贵州社会科学，2009（1）：61-66．

续前表

来源	定义
王莹[c]	社会稳定风险是社会风险的一种特定类型，既具有风险的一般特征又有自身的特性。并且两者之间存在转化关系，任何社会风险都有可能转化为社会稳定风险，社会风险的产生和积累一定会导致社会稳定风险的积聚。
杨芳勇[d]	社会稳定风险专指社会大系统中，经济、政治、文化等某个子系统内部因某个重大事项处置不当而引发公共冲突的风险。
冯周卓，黄震[e]	社会稳定风险是政治权威在未来受到损害的不确定性，“群体性事件”是其一般性表征。
张欢[f]	政府工作中的社会稳定风险特指可能引发群体性事件、大规模上访、大规模打砸抢烧事件、严重暴力犯罪事件以及骚乱暴动等严重影响社会秩序、破坏社会安定、影响社会团结、引发社会动荡的事件的不确定性。

注：a. 陈静．建立社会稳定风险评估机制探析．社会保障研究，2010（3）：97-102.

b. 周红云．公共财政视角下社会稳定风险防控机制研究．财政研究，2013（1）：18-21.

c. 王莹．邻避冲突的社会稳定风险生成逻辑．法制博览，2016（4）：97-99.

d. 杨芳勇．论社会燃烧理论在“重大事项”上的应用——重大事项社会稳定风险评估的理论基础与方法模型．中共浙江省委党校学报，2012（4）：106-111.

e. 冯周卓，黄震．原生与次生：社会稳定风险的分类与治理．北京师范大学学报（社会科学版），2014（5）：106-111.

f. 张欢．从评估到监测：社会稳定风险应对的新策略．四川大学学报（哲学社会科学版），2016（6）：13-19.

基于对社会稳定风险不同视角的理解，现有研究对社会稳定风险的来源也进行了辨析。从广义的角度，陈静、杨雄认为社会冲突、社会失范和社会分层是社会稳定风险的主要来源①。王彩元②、周红云等认为社会稳定风险来源于社会发展过程中的不确定性，表现在经济、社会、政治、生态、文化等领域。从狭义的角度，冯周卓与黄震、张欢等认为重大改革、重大决策、重大事项和重大工程中的政府行为是社会稳定风

① 杨雄．关于建立健全重大决策社会稳定风险评估机制的思考．毛泽东邓小平理论研究，2013（03）：25-31.

② 王彩元．21世纪初期影响我国社会稳定的因素分析．求索，2005（6）：92-94.

险的主要来源，即社会稳定风险的根源是公共政策本身。朱德米[①]则提出了政策缝隙概念，是指在对实质性利益调整或再分配的过程中，政策文本在时间、空间和不同社会群体之间出现了不一致的现象，而政策不一致即成为风险源。结合我国社会发展状况和文献资料，本文对我国当前的社会稳定风险因素进行了梳理，如表 2 所示。

表 2　　社会稳定风险因素

领域	风险因素
经济	重大工程项目建设、收入分配失衡、国企改制、征地拆迁、金融危机、劳资冲突、失业率增加、物价上涨、消费安全等
政治	官员腐败、重大公共政策出台、司法不公、大型公共工程、公共管理活动、国际政治关系恶化等
社会	贫富差距、社会纠纷、弱势群体、农村问题、宗教冲突、外来人口、特殊人群、社会管理滞后、生产安全事故等
生态	自然灾害、环境污染、生态恶化等
文化	文化冲突、媒体社会舆论等

总体来说，目前大多数的社会稳定风险研究还是关注对重大事项、重点项目和重大政策的风险评估，包括评估意义、评估主体、评估内容、评估方法、评估体系和机制、评估问题及对策等。这与国家出台相关政策以及规模大、投资大、影响大的建设项目特性都有直接关系[②]。如上所述，中国目前正处于经济社会转型时期，社会矛盾纷繁复杂，随着公民风险意识的提高和新媒体的发展，经济、技术、社会、环境等多方面的因素都有可能诱发社会不稳定，产生社会冲突和社会动乱。所以，仅仅关注重大事项和重大决策的社会稳定风险已经不能满足当前社会治理的需要。基于空气污染的负面影响以及我国当前的空气污染状况和舆论关注，分析空气污染社会稳定风险的来源和预防机制，对国家治

① 朱德米. 政策缝隙、风险源与社会稳定风险评估. 经济社会体制比较，2012（2）：170-177.

② 吴阳，董小林，赵佳红，等. 近十年中国社会稳定风险研究进路分析——基于 2006—2015 年 CNKI 文献. 学理论，2017（1）：68-71.

理能力现代化具有重大的现实意义。

三、空气污染的负面效应

从本质上来说，空气污染，特别是以 PM2.5 为主的灰霾污染对公众健康、社会经济和社会公平产生的负面影响是产生社会稳定风险的根源。

（一）空气污染的健康风险

越来越多的证据表明，空气污染会导致居民发病率和死亡率升高，预期寿命减少，特别是对于敏感人群如老人、儿童、孕妇及心肺疾病患者等影响更为严重。2015 年，空气污染导致全球 420 万人的过早死亡，相比十年前增长了 7.5%①。

空气污染对人群健康的影响既包括急性效应，如眼和喉部刺激、咳嗽、呼吸困难、皮疹、呼吸道感染、支气管炎等，也包括慢性效应，如引起呼吸系统疾病、心血管和免疫系统疾病，诱发肺癌、不良妊娠、神经系统疾病甚至是 DNA 氧化损伤等。孙惠乐、刘燕、梁晓梅②对 2003 年太原市中心医院日门诊数量和该医院坐落地区的空气质量进行了相关性检验，发现随着二氧化硫浓度的增加，呼吸科、急诊科和儿科门诊量呈现明显的增加趋势；随着总悬浮颗粒物浓度的增加，心血管科和其他科门诊量呈现明显的增加趋势。刘帅、宋国君③的研究显示，短期内当 PM2.5 日平均浓度上升 $10\mu g/m^3$，人群死亡率较基期水平上升 0.37%；在 PM2.5 日平均浓度较高地区（$\geqslant 75\mu g/m^3$），PM2.5 日平均浓度上升

① STACEY K. India Air Pollution Deaths Poised to Exceed China's. Financial Times, 2017-02-14.

② 孙惠乐，刘燕，梁晓梅. 空气污染对日门诊量的影响. 环境与健康杂志，2003（5）：289-291.

③ 刘帅，宋国君. PM 2.5 日平均浓度与死亡率“剂量—反应”关系 meta 分析. 中国公共卫生，2017（1）：14-17.

10μg/m³，人群死亡率较基期水平上升0.33%；在PM2.5日平均浓度较低地区（<75μg/m³），PM2.5日平均浓度上升10μg/m³，人群死亡率较基期水平上升0.50%。王德庆等①同样发现PM2.5浓度每升高10μg/m³，我国居民每日死亡率上升0.31%，其中呼吸系统疾病每日死亡率上升1.00%，心血管系统疾病每日死亡率上升0.50%。

据《世卫组织空气质量准则》估计，如果将目前许多发展中国家城市常见的年平均颗粒物浓度（PM10）从70μg/m³降到20μg/m³，则可使与空气污染有关的死亡减少约15%②。因此，该指南将PM10和PM2.5的年平均浓度指导值分别确定为20μg/m³和10μg/m³。而中国现阶段相应的污染物浓度是该标准的4～5倍。《2010年全球疾病负担评估》报告显示，室外空气污染导致2010年中国120万人早逝及超过2 500万的健康生命年损失。有学者估计我国每年因空气污染早逝的人数达到50万至100万③。还有学者④通过估算得出，中国每年因空气污染导致160万人早逝，占中国总死亡人数的17%。

（二）空气污染的心理影响

除了对物理机能造成损害，空气污染对居民的心理状态也有直接的负面影响。一方面，空气污染在视觉和呼吸等感官上造成的不快和人们对其健康风险的感知会导致压抑、悲观、焦虑等不良情绪的滋生，影响人们的心理健康，降低主观幸福感。有学者⑤利用涵盖我国25个省162个县的中国家庭追踪调查数据研究显示，空气污染增加了抑郁症的发病

---

① 王德庆，王宝庆，白志鹏．PM2.5污染与居民每日死亡率关系的Meta分析．环境与健康杂志，2012（6）：529－532.

② http://www.who.int/mediacentre/factsheets/fs313/en/.

③ CHEN Z，WANG J，MA G，et al. China tackles the health effects of air pollution. The Lancet，382（9909）.

④ ROHDE R A，MULLER R A. Air Pollution in China：Mapping of Concentrations and Sources. Plos One，2015，10（8）.

⑤ ZHANG X，ZHANG X B，CHEN X. Happiness in the air：How Does a Dirty Sky Affect Mental Health and Subjective Well-being?. Journal of Environmental Economics and Management，2017，85：81－94.

率，并降低了居民的主观幸福感，2007 年至 2014 年，空气污染的增长致使幸福感实际下降了 22.5%。黄永明与何凌云[①]利用中国综合社会调查数据也发现空气污染显著降低了居民的主观幸福感，居住在二氧化硫排放量、烟尘排放量以及建筑和拆迁扬尘产生量较高地区的居民更不幸福。另一方面，空气污染中的铅、汞、锰等会直接对神经系统、脑功能及认知功能造成损害，刺激和加剧心理抑郁的状态，增加抑郁症的患病率，甚至会提高自杀率[②]。

（三）空气污染的经济损失

空气污染的经济损失主要体现在两个方面：

第一，由空气污染产生的人体健康状况的下降、疾病和过早死亡导致劳动能力下降，使收入减少和人力资本贬值，医疗费用增加。例如，杨宏伟、宛悦、增井利彦[③]估算得到 2000 年我国空气污染的健康经济损失约占国内生产总值的 0.38‰。於方、过孝民、张衍燊等学者[④]估算得到 2004 年我国空气污染造成的健康经济损失为 1 703 亿～6 446 亿元，占 GDP 的 1.02%～6.0%。有学者[⑤]估算了中国 2007 年 30 个省份因空气污染引起的劳动能力下降造成的经济损失，结果表明空气污染对 7 200 万劳动力产生影响，造成直接和间接损失 346 亿元，约占全国 GDP 的 1.1%。穆泉和张世秋[⑥]评估了 2001—2013 年各省因

---

① 黄永明，何凌云. 城市化、环境污染与居民主观幸福感——来自中国的经验证据. 中国软科学，2013（12）：82-93.

② SHELTON R C，CLAIBORNE J，SIDORYK-WEGRZYNOWICZ M，et al. Altered Expression of Genes Involved in Inflammation and Apoptosis in Frontal Cortex in Major Depression. 2011，16（7）：751-762.

③ 杨宏伟，宛悦，增井利彦. 可计算一般均衡模型的建立及其在评价空气污染健康效应对国民经济影响中的应用. 环境与健康杂志，2005，22（3）：166-170.

④ 於方，过孝民，张衍燊，等. 2004 年中国大气污染造成的健康经济损失评估. 环境与健康杂志，2007（12）.

⑤ XIA Y，GUAN D，JIANG X，et al. Assessment of Socioeconomic Costs to China's Air Pollution. Atmospheric Environment，2016（139）：147-156.

⑥ 穆泉，张世秋. 中国 2001—2013 年 PM2.5 重污染的历史变化与健康影响的经济损失评估. 北京大学学报（自然科学版），2015（4）：694-706.

PM2.5重污染对人群健康的影响与相应的经济损失，结果表明2013年因重污染发生的比例急剧增大，引发的过早死亡总数是2012年的12.5倍，相应的健康经济损失为281亿元，占2001—2013年健康损失总和的54%。

第二，为了规避灰霾污染的负外部性，购买口罩、空气净化设备等防护用品，清洗粉尘灰垢等，增加了居民的生活成本。武康平、童健、储成君①发现无论居民是否关注环境问题，环境污染越严重，家庭消费支出越高。具体来说，环境污染程度每增加1个单位，会使不关注环境问题的家庭增加0.082个单位的消费，使关注环境问题的家庭增加0.126个单位的消费。李晨昕和李磊②对一些长时间、大范围灰霾污染的城市内的居民进行问卷及访谈发现，81%的居民认为灰霾直接导致了防护费用的增加，17%的居民认为清洁费用也有所增加。

（四）空气污染与社会公平

环境风险是否公正分配正日渐成为环境群体性事件发生的新动力。国外有关环境公正的研究表明种族和社会经济地位是影响环境风险分配的重要因素，有限环境资源的不公平分配增加了少数族群和穷人在环境污染中的暴露程度③。国内研究同样显示，社会经济地位、教育水平、收入水平、居住地区等都是影响环境风险分配的因素。

一般来说，在靠近空气污染源和经济发展水平落后不能提供充足环境公共服务的地区，人群面临着更大的健康风险。而在同一地区，由于社会经济地位的影响，不同人群暴露于空气污染中的机会也是不同的。收入水平高的人群有购买更高效的空气净化器和防霾口罩的经济能力和

---

① 武康平，童健，储成君．环境质量对居民幸福感的影响——从追求健康水平的消费动机出发．技术经济，2015（6）：95-105．

② 李晨昕，李磊．雾霾污染对城市居民消费支出的影响研究．管理观察，2014（30）：172-175．

③ BRULLE R J，PELLOW D N. Environmental Justice：Human Health and Environmental Inequalities. Annual Review of Public Health，2006（27）：103-124.

支付意愿①，在一定程度上可以减少空气污染的健康损害；而低收入人群则没有能力在空气污染预防方面花费太多，更容易受到空气污染的危害②。聂伟③对厦门垃圾处理的实证调查表明环境风险的分配遵循社会经济地位逻辑，风险分配和财富分配存在重合性。傅崇辉、王文军、汤健等④学者在深圳的调查也发现 PM2.5 健康风险在区域内具有空间动态的特点，不同人群面对 PM2.5 具有不同的健康风险，流动人口、贫困人口和非自有住房人口面对 PM2.5 健康风险时明显处于弱势。人口社会经济因素解释了 PM2.5 健康风险的 45%。

（五）公众对空气污染的风险认知

不论发达国家还是发展中国家，在环境风险中，公众都认为空气污染带来的风险较高⑤。而在我国，随着近年来污染范围广、持续时间长的灰霾重污染天气的频发，公众凭借主观感受以及从第三方获得的信息，愈发认识到空气污染问题的严峻性及其对人体健康的危害，从而引发恐慌和对政府的不满。一项对北京大学生的风险认知调查⑥发现，69%的被调查者认为空气污染风险很高，在环境风险管理中优先级仅次于水污染，同时大多数人认为政府针对空气污染的风险管理不到位。顾金土和谢花⑦在南京的调查发现，居民对灰霾不利影响的了解程度较高，

---

① 曾贤刚，谢芳，宗佺. 降低 PM2.5 健康风险的行为选择及支付意愿——以北京市居民为例. 中国人口资源与环境，2015（1）：127-133.

② ZHANG X，CHEN X. Happiness in the Air：How Does a Dirty Sky Affect Mental Health and Subjective Well-being?. Journal of Environmental Economics and Management，2017，85：81-94.

③ 聂伟. 社会经济地位与环境风险分配——基于厦门垃圾处理的实证研究. 中国地质大学学报（社会科学版），2013（4）：45-52.

④ 傅崇辉，王文军，汤健，等. PM2.5 健康风险的空间人口分布研究——以深圳为例. 中国软科学，2014（9）：78-91.

⑤ 朱可珺，徐建华. 城市大气污染的风险认知研究评述与展望. 北京大学学报（自然科学版），2014（5）.

⑥ ZHANG L，HE G，MOL A P J，et al. Public Perceptions of Environmental Risk in China. Journal of Risk Research，2013，16（2）：195-209.

⑦ 顾金土，谢花. 南京居民的雾霾风险认知及应对行为调查研究. 环境科学与管理，2015（3）：187-190.

并且认为政府应成为治霾行动主导力量。曾贤刚、谢芳、宗佺[①]在北京的调查表明 82.5%的居民认为北京市空气污染较为严重，52.4%的居民知道灰霾天气是由 PM2.5 引起的并认为其会给自己和家人的健康带来影响，而 92%的居民认为政府应该承担更多降低 PM2.5 健康风险的责任。而且，中国的公众在面对环境风险时，有较强的行动意愿和群体化行动倾向。刘岩和张金荣[②]在长春市的调查显示，当面临环境污染风险时，公众倾向于选择“向媒体反映”、“向环保组织反映”以及“联络更多的人，集体向政府施压”。

四、空气污染引起社会不稳定的演化机理

环境风险转化的典型表现是环境群体性事件，即由环境矛盾和纠纷所引发的人员大规模聚集进而产生妨碍公众秩序、影响社会治安甚至造成财产损失和人员伤亡等负面效应的事件[③]。近年来我国环境群体性事件呈现高发态势，已成为与“征地拆迁”和“劳资矛盾”并驾齐驱的引发群体性事件的三驾马车之一，而环境群体性事件的波及范围与对抗程度明显高于其他类型的群体性事件。由空气污染引发的群体性事件，如表 3 所示，近年来更是频繁发生。

表 3　近年来因空气污染引发的群体性事件（部分）

时间	地点及事件
2005	浙江东阳画水事件
2007	福建厦门 PX 事件
2008	浙江舟山定海和邦化工厂污染事件

① 曾贤刚，谢芳，宗佺．降低 PM2.5 健康风险的行为选择及支付意愿——以北京市居民为例．中国人口资源与环境，2015（1）：127-133.

② 刘岩，张金荣．风险社会公众面对环境风险的行动选择与应对．社会科学战线，2015（10）：184-192.

③ 华智亚．风险沟通与风险型环境群体性事件的应对．人文杂志，2014（5）：97-108.

续前表

时间	地点及事件
2009	广东广州番禺垃圾焚烧发电厂事件
2010	浙江桐乡汇泰科技公司环境污染事件
2011	广东汕头海门事件
2012	浙江宁波 PX 事件
2015	广东河源电厂二期火电项目事件
2015	广东深圳东部垃圾焚烧处理厂事件

环境风险与社会不稳定之间存在必然的逻辑关系，环境风险是环境群体性事件的源头，而社会危机则是环境群体事件造成的后果。环境风险到社会危机之间有一个转化过程，这种转化有自然转化和人为转化两种形式。自然转化过程中不存在人为因素的干扰，是一个自然的量变到质变的过程，与人的“不作为”相关；人为转化是由于人为因素或管理不善而造成恶性事件，与人的“不当作为”相关①。

无论是污染没有实际发生时的邻避型还是已经发生后导致的侵害型环境群体性事件，其实质都是一个风险的放大过程。风险的社会放大理论认为风险放大中包含两个机制：风险传递的信息机制和社会的反应机制。风险通过信息系统和风险信号放大站（个体和社会放大站）被放大，产生行为反应，形成风险放大的初级影响。行为反应转而可能导致超出原有风险事件的直接影响范围的次级影响。接下来，次级影响被社会群体和个体感知，产生了第三级影响。影响可能传播或“波及”其他方面，形成“涟漪效应”，涟漪的第一层包含直接受到影响的受害者，然后涉及下一个较高的制度层面，并可能达到其他有着类似问题的社会层面②。

当出现潜在的环境风险时，政府治理中公众参与的缺失导致公众只能在有限的风险信息获取能力和处理能力下，通过自身感受和第三方获取的信息进行风险判断，形成个体焦虑感并进行个体的理性抗争。

---

① 沈一兵. 从环境风险到社会危机的演化机理及其治理对策——以我国十起典型环境群体性事件为例. 华东理工大学学报（社会科学版），2015（6）：92-105.

② 刘晓亮，张广利. 从环境风险到群体性事件：一种“风险的社会放大”现象解析. 湖北社会科学，2013（12）：20-23.

随着社会舆论和媒体对环境风险进一步的报道、渲染和污名化形成次级影响，焦虑心理从个体扩散到群体，风险放大引起恐慌，导致风险行为的发生和强化，形成群体的理性抗争。在厦门PX事件中，两个重要的“社会放大站”——异地媒体与网络论坛，通过以独特阐释方式强调项目危害强度以及污名化、语境化最终导致了环境风险的放大和群众情绪的高涨。媒体介入程度、信息量、阐释风险的框架以及用来描述风险的符号、修辞与话语都对群体或个体的风险感知影响巨大①。

如果此时政府部门在与民众进行信息交互时，对公众的质疑和环境诉求依然不予回应，或者采取强硬的手段管控和压制舆论，就会导致风险认知过程和污名化过程在人群中加速传播，风险被再次放大。民众一旦构成反对的群体，理性的制度化利益表达就非常容易演变成《乌合之众》中所描述的群体不理性的状态②，加之“法不责众”的心理、“领袖人物”和传媒的引导以及焦点事件的推波助澜③，最终爆发群体性事件。

因此，环境问题对公民造成的损害及其可能性即环境风险，是环境群体性事件发生的根源，而公民对环境风险的感知及风险放大是环境群体性事件的逻辑起点。空气污染问题对健康、经济和公平的负面影响、民众的经验感受、网络新媒体的发展和社会团体的推动都可能对空气污染风险产生明显的放大作用，具备诱发环境群体性事件的基本条件④。而由于目前空气污染在中国的普遍性和严重性，这种群体性事件一旦爆发，其破坏力和影响力将是前所未有的。因此在当前，必须严控空气污染的社会稳定风险，防止风险进一步放大，避免引发社会不稳定事件。

---

① 邱鸿峰，熊慧. 环境风险社会放大的组织传播机制：回顾东山PX事件. 新闻与传播研究，2015（5）：46-57.

② 李修棋. 为权利而斗争：环境群体性事件的多视角解读. 江西社会科学，2013（11）：137-142.

③ 彭小兵，朱沁怡. 邻避效应向环境群体性事件转化的机理研究——以四川什邡事件为例. 上海行政学院学报，2014（6）：78-89；汪伟全. 风险放大、集体行动和政策博弈——环境类群体事件暴力抗争的演化路径研究. 公共管理学报，2015（1）：127-136.

④ 邓滢，汪明. 网络新媒体时代的舆情风险特征——以雾霾天气的社会涟漪效应为例. 中国软科学，2014（8）：61-69.

五、结论与建议

中国在过去近四十年高速的城市化、工业化和机动化过程中遗留下来的空气污染问题在近十年集中爆发。随着公众环境意识、风险意识和权利意识的提高以及信息化的快速发展，空气污染的负面效应，包括身体健康损失、心理健康损失、经济损失和社会公平损失都极易被迅速放大和转化，使之成为当前中国面临的重大社会稳定风险源之一。虽然风险爆发具有不可预见性和不确定性，其产生和转化也是一个不断累积的过程，但污染的负面效应始终是其发生的根本动因，因此要建立空气污染社会稳定风险的防范机制，必须从源头控制环境风险，疏解公众负面情绪，否则风险的集聚、蔓延和扩散最终一定会演变成为现实的社会危机①。

（一）强化空气污染治理措施

如果空气污染问题得不到解决，空气质量始终处于污染物超标状态，则其社会稳定风险无论大小会一直存在。因此，治理空气污染是预防其社会稳定风险的根本，必须以空气质量的改善来回应公民的环境诉求。首先，要提倡生态嵌入式政绩观，强化和落实以环境指标为重点的各级政府和领导干部政绩考核体系，完善生态问责制。其次，大力推进空气污染防治行动计划：调整经济结构，转变经济发展方式；优化能源结构，推动煤炭的清洁利用；强化环境执法，推动区域联防联治；严格工业和机动车污染防治，实行污染物总量和浓度双减排。

（二）完善空气质量监测和预警应急体系

持续的重污染天气非常容易引起社会舆论关注、公众恐慌以及对政

---

① 沈一兵．从环境风险到社会危机的演化机理及其治理对策——以我国十起典型环境群体性事件为例．华东理工大学学报（社会科学版），2015（6）：92-105.

府的不满情绪，是诱发社会稳定风险爆发的焦点事件，因此尤其要注意重污染天气期间的风险管理。一方面，通过对空气质量和污染源的实时监测，全面掌握污染物浓度变化，及时采取相应的削减措施，避免污染物过快累积形成重污染天气；另一方面，在对监测数据进行客观评估和分析的基础上，及时启动重污染天气的预警和应急机制，最大化地削减重污染天气的持续时间。

（三）畅通公众参与和诉求表达渠道

第一，拓宽环保投诉渠道，及时发现环境纠纷中存在的不稳定因素，快速处理公众反映的污染问题，把矛盾在初始阶段解决。第二，完善公民参与环境治理机制，提高政府透明度与公信力。在环境立法、决策和工程项目建设中，要把公民参与落到实处，保障公民的知情权、参与权和监督权。第三，完善公民环境权益的司法保障途径，形成有效的冲突解决机制，激励和培育社会组织参与环境公益诉讼。

（四）塑造风险沟通的新型合作关系

政府、媒体、社会团体与公民之间应建立一种新型的风险沟通合作关系，客观反映空气污染风险。一方面，政府应通过多种渠道及时进行信息公开，包括空气质量状况、空气污染的来源、危害的预防措施等，避免公众由于未知恐惧而对风险进行主观的随意放大。另一方面，基于广泛的社会渗透力和影响力，媒体和社会团体作为政府和公众沟通的桥梁，一方面应汇聚民意，及时表达民众诉求，另一方面应协助政府进行政策宣传，引导公众舆论，及时回应公众质疑和忧虑，实现有效的沟通。

参考文献

［1］刘科，杨莹．公共危机管理视域下的我国环境污染群体性事件分析．环境保护与循环经济，2016（4）．

［2］熊光清．当前中国社会风险形成的原因及其基本对策．教学与研究，2006（7）．

［3］林兴发．当前中国的社会风险及其治理．云南行政学院学报，2008（1）．

［4］亨廷顿．变化社会中的政治秩序．上海：上海三联书店，1992．

［5］贝克．从工业社会到风险社会（上篇）．马克思主义与现实，2003（3）．

［6］李忠，张涤新．转型期社会风险问题探析．贵州社会科学，2009（1）．

［7］化涛．转型期我国社会稳定风险的防范与治理．吉首大学学报（社会科学版），2014（1）．

［8］陈静．建立社会稳定风险评估机制探析．社会保障研究，2010（3）．

［9］周红云．公共财政视角下社会稳定风险防控机制研究．财政研究，2013（1）．

［10］王莹．邻避冲突的社会稳定风险生成逻辑．法制博览，2016（4）．

［11］杨芳勇．论社会燃烧理论在“重大事项”上的应用——重大事项社会稳定风险评估的理论基础与方法模型．中共浙江省委党校学报，2012（4）．

［12］冯周卓，黄震．原生与次生：社会稳定风险的分类与治理．北京师范大学学报（社会科学版），2014（5）．

［13］张欢．从评估到监测：社会稳定风险应对的新策略．四川大学学报（哲学社会科学版），2016（6）．

［14］杨雄．关于建立健全重大决策社会稳定风险评估机制的思考．毛泽东邓小平理论研究，2013（3）．

［15］王彩元．21世纪初期影响我国社会稳定的因素分析．求索，2005（6）．

第三篇
专门领域

基于天津滨海新区爆炸事件公众安全感的实证分析

杨　菁　许　玮*

一、引言

（一）研究背景

城市重大安全事故中，相较客观事件的处置，公众安全感的维护对危机应对的意义也非常重要。通过科学规划，公众安全感是可以被营造出来的。一个危机事件往往由“事的客观危机”和“人的主观危机”叠加而成，人的主观危机危害往往大于事的危机危害。天津港危险品爆炸、深圳泰裕工业园山体滑坡等重大安全事故所造成的心理恐惧将对市民安全感造成持续影响。危机来临时，公众面临的最大心理威胁是公众安全感的丧失。但为什么一些实际损害很小的事件会导致公众狂暴不安，而有致命可能的风险却没有引起人们足够的警觉？为什么同类型的

* 杨菁，教授，电子科技大学政治与公共管理学院，研究方向：危机管理、城市管理；许玮，硕士研究生，电子科技大学政治与公共管理学院，研究方向：公共管理。

危机事件在不同国家、不同地区对公众安全感造成的影响却截然不同?为什么一些事件中距离事发地较远地区的公众安全感相较事发地更低?这些问题说明公众安全感的形成既受客观条件影响，又受主观因素的影响。

（二）研究问题

危机环境中，公众面临的最大心理威胁是公众安全感的丧失。通过文献梳理和对危机事件的了解，假设安全事故灾难中危机事件情况、政府和媒体应对情况、个体应急能力、群体应急心理行为是影响突发事件背景下公众安全感的四个主要因素。笔者在经历过“天津滨海新区爆炸”的受影响的人群中随机抽取了 330 个样本展开问卷调查。通过探索性因子分析检验，四类因子聚合修正为四类，影响假设均得到验证；通过结构方程的模型检验，聚合的四类因素对突发事件背景中公众安全感丧失均有解释力，但是表现出了解释力强弱的差异；基于公众安全感的要素，进一步就四个因素对公众安全感的作用路径做出了解释。

本研究探索了公众安全感到底受哪些因素影响?城市重大安全事故中它是如何演变的?并据此尝试提出城市重大安全事故中公众安全感的营造机制和措施。

本研究在对已有的公众安全研究的基础上，设计了公众安全感的影响因素模型，通过问卷调查分析数据，基于 SPSS 软件分析各项数据之间的关系以及数据的特征，基于 AMOS 结构方程分析公众安全感的影响因素，并测量了各因素对于公众安全感的作用路径，据此设计出了突发事件中公众应急心理治理机制。

（三）研究方法

本研究主要采用了问卷调查法和文献分析法：

第一，问卷调查法。2016 年 10—11 月，作者于天津市受灾的两所学校中进行了问卷调查活动，共计发放问卷 330 份。最后，回收有效问卷 320 份（有效率为 96.9%），并运用数据处理软件 SPSS 进行分析。

进行问卷调查的两所学校是受爆炸影响比较大的两所高中，问卷调查对象以学生为主。高中生的受教育水平、行为认知能力、表达判断能力均符合问卷调查对象的要求，且具备一定的代表性。

第二，文献分析法。作者对中国知网上的相关论文进行了检索，分析梳理了研究现状，为研究的展开提供了理论支持。

二、文献回顾与理论评析

根据国内外学者研究，安全感是团体归属感和自我归属感①。本文提出的“公众安全感”是指公众在某种公共活动环境中体验到的归属感、确定控制感，以及对安全需要的满足。其中，归属感是指在公共危机压力下，公众由于受到社会其他成员的关怀、抚慰而形成的温暖和可依靠的主观体验。确定控制感是指在公共危机背景下，公众从主流信息渠道获得了及时、充分和一致的信息，从而对公共危机发生原因、过程和发展趋势形成的确定性认知和控制性体验。安全需要的满足是指公众在充分了解公共危机的发生发展状况的基础上，基于对社会救援系统和自身危机应对能力的评估而形成的有效应对危机的效能感和安全的主观体验。

（一）国内外研究综述

国外研究经历了两个阶段：第一，“危机管理”视角下的公众安全感。西蒙“有限理性”② 理论认为由于个体在记忆、思维、计算能力等方面的有限性，个体理性只是约束条件下的有限理性。第二，引入“风险感知”理论，以“危机沟通”模式审视公众安全感。1984 年美商联合碳化物公司的工业污染事故因信息发布迟缓引发恐慌，随即学者们展开

---

① 林荫茂. 公众安全感及指标体系的建构. 社会科学，2007（7）：61-68.

② SIMON H A. On How to Decide What to Do. The Bell Journal of Economics，1978，9（2）：494-507.

反思。科韦洛发现权威对风险的认定与公众对风险的感知大相径庭，公众对风险管理权威表现出极大的不信任，导致公众安全感被削弱，甚至引发恐慌①。美国学者森丁和马修认为公众安全感是“那些正在成为被害人的忧虑和关注的度”，潜在的被害人是他们研究安全感的对象，但他们也同意公众安全感是一种心理现象，这种心理现象表现为忧虑或者关注。美国学者洛伊丝·莫克的观点更加侧重安全感中的控制力，认为安全感是公民对正常秩序和社会控制下降的一种状态②。希尔斯强调危机沟通中“公共参与”的功能，提出公众应该是风险知识建构的主体，认为“公共参与”是以“危机治理”框架重构了危机沟通价值与目标③。雷恩进一步发现公共参与下“信任”是公众安全感营造的一个重要中介条件④。

近年来，国内关于危机事件背景下公众安全感的研究不断深入，理论界呈现出多学科交叉研究与创新的基本态势。在危机事件对社会心理影响方面。张岩、魏玖长在对危机事件的研究中，将危机事件对受害者的心理影响分为三个阶段：第一阶段是风险体验的形成；第二阶段是风险的心理认知；第三阶段是心理决策的行为实施和心理影响的扩散⑤。影响较大的公众安全感实证调查是公安部公共安全研究所 1988 年进行的研究，研究成果形成《你感觉安全吗?》一书。该课题组对公众安全感的定义是：公民对社会治安状况的主观感受和评价，是公民在一定时期内的社会生活中对人身、财产等合法权益受到或可能受到侵害和保护

---

① COVELLO V T，WINTERFELDT D，SLOVIC P. Communication Scientific Information about Health and Environmental Risks Problems and Opportunities from Social and Behavioral Perspective. New York：Plenum Press，1986.

② 杨梦婷. 重大自然灾害事件中的公众安全感影响因素研究. 西安：电子科技大学，2015.

③ HEALTH RL，NATHNA K. Public Relations and Crisis Communication：Organization and Chaos. Oxford：Handbook of Public Relations，2000.

④ RENN T W，LEVINE D. Credibility and Trust in Risk Communication. The Netherlands：Kluwer Academic Publishers，2012.

⑤ 张岩，魏玖长. 风险态度、风险认知和政府信赖——基于前景理论的突发状态下政府信息供给机制分析框架. 华中科技大学学报（社会科学版），2011，25（1）：53-59.

程度的综合心理状态①。孙多勇运用前景理论，从事件本身特征、个体特征和社会因素影响三方面构建了个体灾难恐惧感知的研究模型。

（二）综合评析

集合国外学者成果，从“风险感知”视角入手，以“信任”为基础，通过“危机沟通”的途径，营造公众安全感的思路，对中国危机应对有重要启示。国内学者开始注重城市重大安全事故中公众安全感问题的研究，但仍存在几个方面有待深入：（1）现有研究分析了危机事件对公众安全感的影响，但尚未完整解释不同危机事件对公众安全感的影响差异，以及同一危机事件对不同人群安全感的影响差异；（2）部分研究涉猎了公众安全感的影响因素，但尚未对影响因素的作用途径，以及这些因素影响下公众安全感如何演化等问题展开深入研究；（3）现有研究多致力于解释公众安全感的缺失如何影响了公众行为决策，但尚未对其造成的公众行为偏差提出全面、系统的应对机制和措施。

三、研究假设

（一）公众安全感影响模型的构建

《重大突发事件中公众安全感的影响因素及治理对策研究——基于4·20雅安地震公众安全感的实证分析》一文②中描述了自然灾害背景下，危机事件、政府和媒体应对、个体应急能力、群体应急心理行为是影响公众安全感的主要因素。在此基础上，我们假设在安全事故灾害中，危机事件情况、政府和媒体应对情况、个体应急能力、群体应急心理行为依旧是影响公众安全感最主要的四个因素。据此，我们构建了安

---

① 任轶群，魏玖长．公共危机事件公众关注度的影响因素分析．统计与决策，2010，2010（1）：67－70.

② 杨菁，杨梦婷．重大突发事件中公众安全感的影响因素及治理对策研究——基于4·20雅安地震公众安全感的实证分析．探索，2016（1）：172－179.

全事故灾害中，影响公众安全感的概念模型（见图1）。

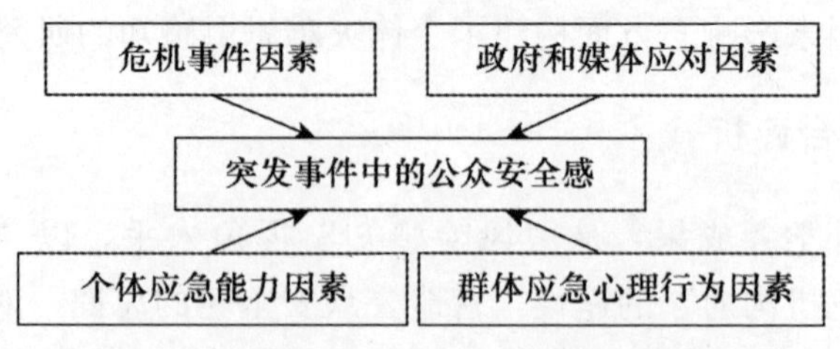

图1　突发事件下公众安全感影响因素模型

（二）研究假设

每个人与环境之间基本上都是处于一种动态平衡状态，当一个人面临着生活中巨大灾难的时候，会因为灾难超出了心理的承受能力而产生高度紧张、焦虑、悲观失望等一系列心理问题。由此假设：

假设1：突发事件中，危机事件的裂度、影响范围以及人员伤亡程度与公众安全感的水平呈负相关。危机事件严重程度越高，公众感受越不安全。

美国著名传播学家梅尔文·德弗勒提出的“媒介依赖论”指出，在社会发生重大变化但却情况不明时，民众常常急于通过政府及媒体了解事实真相，而且依赖性会明显增强。因而政府和媒体的及时预警和客观公正的报道有利于安定人心，防止事态的进一步恶化①。

假设2：突发事件中，政府和媒体对突发事件的应对能力与公众安全感呈正相关。政府媒体应对越及时和有效，公众感受越安全。

罗伯特·希斯提出FPC模型，认为个体的能力和熟悉度是构成有效危机反应的核心变量。个体能力越强，对危机的熟悉度越高，应对危机的效果就越好②。

假设3：突发事件中，个体的危机知识储备、风险偏好、心理素质与公众安全感呈正相关。个体对危机事件应急能力越强，感受越安全。

---

① 洛基奇，郑朱泳，王斌．从“媒介系统依赖”到“传播机体”——“媒介系统依赖论”发展回顾及新概念．国际新闻界，2004（2）：9-12.

② 希斯．危机管理．北京：中信出版社，2004.

根据已被广泛验证的“羊群行为”理论，个体在危机状态下往往会受到他人行为策略的影响而采取相同的行为策略，就是说个体的行为选择是对大众的模仿或者过度依赖舆论，而不是基于自己掌握的信息，往往会产生从众行为。由此本文假设：

假设 4：突发事件中，周围群体的心理和行为与公众安全感呈正相关。群体应急心理行为越稳定，公众感受越安全。

四、研究方法与工具

（一）量表

本研究采用问卷调查法收集数据，在受到“8·12”天津滨海新区爆炸影响的人群中随机抽取被试。问卷分为三部分，第一部分是对公众安全感的测量，让被试者对自己的安全感进行打分；第二部分是对突发事件中公众安全感的测量；第三部分是针对假设的五个影响因素的调查，经因素分析和项目分析，最后形成包含 20 个题项的正式量表。

（二）描述性统计分析

本次调查共发放 330 份问卷，回收 320 份，问卷回收率为 96.9%，在剔除不合格的问卷后，有效问卷为 305 份，问卷有效率为 95.3%。

（三）内部一致性检验

针对问卷的第三部分，利用 SPSS 软件对样本进行了内部一致性统计分析，如表 1 所示。

表 1　　内部一致性分析结果

克朗巴哈 α 系数	基于标准化项目的克朗巴哈 α 系数	项目个数
0.839	0.837	20

结果显示克朗巴哈 α 系数为 0.839，证明了设计的问卷具有较好的内部一致性，说明问卷设计的科学性良好。

五、结果

（一）性别对公众安全感的影响分析

在本次问卷调查中，我们从性别方面调查了受访者在人口统计学上的特征。

利用 SPSS 软件的“Independent-samples T test”，我们分析了性别对于安全感的影响，结果如表 2 所示。在第一部分莱文方差齐性检验中，$F=0.041$，$p=0.084>0.05$，方差是齐的。在第二部分 T 检验中，$t=2.585$，$p=0.010<0.05$，两个样本的平均数差异是显著的。

T 检验结果显示，爆炸事件发生后公众安全感受在性别因素上影响显著，其中，男性的安全感要明显高于女性的安全感。这可能是由于男女本身的成长环境或者生理差异，这也说明，在进行灾后救援中，我们需要对女性进行重点关注和救助。

表 2　　性别因素 T 检验结果

安全感指数	方程方差 Levene 检验		均值方程的 T 检验						
	F	显著性	T	df	显著性（双侧）	均值差值	标准误差值	差分 95%置信区间	
								下限	上限
建设方差相等	0.041	0.841	2.585	314	0.01	0.609	0.236	0.146	1.073
建设方差不相等	0	0	2.569	298.915	0.011	0.609	0.237	0.143	1.076

（二）探索性因素分析

利用 SPSS 软件对样本进行探索性因素分析，V13 至 V32 是问卷中 4 个影响因素的相应题项。其中，V13 至 V15 对应危机事件因素，V16

至 V23 对应政府和媒体应对，V24 至 V27 对应个体应急能力，V28 至 V32 则对应群体应急心理与行为。

探索性因素分析结果显示，影响因素主要聚合在四个方面，和论文的假设一致。其中，由于群体应急心理能力在探索性分析中聚合得有些分散，在对相应题项进行分析解释后，我们删除了两个题项（V23，V31），重新对题项进行探索性因素分析，四个因素聚合效果良好，如表 3 所示。

表 3　　探索性因素分析结果

题项	元件			
	1	2	3	4
V13				0.852
V14				0.777
V15				0.619
V16	0.778			
V17	0.822			
V18	0.775			
V19	0.747			
V20	0.674			
V21	0.725			
V22	0.687			
V24			0.646	
V25			0.479	
V26			0.63	
V27			0.781	
V28		0.641		
V29		0.508		
V30		0.68		
V32		0.73		

注：提取方法：主体元件分析。
转轴方法：具有 Kaiser 正规化的最大变异法。

（三）公众安全感影响因素模型检验

基于如上聚合的四因素，本文采用 Amos 软件进行结构方程模型检验，各指标均达到预期，如图 2 所示。可见，四个因素对公众安全感影响具有较强解释力。

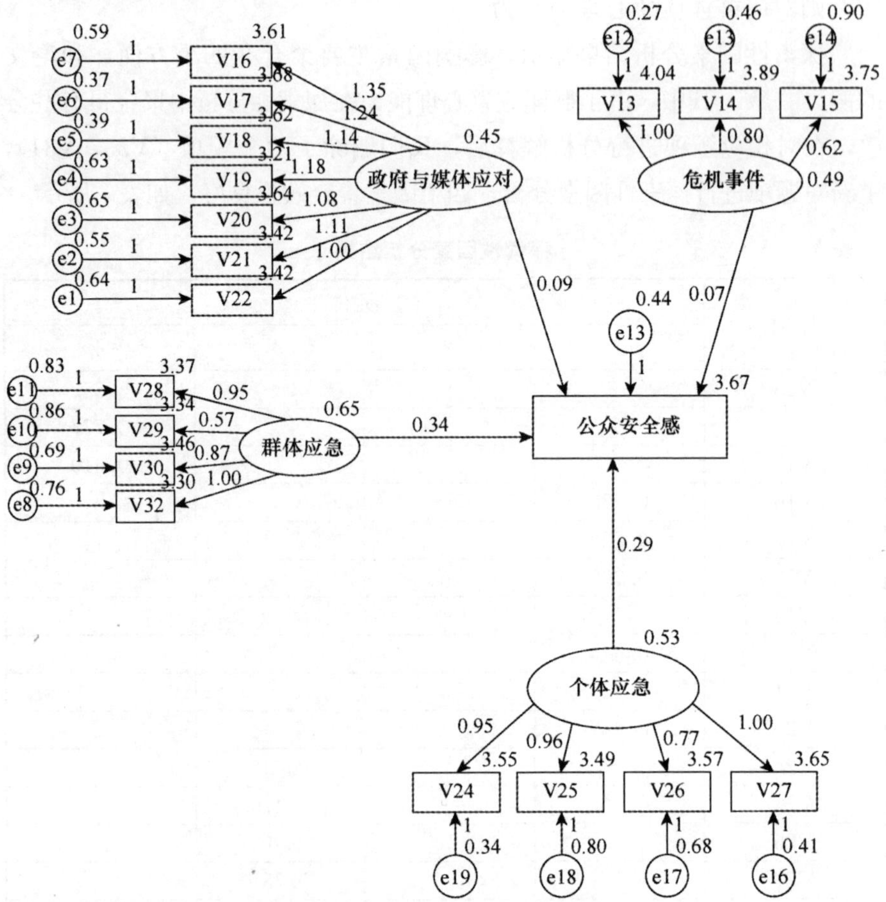

图 2　公众安全感影响因素模型

其中，只有危机事件的影响对公众安全感的影响数值为负值，说明危机事件因素与公众安全感呈负相关关系，其余三个因素均对公众安全感有正向影响。与最初设计的五个假设相较，政府信任与媒体应对聚合为一个影响因素。同时，根据图中各因素对公众安全感影响的数值大小，可以看到，群体应急心理行为状况对公众安全感的影响最大，其次分别是个人危机应急能力、政府媒体应对能力，危机事件严重程度的影响相对最小。

（四）公众安全感结构维度的探索性因素分析检验

我们把公众安全感的结构维度划分为归属感、确定控制感以及安全感三个维度。用 SPSS 对此进行探索性因素分析进行检验，结果如表 4 所示：

表 4　　公众安全感结构维度探索性因素分析

题项	旋转成分矩阵		
	1	2	3
V3	0.708		
V4	0.841		
V5	0.777		
V6	0.557		
V7		0.608	
V8		0.860	
V9		0.815	
V10			0.752
V11			0.730
V12			0.800

我们可以看到问卷的十个题项较好地聚合在了三类上，系数达到统计要求。通过对题项的分析，我们可以看到 V3、V4、V5、V6 聚合为第一个维度，V7、V8、V9 聚合为第二个维度，V10、V11、V12 聚合为第三个维度。这与问卷编制的设想是一致的，问卷结构较为明确。按照问卷设计，我们把第一个维度归纳为归属感，第二个维度归纳为生活安全感，第三个维度归纳为确定控制感。

（五）公众安全感影响因素对安全感的作用途径

在确定了公众安全感影响因素模型的基础上，对每一个因素是如何作用于公众安全感的问题，我们通过分析影响因素对安全感结构要素的作用机制展开进一步探索。

1. 公众安全感影响因素对归属感的作用路径

首先对公众安全感各影响因素对公众安全感结构要素——“归属

感”的作用路径做结构方程模型检验，结果如图 3 所示。

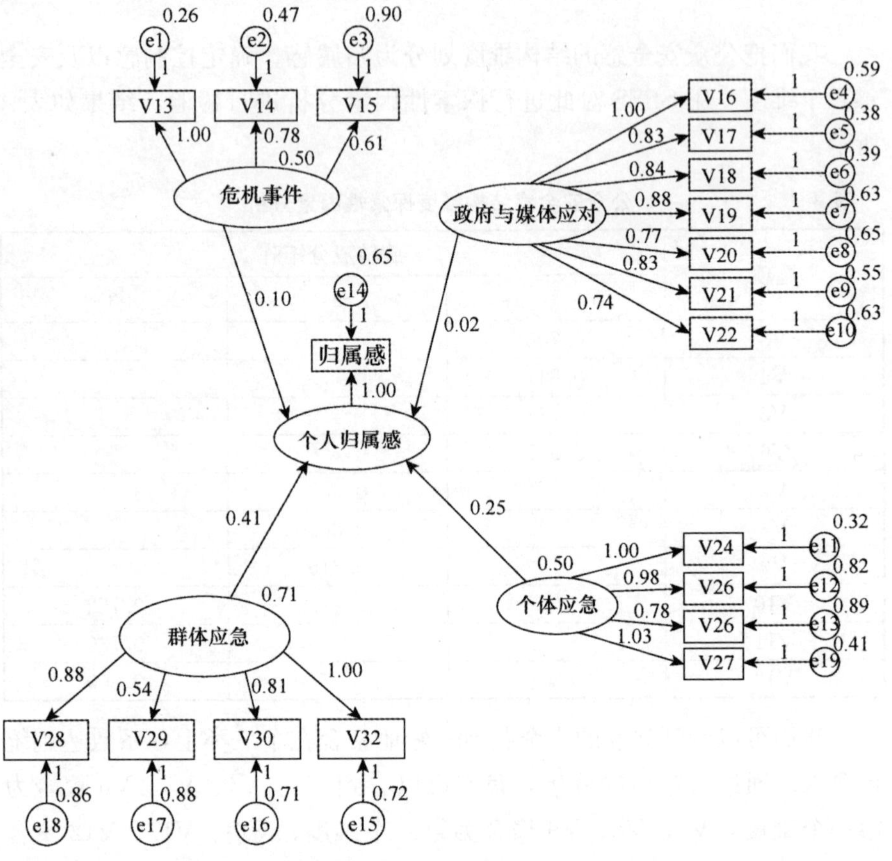

图 3　公众安全感影响因素对归属感的作用模型

结果显示：群体应急心理行为对个人归属感的作用影响最强，个体应急能力影响次之，政府与媒体的应对影响最弱。该结果可能受到安全事故本身特点的影响。作为一起由于人为原因导致的事故灾害，灾难发生时，政府和媒体的公信力在公众的心中有一定下降。公众对身边的群体如何应对灾害产生了更多的依赖，身边群体的理性行为和有效的应对措施会让公众有一种“组织归属感”。伴随着网络新媒体的发展，如何有效应对灾难的知识得到了越来越多的普及，群体的整体应急能力也在提升，这是与现实情况相吻合的。

2．公众安全感影响因素对安全需要的作用路径

对公众安全感各影响因素对公众安全感结构要素二“安全需要”的作用路径做结构方程模型检验，如图 4 所示。

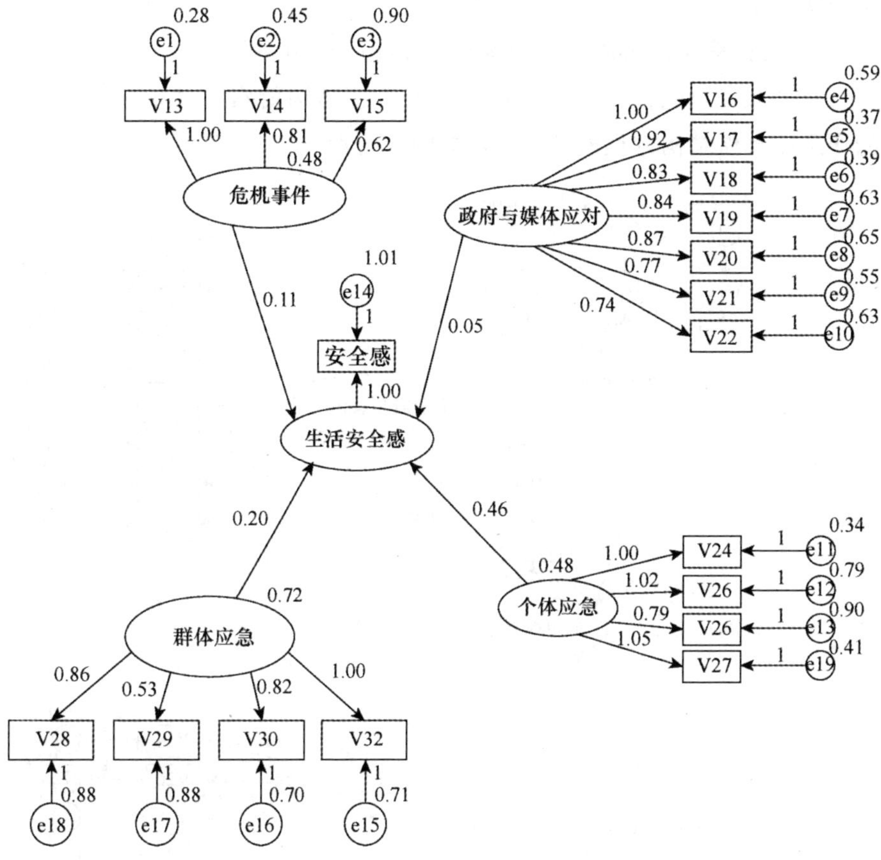

图 4　公众安全感影响因素对生活安全感的作用模型

结果显示：个体应急能力因素是影响安全需要最主要的因素，其次是群体应急能力和政府与媒体应对。个体人格特征、危机应急知识和临场反应都千差万别，而安全需要是一个人对生活安全的最基本体验。一个人面对危机事件的应急能力可以直接影响到他的安全感。虽然个体特点难以控制，但是可以通过加强对个体危机知识教育、提高个体危机应对能力等途径保证个体在面临重大突发事件时，可以最大限度保持理

性，并通过有效应急将伤亡损失降到最低。一旦个体清晰了解灾难当下应该采取的有效应急避难措施，便可以最大限度地提升安全感指数。同时，结果也显示突发事件中周围人群应急心理与行为也会很大程度地影响个体安全体验。

3. 公众安全感影响因素对确定控制感的作用路径

对公众安全感各影响因素对公众安全感结构要素三“确定控制感”的作用路径做结构方程模型检验，如图 5 所示。

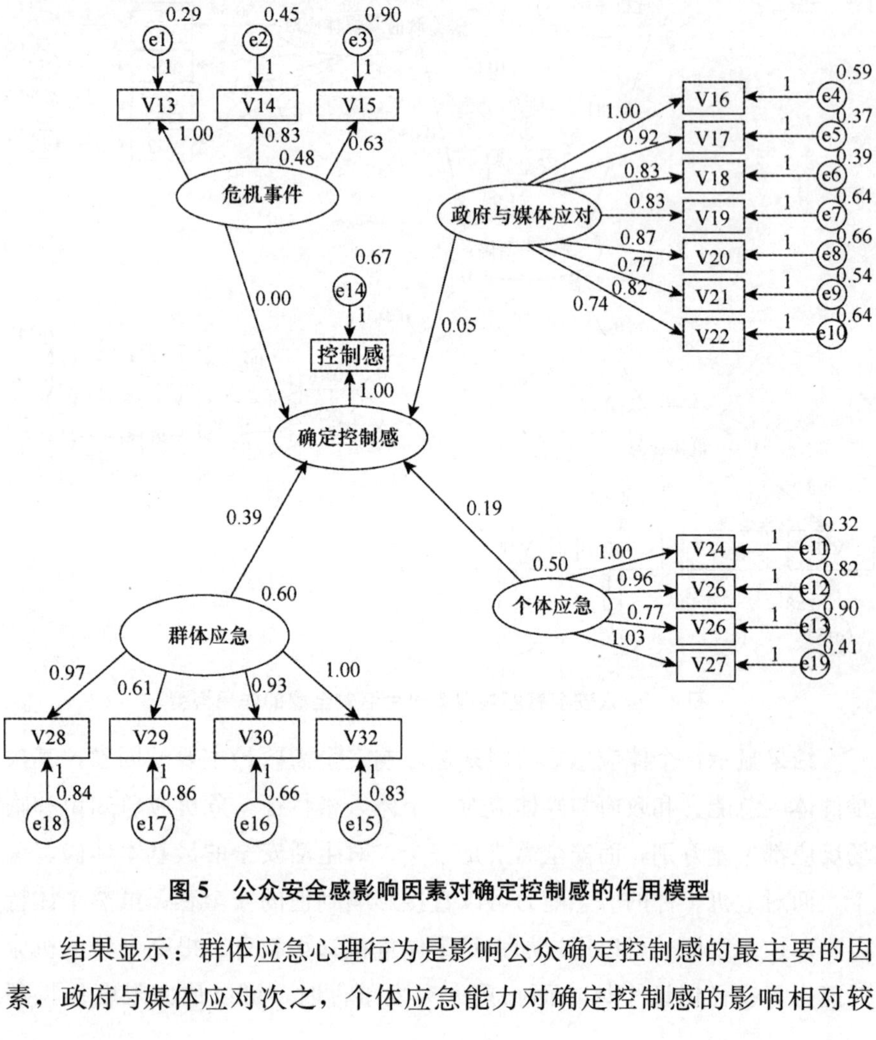

图 5　公众安全感影响因素对确定控制感的作用模型

结果显示：群体应急心理行为是影响公众确定控制感的最主要的因素，政府与媒体应对次之，个体应急能力对确定控制感的影响相对较小。群体应急行为可以给个体行为提供示范和引导，在安全事故灾难中，理性、有效的群体应急行为可以增强个人的确定控制感。在这个作用模型中，政府与媒体应对影响也较大，这是因为获得充分、正确和及时信息是增强确定控制感的关键。在我国，政府与媒体有能力掌握着突发事件系统信息，将真实信息充分、及时、准确传递给公众，让他们得到完全的信息，是提高公众确定控制感的有效途径。

六、对策思考

重大突发事件下，公众面临的最大问题是公众安全感的丧失，由于安全感是一个主观认知的概念，很大程度上受到自我心理的影响，因此，我们可以通过一定的手段和方式对安全感进行影响，从而提升灾难救助的效果。

危机事件发生时，营造公众安全感是应急心理治理的出发点，对公众安全感的影响因素和影响程度的测定为我们营造社会危机心理治理对策体系提供了依据和方向。本研究从以下三个方面来构建社会危机心理治理对策体系。

（一）提升群体应急能力的营造对策

在对公众安全感影响因素的测量中，群体应急能力对公众安全感产生的影响最大。个体的行为受到外在因素和群体行为的综合影响，个体行为很容易模仿群体行为，危机事件背景下，群体应急行为是否有效、合理将直接对个体的心理安全感产生影响。因此，提升群体应急能力十分必要。

通过总结日本、美国等国家危机防范体系的成功经验，我们可以发现危机演习训练发挥着不容小觑的作用。只有在灾难来临前，有目的地进行防灾演习，当灾难来临时，大家才能做到临危不乱，有序撤离，最大限度地减少人员伤亡。从汶川地震等突发事件中，我们也可以看到正是因为疏于演习，人们在面临危机事件时，迅速陷入恐慌情绪，不能高效地逃生。因此，不论是学校还是公共组织、社区，都应该有计划性地组织应急逃生演习，提高公众的危机应对能力。

此外，还可以通过培训应急专业人员、志愿者，在灾难发生的第一时间，提供救助。当然，我国的危机教育法律和制度保障也应刻不容缓地提上日程。

（二）完善危机确定感的营造对策

政府和媒体应对是影响公众安全感的关键因素，媒体对危机事件的非科学报道以及政府应急措施的滞后，会导致公众安全感的降低，进而导致公众的恐慌情绪被放大。政府和媒体应及时发挥“信息传送”的作用，在信息不对称的情况下提升公众的确定感。政府部门的应急措施配合媒体的信息发布和舆论导向，保证信息的及时、充分和准确可以增强公众的危机确定感。

政府在自然灾害救援中，不应仅仅关注突发事件本身的处置，也应该采取有效措施为公众营造安全感。需要构建以应急能力建设为核心的社会危机心理治理机制，发挥媒体在抑制心理危机扩散和危机心理干预中的作用以及培养公众的理性判断能力和危机意识教育，将社会心理影响限制在可控的范围内是政府进行应急管理所要实现的目标之一。

（三）重视事态控制感的营造对策

本研究也验证了危机事件本身的性质、烈度等对公众应急心理产生影响的假设。公众面对危机事件时的恐慌是安全感丧失的重要原因。事态控制感的营造要致力于让公众知晓危机发生后该如何应对。加强整个社会的全民危机教育，使人们在面对整个危机事件时保持理性、有序，应成为风险社会下公众应急心理治理的重要议题。应全力构建政府—媒体—社会组织—公众四位一体的全民危机教育体系，设计各类事态下公众最佳避险行动方案的诊断措施、宣传措施和指导措施。

危机教育大致可以分为危机意识教育、危机知识教育、危机技能教育和危机心理教育，具体内容应涵盖整个危机前后。只有学校、政府、社会、家庭统一起来，才能为我国公民构建一套完整的危机教育体系。学校危机教育应涵盖在不同阶段、不同层次，通过不同形式的教育让公众掌握危机应对知识。政府可以通过建立危机教育基地、灾难纪念馆来提高公众的危机防范意识。家庭必要的生存教育、急救教育对我们的危机防范意识的提高无疑是很重要的。此外，整个社会也应该通过多种手段，利用媒体、互联网，积极宣传防灾减灾知识，营造全社会的一种良好危机防范氛围。只有公众学习应急知识，提高防范意识，在面临突发自然灾害事件时，才可以采取正确的避难措施，最大限度地减少损失，保持公众理性，这可以大大降低自然灾害事件带来的伤亡率。

本研究对安全事故灾害事件中影响公众安全感的因素做了分析，但是在自然灾害事件处置的不同阶段，公众安全感是否会有时间节点上的演变规律？此外，本文针对的是安全事故灾害事件，对于公共卫生事件、社会安全事件、自然灾难等不同类型的突发公共事件，公众安全感是否会呈现不同的特点？这需要进一步研究。在营造安全感的措施研究上，信息沟通机制的建立、信任维护机制的建立都是需要进一步研究的问题。

参考文献

[1] 林荫茂. 公众安全感及指标体系的建构. 社会科学，2007 (7)：61-68.

[2] SIMON H A. On How to Decide What to Do. The Bell Journal of Economics，1978，9 (2).

[3] COVELLO V T，WINTERFELDT D，SLOVIC P. Communication Scientific Information about Health and Environmental Risks Problems and Opportunities from Social and Behavioral Perspective. New York：Plenum Press，1986.

[4] 杨梦婷. 重大自然灾害事件中的公众安全感影响因素研究. 西

安：电子科技大学，2015.

［5］张岩，魏玖长．风险态度、风险认知和政府信赖——基于前景理论的突发状态下政府信息供给机制分析框架．华中科技大学学报（社会科学版），2011，25（1）.

［6］任轶群，魏玖长．公共危机事件公众关注度的影响因素分析．统计与决策，2010（1）.

［7］杨菁，杨梦婷．重大突发事件中公众安全感的影响因素及治理对策研究——基于4·20雅安地震公众安全感的实证分析．探索，2016（1）.

［8］HEALTH R L，NATHAN K. Public Relation's Role in Risk Communication Information. Rhetoric and Power Public Relations Quarter，2003，68（3）.

［9］HEALTH RL，NATHNA K. Public Relations and Crisis Communication：Organization and Chaos. Oxford：Handbook of Public Relations，2000.

征收地冲突与征地制度完善

刘 锐 刘 璇*

一、问题提出

土地征用的实质是土地利益的再分配，它涉及中央政府、地方政府、村集体、农民、资本等利益主体。单从权力比较及利益分配结果看，城乡结合部的农民处于弱势地位，权益容易受侵害。多数研究从被征地农民的补偿费用过低、资金落实不到位、就业安置无着落等方面分析演绎现行征地制度的种种问题，相关研究主要集中在三个方面：

一是对征地制度的总体认识。学界主流观点认为，征地制度对改革开放30年来经济高速增长及城市化进程起着举足轻重的作用，正是低成本供地带来的招商引资助推出高速的工业化发展。不过，在对当前征地制度利弊的判断方面，相关研究出现分歧。一种观点认为，以征地制度为核心的土地制度存在着根本缺陷，只有改革征地制度及土地政策，

* 刘锐，四川大学公共管理学院行政管理系副研究员，研究方向：土地问题与基层治理；刘璇，女，四川大学公共管理学院行政管理系研究生，研究方向：地方政府管理。

才能奠定国家长期发展的可靠基础[①]。另一种观点认为，现行的征地制度有缺陷，是需要修补和完善的，不过总体来说仍是利大于弊，待中国步入中等收入国家行列，再大刀阔斧地进行改革也不迟[②]。

二是对政府征地冲突的分析。一般认为，政府征地范围过于宽泛，部分公益性和经营性建设用地补偿项目窄，补偿标准低，侵害了农民的财产权，失地农民增多[③]。而上级政府对征地行为约束的缺乏，造成地方政府获取大量增值收益，激发了地方政府盲目征地的冲动，征地冲突随之越发剧烈和频繁[④]。据有关数据统计，目前全国 1/3 的农民上访与土地问题相关联，其中 60%左右的问题是直接由征地矛盾引起的[⑤]。有学者判定，现行征地制度的不合理导致官民冲突加剧，政治社会不稳定，已演化为严重的社会问题[⑥]。

三是对化解征地冲突的设想。相关研究认为，征地冲突不减反增，主要是由于集体土地的产权残缺失，政府垄断土地一级市场，公共利益范围界定不清，地方唯 GDP 主义的败德行为[⑦]。相关研究围绕征地程序、补偿方式、补偿标准，表现出三种讨论倾向，一是认为政府应保护农民的土地财产权，而不应参与土地增值收益分配，它有赖于规范政府征地行为、转变政府的角色职能[⑧]。二是认为应该系统解决征地问题，

---

① 刘守英，周飞舟，邵挺．土地制度改革与转变发展方式．北京：中国发展出版社，2012：1-10；周其仁．还权赋能：奠定长期发展的可靠基础．北京：北京大学出版社，2009：45-47.

② 贺雪峰．中国土地制度的宪法秩序//郑凌志．中国土地政策蓝皮书（2012）．北京：中国社会科学出版社，2013：275-282；赵燕青．关于土地财政的几个说明．北京规划建设，2011（1）.

③ 朱道林．现行征地补偿制度的五大误区．国土资源，2004（6）；吴瑞君，苟滢华．征地农民合理补偿的可能途径及可行性分析——以上海市为例．中国人口·资源与环境，2004（2）.

④ 王小映，贺明玉，高永．我国农地转用中的土地收益分配实证研究——基于昆山、桐城、新都三地的抽样调查分析．管理世界，2003（5）.

⑤ 吴利生．论土地征用制度的缺陷及改革．中共杭州市委党校学报，2002（4）.

⑥ 张曙光．博弈：地权的细分、实施和保护．北京：社会科学文献出版社，2011：17-19；汪晖，黄祖辉．公共利益、征地范围与公平补偿——从两个土地投机案例谈起．经济学（季刊），2004（4）.

⑦ 蔡继明，苏俊霞．中国征地制度改革的三重效应．社会科学，2006（7）；郝晋珉，任浩．土地征用制度中农民权益损害的分析．公共管理学报，2004（2）.

⑧ 黄小虎．防止片面追求政府地租收入最大化．中国经济时报，2003-01-01.

即修改《土地管理法》和《物权法》等法律政策，允许农村建设用地的流转和交易①。三是认为应该完善征地制度，改进补偿方式，规范征地程序，实现征地的合法、有效与安全目标②。

已有研究全面论述政府征地问题及解决方案，我们可以感受到转型期土地问题的复杂性，但它还不是对征地制度的完全分析。且多数研究浮泛地讨论征地冲突危害，对征地主体——“政府”的分析言语不详或点到为止，不考察央地关系下地方政府的行动逻辑，不考察政府征地的整个过程及长期效益，只是将征地简化为多个主体争利行为，忽略了政府征地本身的公共性及社会性。其次，相关研究对“土地”的要素属性缺乏常识，只从产权的角度认识土地资源，“土地非农开发权补偿”论及“农地资源价值补偿”③ 论成为分析的起点，造成“涨价归农”及保护农民财产权的判断，既不符合占全国95％的农村土地现实，也与土地性质及土地增值实质相去甚远。三是在不少研究者心中，农民是铁板一块的弱势群体，正是政府工作的粗暴及大肆攫取利益引发冲突，不考察城郊与一般农村农民的差异及农民群体已剧烈分化的事实，易带来认识和判断上的误区。

鉴于相关研究对征地制度问题认识不到位，对失地农民的困境进行表面化考察，本研究试图重新理清征地制度相关的逻辑，理解征地中的官民互动逻辑，尝试提出完善征地制度的若干建议。

二、征地制度相关原则辨析

(一) 征地冲突与“公共利益”

学界主流认为，国家为了公共利益，在一定范围内征收土地是必要

① 高圣平，刘守英. 集体建设用地进入市场：现实与法律困境. 管理世界，2007（3）.

② 程洁. 土地征收征用中的程序失范与重构. 法学研究，2006（1）.

③ 周诚. “涨价归农”还是“涨价归公”. 中国改革，2006（1）.

的，经济建设的不断发展也需要征收土地，问题在于“公共利益”的内涵和外延难以确定。如周其仁说，那些具有外部性的活动，或者为了避税而选择的“非盈利”安排是否属于公益范围，很难得到一致意见①。对“公共利益”相对于“非公共利益”做出泾渭分明的区分并讨论，主要原因有二：一是我国《宪法》明确规定，“国家为了公共利益的需要，可以依照法律规定对土地实行征收或者征用并给予补偿”，这意味着如果超出公共目的范围征地，不仅没有合法性基础，而且会带来地方政府权力寻租问题；二是政府滥用权力占用耕地，剥夺了农民的财产权和劳动权，会带来征地冲突和因失地产生的其他问题。因此，有些研究认为，应该逐步缩小征地范围，列出一个具体、完整的公共利益清单，或加入“征地按市价补偿”的新原则②。

上述观点将政府征地当作单纯的组织行为，因此考察政府征地的公共性与商业性，立论逻辑无可厚非。但现实地讲，地方政府获得土地增值收益，最终会以公共财政造福社会，不能因少数违法违规事件，或者少数官员的贪污腐化，就否定政府征地本身的合理性，土地财政公益性不能被抹杀。短期来看，政府花费不少资金搞基础设施建设，盖大广场，修大马路③，未不能有利于农民福利的提高。但长期来看，正是得益于基础设施的完善，产生了大部分的外溢收益，如吸引工业企业落户，才能推动地方发展，增加地方政府收入，因而可以更好地为人民服务。局部地看，政府低价拿地，高价卖地，推动房价上涨，土地财政罪过不小。整体地看，政府征来的土地除商业用地，还有工业用地、公共事业用地，商业用地所占比重并不大④。土地财政并不是被

---

① 周其仁．农地产权与征地制度——中国城市化面临的重大选择．经济学（季刊），2004（4）．

② 韩俊．中国农村土地问题调查．上海：上海远东出版社，2009：27-28．

③ 政府盖大楼不在讨论之列，盖大楼仅为政府服务，较少公益性。

④ 周飞舟统计调查的欠发达地区长安区，过去三年里的土地出让金收入，分别只占政府全部收入的 3.8％、0.2％、7.1％，而在发达地区的绍兴县，在总收入的增量部分，土地税收的贡献率分别是 109.9％和 71.3％，即地主财政收入的增长是靠土地收入增长带动。具体数据参见：周飞舟．生财有道：土地开发和转让中的政府和农民．社会学研究，2007（1）．

地方政府挥霍或私吞掉，而是通过出卖经营性用地获得土地出让金，然后将它拿来补贴工业用地，形成优惠政策，招商引资、补贴企业，企业发展又带来可持续税收和就业，从而推动城市化及农民福利的提高。

当前征地冲突频发的政府原因，来源于地方政府违规违法操作，利用权力寻租、中饱私囊，是具体的执行机制及监督问题。如果缩小征地范围，只允许政府征公益性项目用地，公共利益本身无法界定、难以操作不说，农民在征地中的大获其利，并不能消除政府征地冲突。农民作为理性经济人，有追求土地利益的动力。农民因获得更大的土地权利，在征地博弈中占据有利位置，会步步紧逼提出更高要求，征地博弈会更加激烈难调。以笔者调查的广东东莞城郊石村为例。当地政府于 2012 年征地，理由是建镇消防大楼。按照程序，石村村民代表要签字，且同意者要达到 70%。有几个村民代表说，建消防大楼是为了维护安全，石村村民当然愿意，毕竟周边那么多厂房，多少是有风险的。但是，消防大楼建好是全镇受益，被征收土地的面积应该按人头平摊。该代表的说法，表面看来有道理，实际用意是自己的地不想被征。毕竟，相较于 6 万元/亩的征地价格，若将土地出租给工厂收租，所得收益会更多。该提议得到多数代表的附和，其他村出于类似想法也不同意。无论政府如何做工作，各村都有不同意见。政府试图实施强拆，却引起了激烈的反抗，建消防大楼的事就此搁置。后来，政府建广场，又去做工作，石村直接说，没地了。政府当然清楚石村人的想法，对石村以地招租的违规方案，严格按照省市制度审批，无法出租后，石村部分土地因此荒芜。

征地问题的实质是土地增值收益的分配，它涉及中央—地方—农民的关系。在现有的分税制下，主要税收的“大头”由中央掌握，地方政府要获得公共财政，就要依靠土地增值收益。在政治锦标赛体制下，地方政府要经营城市、发展经济，就要有政策和低价出租土地的优势，以吸引大企业落户于此，从而促进工业化、城市化发展。因为有了土地财政，地方政府可以不依赖中央财政，且有余力实施各项民生工程，提供更多的就业机会①。中央政府也得以腾出手来，将公共财政的阳光普照全社会，改进国家公共服务、完善基础设施，平衡区域发展，扶持国家战略产业。尽管中国未来的发展方向是区别公益性和经营性用地，但鉴于现在我国的城市化水平及经济发展形势，还不适宜把改革征地制度的重点放在公益性、经营性用地上②。

（二）涨价归农还是涨价归公

土地产权并不是如有些经济学家想象的那样不可分割，它并不是一种包括资源的排他性使用权③，而是一种立体性产权，通过征用转化成市地的产权牵涉到地上权、空间权等，土地产权的内涵应包括地上、地下、地面三方面。另外，对产权的讨论离不开对产权效益的理解，要提高经济绩效，实行公正的财富分配，必须对土地产权（包括土地所有权、使用权）实施主体进行分析。从20世纪以来的各国民法来看，土地所有权受到限制成为社会共识，并逐渐为各国所接受，土地所有者的产权应当完整无缺被各国否定和放弃④。国家出于公共利益需要及宏观经济发展的考虑，对产权主体实行强制性干预，对土地产权进行适当地分割，不仅合理而且合法。国家对土地产权的分割，不仅意味着土地所有权会受到限制，而且意味着派出生的土地使用权要受到限制⑤。认为土地权属应当物权化、个体化、排他化，并以此为依据讨论征地对学理和现实的违背的观点，并不合乎世界通则。

土地价格由两方面决定，土地使用价值及土地供求状况。农地价值

---

① 如卢洪友等人基于2005—2007年我国地市一级的经验数据，通过实证研究检验了地方实施土地财政的根源，不是为了实施绩效竞争，而是分税制下无奈之举。但它客观上促进了地方基础设施、教育服务和公共服务供给水平的提高。详见卢洪友等. 土地财政根源："竞争冲动"还是"无奈之举"——来自中国地市的经验证据. 经济社会体制比较，2011(1).

② 甘藏春. 土地管理法制建设若干问题. 中国土地，2010 (6).

③ 周其仁. 农地产权与征地制度——中国城市化面临的重大选择. 经济学（季刊），2004 (4).

④ 陈柏峰. 土地发展权的理论基础与制度前景. 法学研究，2012 (4).

⑤ 周诚. 论我国土地产权的构成. 中国土地科学，1997 (3).

来自农地作为生产要素所起的作用，农地因土地肥瘦及生产水平的差异而产生地租。农民既可在农地上种植农作物，也可以种植经济作物，农地因而具有不同地租。取消农业税意味着国家不再分享农业地租收益，且为了巩固农业基础地位，国家还为农户提供农业补贴。相较于农村耕地，农村建设用地不是劳动产品，不具有任何使用价值，是否参与市场流通与其财产属性的有无关系不大，毕竟，单纯的流通不会产生价值，学界通常讲的土地增值主要是受供求关系的影响，它与城市化、工业化的发展有很大关系。

当前的土地增值来源于两个方面，一是外部投资辐射性增值，即城市化、工业化聚集带来土地升值。城市化、工业化的发展带来公共产品、公共服务供给范围的扩大，物流、人流、资金流的高密度，使特定位置的土地迅速升值，土地辐射性增值完全来源于整个社会的经济发展，与土地的存在价值、间接使用价值、选择价值无关①。二是供求性升值，即土地市场供不应求引发的土地升值。国家为保持合理的经济密度，对建设用地进行规划管理，保持偏紧的建设用地指标供给策略，因此城市建设用地供应相对稀缺。土地资源具有不可移动性，城市化要扩张，必须占用特定位置的土地，城郊的土地则因供不应求快速升值。

从产权角度考虑，土地增值来源于土地的自然属性及政策属性，与产权使用者本身没有关系，如此，土地增值收益自然归属于全社会。涨价归农的观点误解了土地资源的性质及土地价值来源，只会使占全国农民 5％的城郊农民获益多多，而不会对 95％的农民产生影响。主张大幅提高征地补偿标准，或者实行农村建设用地入市，只会使得少部分人一夜暴富，而政府土地收益的减少不利于整体公平与社会秩序构建。

---

① 蒋省三，刘守英，李青．中国土地政策改革：政策演进与地方实施．上海：上海三联书店，2010：243-244.

三、征地冲突的复杂原因

（一）农民盼征地与利益博弈

2011 年的一篇报道称“南京郊区农民不想种地盼拆迁致富”，引起社会各界广泛议论，主要有两种观点：一是认为该报道不属实，农民并不喜欢拆迁；二是对该报道进行反思，思考农民为何会盼拆迁，农民盼拆迁说明了什么①。从本研究的调查来看，基层社会广泛存在农民盼征地拆迁现象。农民口头上说不想征地只是一种博弈策略，背后仍是盼征地并想获得高价补偿。如杨华调查湖北荆门某城郊村发现，农民预期征地是必然会带来实惠甚至是巨额财富的，因此大部分农民翘盼征地拆迁并会积极准备博弈策略②。

在城市化、工业化带动下，大批青壮年劳动力外出打工，他们或者将土地低价流转出去③，或者将土地交给老人耕种。在我国人地资源紧张及经济全球化条件下，农民种粮食很难增产增收，正常条件下种粮食的纯收入也就 700 元左右。如果以 200 元/亩·年的价格流转土地，以农村通常 10%的利率计算，一亩地的价值大概为 2 000 元④。如果政府征地，则至少 1 万多元/亩，这还不包括后续的征地安置，多数农民因此愿意被征地。以笔者调查的荆门农村为例，普通农户人均占有土地 3～5 亩，征地前他们主要种植水稻和蔬菜。我们曾经计算过，每亩地带来的年收入不超过 1 500 元，2012 年政府征地时，给予农民的补偿价为 3 万/亩，相当于农民种地 20 年的收入，再加上部分房屋还有拆迁补偿

① 耿羽. 从征地看当前农民的土地变现观念. 南京农业大学学报（社会科学版），2011（4）.

② 杨华. 城郊农民的预期征地拆迁：概况、表现与影响——以荆门农村为例. 华中科技大学学报（社会科学版），2013（2）.

③ 笔者在不少农村调查发现，多数土地以零地租流转土地，最高的地租价格为 200～300 元/亩·年。

④ 贺雪峰. 论土地性质与土地征收. 南京农业大学学报（社会科学版），2012（2）.

款，普通家庭均可得几十万元收益。另外，政府还会给失地农民买养老保险，给拆迁户建起安置小区，解决了被征地者的后顾之忧。我们在征地结束时进行调研，发现该村的农民普遍满足和满意。

不过，要征地就要给补偿，就涉及农民、村委会、地方政府之间的博弈。农地一经征收变为国有土地，即会产生出巨大的级差收益，农民在比较中产生不公平的感受，会利用各种手段增加其土地博弈能力，只要政府给予的补偿达不到心理上限，不少农民会想尽办法要高价，甚至选择做钉子户以身抗法。很多被征地农民都有个“城市梦”，即获取较多征地补偿，甚至一夜暴富，以坐享其成，直接进城。但政府征地时农民又会说有“田园梦”，会强调征地使之失去生产资料，丧失生活来源，原来的“三个月过年，三个月种田，还有半年农闲”的光景是多么美好。农民博弈策略的转换与争取土地收益有关，无关道德评判。在巨大利益面前，如果农民不与政府斗智，多争取好处，不仅自己觉得傻，也会被村民瞧不起①，因此征地拆迁过程有矛盾冲突，容易出现意外之事。

以笔者调查的湖北襄阳某城郊村为例。该城郊村于 2013 年启动征地拆迁工作，征地补偿有两套方案，政府按拆一还一方式补偿，还建房属于商品房，5 年后可上市交易。若被征地者不同意，政府以市场价回购。但是，“两违”建筑只能补偿 50%。为保障被征地者的生活水平，政府提出建 8 万平方米的产业用房，主要用于对外招租和村民分红。从被征地农民的角度看，多数人是同意该优厚政策的，不同意者多是违建多的村民。以杨某为例，他早年通过辛勤打工积累，建起 7 层楼的房屋出租，每年可以获利十几万元。他的日常生活就是休闲娱乐，喝茶、打麻将、洗桑拿很是平常。他不签协议主要有两个原因，一是违建赔偿少吃亏比较大，二是征地后出租收益大大降低。他不仅要求政府按 1∶1 的方式补偿违建，而且以出租收益为基准提出高价补偿要求。我们开始访谈他时，他总体认可征地补偿，对过高要价没有底，只是想以此多得好处。政府觉得他是无理取闹，就绕过他继续做工作。他利用这个间隙

① 周娟博士曾专文描述过湖北荆门农民盼拆迁的村庄心态及行动逻辑，详见：周娟．是什么改革了你，我的故乡．三农中国网，2013-03-03.

找律师咨询，查找各类官方文件，得出的判断是，自己不同意，政府无权拆。我们再次访谈他时，他大讲物权法，他认为找到了谈判砝码，很自信地与政府谈判，不愿做一丝一毫的让步。在律师的支持和怂恿下，他扛起“维权”大旗，帮其他几个违建户出头。原来违建已签协议者，因此看到希望纷纷反水，要求政府按照1∶1补偿。政府见谈判无望，申请当地法院强拆，杨某倍觉自己的英勇，很快伙同一帮人阻拦，撕扯中发生流血冲突。

（二）博弈无序化与征地冲突

学界以为提高征地补偿标准，给农民更大的土地权利，就能提高农民的谈判力和反制力，使失地农民免于绝对贫困，干群冲突就会减少，这是对征地实践的误会。征地冲突主要来源于三方面：一是给农民的征地补偿过低，不足以维持长远生计；二是征地补偿程序不明确，实际分配被乡村截留；三是被征地农民为争取利益，展开各种博弈策略，引发征地本身的混乱与危机。

如果是第一个原因引发征地冲突，适当提高征地补偿标准即可，没有必要因噎废食，否定征地合理性实施土地私有化。从新闻报道和笔者各地调研来看，全国大部分地方都在提高征地补偿标准，有些地方的失地农民甚至一夜暴富，但征地冲突依然频发，且屡现恶性事件，为何？如果是第二个原因引发征地冲突，完善征地补偿制度程序，保证政府征地规范透明即可。党的十八届三中全会已在完善征地补偿制度、实行对农民及时足额补偿上做着有益改革，各地也在完善征地程序上逐步探索，第二类征地冲突正在化解。就笔者及所在团队近年在全国各地的调研来看，博弈无序化引发的征地冲突是“征地天下第一难”的关键。当前的农民群体已不是铁板一块，而是分化为不同的利益主体，不同农民的利益期待及博弈能力有差异，形成的博弈策略因此有差异。利益争取方式差异及利益获得结果差距，造就出“会哭的孩子有奶吃”及“人越老实越没用”的民众心态，刺激着农民在征地中想尽办法谋取更大利益。而地方政府在“和谐拆迁”及“稳定压倒一切”压力下，只能采取软磨硬泡的方式，有时迫于上级政府要求少出意外事件的压力，甚至会请黑灰势力或开发商协助拆迁，各利益主体在征地舞台上的登场及斗争，演绎出征地冲突的复杂困局。下面笔者主要从农民分化的角度说明这一问题。

笔者依据社会资源（包括经济资源、社会关系、政治资源、声望资源）占有状况的不同，将农民群体划分为体制精英阶层、非体制精英阶层、普通农户阶层、边缘农户阶层①。体制精英阶层是担任乡村组干部的一批人，约占5%，他们具有人脉关系，占有体制位置，能调动各种资源，谋取正式非正式利益，他们与地方政府合作，组成利益共同体，或以权谋私，侵占征地补偿款。非体制精英阶层包括乡村医生、乡村教师、企业家、种养殖专业户、技术人员等，约占30%。该阶层又分为两类人，一类主要关系和主要利益在村庄，他们因其关系资源及经济资源的中上等，对基层政治有所了解，会利用阶层关系为自己谋利。他们或者大力支持征地工作并积极动员其他村民，或者做个漫天要价的钉子户，因其能量的巨大及与基层干部的关系，地方政府多会不断做工作，给予超额补偿满足其胃口；一类主要关系及主要利益不在村庄，他们在外有固定职业，信息灵通、见识广博，具有超社区的资源，地方政府因此避让三分，或者以私人关系进行笼络，除开少数人与地方政府对着干、当硬钉子、谋取政治权益外，多数人会与地方政府结盟，获得巨大经济利益。普通农户阶层多是小农兼业，或半工半农，约占60%，他们的主要利益、主要关系在村庄，占有的资源总量不大，因对基层组织及村庄社会依赖度高，一般不会与征地主体产生激烈对抗，只会采用“弱者的武器”谋取小利益，如生活困难需要照料，小孩上学需要支出等，地方政府一般只要多做工作，以理以情动人，给予小恩小惠，即可获得他们的同意。边缘农户阶层主要是老弱病残及经济困难群体，他们是最无力、最可怜的农民，如果逆来顺受，同意政府征地，则永远没有翻身做“正常人”的机会，一部分人会抓住要价机会，转变为钉子户、上访户，与地方政府长年纠缠，甚至不惜以生命相要挟，结果是“善于斗

① 笔者曾从基层治理角度划分农民阶层，详见：刘锐．农民阶层分化与乡村治理转型．中州学刊，2012（6）．

争”的人会获得不少经济利益。

正是不同阶层获得征地补偿数额的差距较大，且占村庄多数的普通农户相对利益受损，因此对分配不公愤愤不平，对政府征地颇有怨言，有些农民实施“找补”式上访，在再次征地时同样无序要价，征地困局不断形成和扩大。

（三）失地农民与征地冲突

据统计，我国目前失地农民总数已超过 4 000 万人，并仍以每年 200 万人的速度递增。失地农民生活陷入贫困、走投无路，给社会稳定带来巨大威胁，一些研究认为政府征地补偿不合理是失地农民生活困难的根本原因①，全然不考察失地农民向市民转型中的由富转贫及失地农民要求解决生活困难引发的征地冲突等问题。就调查来看，失地农民主要在两方面陷入困境：

一是失地农民就业困难，社会保障程度低。农村土地负担着农民的就业功能和保障功能，现行征地制度中“谁征地、谁安置”的安置政策不符合市场化、工业化的社会现实，被征地农民被迫自主就业。但是大多数失地农民文化水平低、没有专业技术，年龄偏大，再就业困难，致使相当一部分农民只能坐吃山空，在失业中步步走向贫困。另外，多数农民失地后不能享受与城镇居民同等的医疗、教育、养老等福利待遇，也难以享受到城市就业优惠政策，原有的家庭保障模式又难以持续，失地农民很快陷入绝对贫困状态。国家统计局对 2 942 户失地农民的调查发现，46%的失地农民生活水平下降，主要原因是他们失地后基本无事可干，而现行培训流于形式，难以满足他们的需求②。

二是失地农民生活方式滞后，消费支出增加，带来快速返贫问题。失地农民原有的生活方式被改变后，他们在适应城市生活上会迷茫和困惑，需要政府相关部门加以引导，及时提供帮助。失地农民的不适应主要有两方面，一方面是原有的社区文化生活消失，农民的交往方式被迫

---

① 郑凌志．中国土地政策蓝皮书（2011）．北京：中国大地出版社，2012：93-96．

② 陈锡文，等．中国农村制度变迁 60 年．北京：人民出版社，2009：64．

转型，由原来的串门聊天感受温情脉脉，到现在的购买服务获得愉悦快感。一些农民拿到一次性补偿后消费心理失衡，赌博、购物、吃喝享受，土地补偿很快被挥霍掉①。另一方面是失地农民的生活习惯没有适时改变，引发消费欲望扩张及消费行为无序问题。依靠土地生产获得的家庭收益尽管不多，但每年都有且长期稳定，农民会量入为出，树立良好消费预期。现在被卷入城市化进程，水、电、粮食等需要现金支出，家庭消费压力陡然增大，如果不精打细算，建立起健康消费的观念，家庭支出会大幅增加，失地农民也将很快陷入贫困。

土地不仅是农民的生产资料，而且连接农民的生活方式。如果政府不来征地，农民要种地，就要建立熟人关系，就要在生产上互助合作，就要在下种、施肥、打药、收割的忙碌中感受农作的辛劳与收获的幸福。种地不仅是农民生产方式，而且是农民生活方式，农民的价值感受也孕育其中。现在政府要征地，以土地为基础建立起来的生产方式、生活方式、意义世界均不复存在，失地农民被迫在流动化、原子化、市场化、疏离化的城市生活中寻找就业机会、重建生活方式、重拾意义世界。征地补偿费只补偿农民的土地损失，却难以在社会关系、生活习惯等方面给予慰藉，势必使失地农民的城市融入困难。当失地农民生产生活问题扩大，对政府征地补偿日渐不满，就可能在特定情境进下反抗，征地冲突因此产生。

四、完善征地制度的建议

笔者以为，中国征地制度总体合理，它能实现三个目标：一是政府获取大部分土地增值收益用于城市基础设施建设，促进城市化发展及经济总量增长。二是它能防止特定位置的农民获得巨大土地增值收益从而

① 辛巧巧描述过武汉郊区某地失地农民将巨额征地补偿款拿去赌博，有些人甚至将安置房拿去“赌押”，很快输光全部家当，生活因此陷入贫困景象。详见：辛巧巧. 巨变中的家乡. 三农中国网，2013-02-20.

一夜暴富，形成土地食利者阶层，有利于社会总体公平。三是它保证了城乡、区域统筹发展，为国家实施发展战略铺平道路，有利于社会的快速发展。当然，认可现行的征地制度不是要为其缺陷辩护，征地制度在实践中确实出现不少问题，但它是发展中的问题，在发展中及时解决，有的放矢完善即可，不需全盘否定，另立路线。

学界对征地制度批判最多的是土地财政问题及征地冲突问题，笔者在上文中分别予以回应并阐明了自己的观点，在此需要说明的是：

（1）笔者强调土地财政利大于弊，是从土地增值收入大头应“收归”政府，以变为公共财政惠及全体人民角度分析的，并不是讲土地财政的“支出”问题。高圣平、刘守英认为土地财政有巨大的经济风险和社会风险①，主要是由政府依赖土地出让和土地抵押融资引起，与土地增值“收归”政府的内涵无关，即涨价归公无碍他的观点。正是土地财政的“支出”与农民福利缺乏良性互动机制，使得土地财政的再分配没有发挥应有作用，从而引发舆论和学者的否定。换个角度看，只要改革土地财政的“支出”方式，要求政府为提高农民福利多想多做，土地财政是可以达到缩小贫富差距、强化农民对征地制度认同效果的。新加坡在这方面是个成功的例子，地方政府利用土地财政大规模招商引资并建设廉租房，地方土地财政没有直接明显的增加，尽管少数城郊农民对低价征地不满，广大国民理解及支持为征地赢得合法性②。如果能改革“政绩”考核方式，使土地财政的“支出”包含更多民生内容，让土地财政的福利直接惠及更多的民众，民众对征地制度的支持度会大大增加。

（2）笔者强调征地制度的合理性不是说它完美无缺，现行征地制度在补偿标准及补偿方式上应该检讨。失地农民的生活质量下降既与得到的补偿较少有关，也与补偿方式不合理有关。征地制度在实践中暴露出的问题复杂交错，它不仅有土地问题，还有政府问题、政治问题、农民问题，应该对之进行系统清理，然后因应实际不断调整完善，而不是不分青红皂白地打板子。认可征地制度并不是将之奉为真理，而是考察它

① 高圣平，刘守英．集体建设用地进入市场：现实与法律困境．管理世界，2007（3）．

② 赵燕青．城市增长模式与经济学理论．城市规划学刊，2011（6）．

适用的时空条件。笔者认为，现行征地制度的合理性具有阶段性，它适应于城市化水平不高、城市化质量较低的初级阶段。中国是发展中国家，正处在快速城市化过程中，要提高中国在全球的竞争力、促进农民向城市的有序转移，必须发挥现行征地制度红利的作用，建立起发达的基础设施，征地制度是快速现代化的重要支点。再过 20～30 年，中国达到中等发达国家收入水平，中国依靠土地增量完成城市化的阶段结束，中国城市基础设施能保证经济活力及人民幸福时，再实行西方发达国家按市价补偿被征地农民的方式也不迟①。

当然，现行征地制度存在这样那样的问题，要想保证城市化、工业化又快又好发展，弥合失地农民困境引发的社会失序和干群冲突问题，理应对相关的体制机制进行修正完善。笔者以为，应从以下几方面进行完善：

（1）建立公平公开的征地程序，保障农民知情权、参与权、监督权，维护农民的合法权益。政府完善征地程序，不仅要赋予农民知情权，而且要保障农民的参与权、监督权。政府应该在坚持大原则、大方向的前提下建立听证会制度，与农民协商征地中的机制程序，对被征地农民做好宣传解释和动员工作，促进政府与农民在征地问题上的良性互动与信任。另外，应保障村民自治实践的有效性，加强征地民主，明确乡、村、民三者获得补偿的比例，对截流补偿资金的行为要进行处理，以维护被征地农民的合法土地权益。对于地方政府以权谋私、乱占耕地的行为，应该将民众监督与上级监管有效结合，保证征地实践的有序进行。

（2）提高征地补偿标准，创新征地补偿方式。合理的补偿标准既要保障失地农民的生活水平不下降，也要保证失地农民不因巨额补偿一夜暴富，地方政府在制定补偿标准时应因地制宜，坚持公平性、大局观、原则性，不迁就个别农民的无理要求。鉴于失地农民交往方式的改变带来了精神疏离，收入方式的改变增强了变现欲望，由此引发不健康的消费方式及生活习惯等问题，政府应该创新征地补偿方式，如加强社区精神文明建设，丰富失地农民的文化生活；加强对失地农民思想观念引

① 贺雪峰．中国要有“低成本的城市扩张”．三农中国网，2013-01-28.

导，促进其健康消费方式的培养；变一次性补偿为多次分期补偿，引导失地农民建立长远的预期。

（3）采取多种措施，解决失地农民的安置问题，促进农民生计的可持续。政府应坚持以人为本和可持续原则安置失地农民，可从以下三方面着眼：一是地方政府应引导失地农民转变就业观念，破除农民"等、靠、要"思想，同时以市场为导向，加强职业培训，鼓励农民自谋职业；二是因地制宜，分类推进多元化、差别化的安置模式，如在个别地区搞留地安置、农业安置、社保安置等，保证安置制度的有效性；三是建立和完善失地农民社会保障制度，应该尽快将具备条件的失地农民纳入城镇社会保障体系，地方政府应从土地增值收益中拿出一部分，为失地农民的社会保障注入资金，同时要鼓励失地农民拿出部分补偿款购买养老、医疗保险。只有将政府再分配与农民积极性结合起来，才能保证安置的可持续。

五、结语

对现行征地制度是否合理的认识及变迁判断，离不开对中央一地方一农民三者的统筹思考，离不开对征地问题本身的认真扎实的研究，离不开对国家发展、社会公平、农民幸福的综合分析。笔者以为，现行征地制度总体合理，征地冲突应全面认识、因地制宜地化解。如何从操作层面完善征地制度，有待民众、学者、政府的共同探索实践。

参考文献

［1］刘守英，周飞舟，邵挺．土地制度改革与转变发展方式．北京：中国发展出版社，2012.

［2］周其仁．还权赋能：奠定长期发展的可靠基础．北京：北京大学出版社，2009.

[3] 贺雪峰. 中国土地制度的宪法秩序//郑凌志. 中国土地政策蓝皮书（2012）. 北京：中国社会科学出版社，2013.

[4] 赵燕青. 关于土地财政的几个说明. 北京规划建设，2011（1）.

[5] 朱道林. 现行征地补偿制度的五大误区. 国土资源，2004（6）.

[6] 吴瑞君，苟滢华. 征地农民合理补偿的可能途径及可行性分析——以上海市为例. 中国人口·资源与环境，2004（2）.

[7] 王小映，贺明玉，高永. 我国农地转用中的土地收益分配实证研究——基于昆山、桐城、新都三地的抽样调查分析. 管理世界，2003（5）.

[8] 吴利生. 论土地征用制度的缺陷及改革. 中共杭州市委党校学报，2002（4）.

[9] 张曙光. 博弈：地权的细分、实施和保护. 北京：社会科学文献出版社，2011.

[10] 汪晖，黄祖辉. 公共利益、征地范围与公平补偿——从两个土地投机案例谈起. 经济学（季刊），2004（4）.

[11] 蔡继明，苏俊霞. 中国征地制度改革的三重效应. 社会科学，2006（7）.

[12] 郝晋珉，任浩. 土地征用制度中农民权益损害的分析. 公共管理学报，2004（2）.

[13] 黄小虎. 防止片面追求政府地租收入最大化. 中国经济时报，2003-01-01.

[14] 高圣平，刘守英. 集体建设用地进入市场：现实与法律困境. 管理世界，2007（3）.

[15] 程洁. 土地征收征用中的程序失范与重构. 法学研究，2006（1）.

[16] 周其仁. 农地产权与征地制度——中国城市化面临的重大选择. 经济学（季刊），2004（4）.

[17] 韩俊. 中国农村土地问题调查. 上海：上海远东出版社，2009.

[18] 周飞舟. 生财有道：土地开发和转让中的政府和农民. 社会学研究，2007（1）.

风险社会视阈下转基因安全风险传播的舆论引导

姜 海 马 明 覃俊双*

一、引言

（一）研究背景

“当代社会的一个重要特征是进入风险社会，突发性灾难事件频发成为风险社会的一个重要特点，风险社会的焦虑共同性对媒体提出新的要求。”1986 年，“风险社会”这一概念被乌尔里希·贝克（德国著名社会学家）首次提出，明确指出当代社会的一个重要特征是进入风险社会，他向社会发出强烈的呼吁，“对工业时代现代制度产生根本性冲击的‘风险社会’已经来临”。并且他认为，正在现代化科技的推动下的难以预测的副作用——生态和技术的风险，对人类的生存与发展也有着严重的威胁。同时贝克预言：“在现代化进程中，生产力的指数式增长，使危险和潜在威胁的释放达到了一个我们前所未知的程度。”① 根据贝克

* 姜海，成都大学新闻传播学教授，研究方向：科学传播；马明，覃俊双，成都大学广播电视大学学生。

① 贝克. 风险社会. 南京：译林出版社，2003：15.

的观点，风险（risk）本身是一种现实可能性，而不是与灾难（disaster）或者危险（danger）画等号。从此层面上来讲，风险社会另一个特征就是灾难本身可能引发的社会混乱和生态破坏。

“转基因食品是利用现代分子生物技术，将某些生物的基因转移到其他物种中去，改造生物的遗传物质，使其在形状、营养品质、消费品质等方面向人们所需要的目标转变。”① 以转基因生物为直接食品或为原料加工生产的食品就是“转基因食品”。利用转基因技术，可增加农作物单位面积产量，增强农作物抗逆能力；延长水果和蔬菜的货架期及其感官特性；可以突破生殖隔离；可以提高肉、奶和畜类产品的数量和质量；可以摆脱季节、气候的影响，供应人们喜爱的绿色食品；可生产可食性疫苗或药品等。

尽管转基因技术为提高粮食产量、解决世界温饱问题和降低农业生产成本方面做了很大的贡献，但转基因作物对自然环境和生态系统有着潜在风险和潜在危害，同样不可忽视，主要表现在：可能会造成新的环境污染；可能破坏生物多样性；转基因食品可能具有毒性等。自 20 世纪六七十年代西方发达国家出现转基因技术起，其潜在的风险问题就一直是学术界争论的焦点，也是人类食用转基因食品的一大威胁。事实上，伴随着转基因技术的发展，关于转基因食品安全风险的争议就一直没有停息，并且争议集中在三个方面：安全性争论、商业化争论和标识争论。

1. 安全性争论

关于转基因安全性的争议，目前主要分为两派：赞同派和争议派。赞同派赞成原因主要有两个：一是“无罪推论原则”，该原则认为转基因技术商业化十几年来未曾出现过转基因食品安全事件，故转基因食品是安全的。二是国际上广泛认同的“实质等同原则”②，该原则认为转基

① 曹琬晨．中国转基因报道的问题与对策．科技传播，2015（13）．

② 实质等同性原则是由经济合作与发展组织于 1993 年提出来的，具体内容是：如果某个转基因食品或成分与传统的食品或成分大体等同，则认为它们同等安全，就没有必要做毒理学过敏性和免疫学实验。参见：毛新志．实质等同性原则与转基因食品的安全性．科学学研究，2004（6）：578-582．

因食品和传统食品之间不存在本质区别，因而认为其安全性是等同的。

但怀疑派的立足点却完全不同，他们更加注重从转基因食品安全问题的不确定性方面去探究。他们认为即使现在转基因食品还未被检测出风险，但由于转基因食品在新的遗传背景中将会产生何种作用仍不得而知，所以对于转基因食品是否对人体存在着长期的潜在风险仍难以确定。

在我国，众人皆知的是方舟子和崔永元分别代表的“挺转派”和“反转派”之争。当然，“赞同派”和“反对派”、“挺转派”和“反转派”并不是绝对一成不变的。往往由于自己对转基因的认识和研究或者媒介传播的影响，还会出现派别的反转。比如《科技日报》2017 年 5 月 3 日报道：康奈尔大学科学联盟的客座研究员、英国科学家马克·林纳斯就由曾经的“反转”斗士变成转基因技术的坚定拥护者。

需要说明的是，在“挺转”和“反转”之外，还有一种是保持中立态度的受众。

2. 商业化争论和标识争论

在转基因安全性问题存在激烈争议的同时，转基因食品商业化的脚步却未停滞，转基因食品摆上人们的餐桌已经成为不争的事实。与此同时，在转基因安全性争议尚未停止的情况下，转基因食品的商业化争论也成为新的讨论焦点。关于转基因食品商业化的争论，主要分为支持和反对两派。支持者往往从粮食供应的矛盾方面出发，认为转基因作物能够提高作物生产效率，解决粮食供应不足的矛盾。与此同时，反对派除了对转基因作物安全性存在担忧外，同时也认为支持者将复杂的政治和经济问题简化为粮食供需矛盾，其背后有着不为人知的利益牵扯。

由转基因食品安全性和转基因商业化的争议引发了转基因的另一个争议——标识争议。所谓标识争议，是指是否要对转基因食品进行特别的标注，让消费者知道其是转基因食品，以便消费者做出自主选择。赞成者认为消费者有知情权和选择权，进行标识的主要目的是要解决生产者和消费者之间信息不对称的问题。就目前中国的情况来看，由于知识壁垒，消费者难以形成自己的判断和认知，这种权利也是一种被束之高阁的权利，无法真正奏效。除此之外，就算转基因食品有标识，在面临着要购买的商品可替代性极小的情况下，消费者也别无选择。

目前，科学界对转基因技术存在的潜在风险究竟有多大尚且没有定论，由此导致这种典型的风险技术经常会引发激烈的争论。全球发生了多起被称为重大的转基因安全事件，如巴西坚果事件、普斯陶伊事件、墨西哥玉米事件和黄金大米事件（后来证明这些事件被人为地夸大或不符合事实），大众媒体更是借助这些事件将转基因问题推至风口浪尖，甚至有媒体把转基因问题与美国的“霸权主义”和“生物政治”联系起来，引起越来越广泛的讨论，甚至极端的说法认为“转基因是超过原子弹的杀人武器”；随着科学技术的发展尤其是克隆技术的出现，人们又开始从伦理道德的角度思考和争论转基因问题。在百度新闻库输入“转基因”字样进行检索，共出现 1 940 000 篇相关报道。但是目前国内传播学界的学者们普遍认为国内转基因报道的品质不高。表现在对转基因技术的报道缺乏系统的研究，理论体系不强，缺乏系统的理论分析，即转基因技术相关报道的“科学性”不够，甚至在一定程度上媒体推波助澜转基因的负面报道，无形中构建了转基因技术相关报道的“拟态环境”，并在潜移默化中构建了很多消费者对转基因食品的“刻板印象”。

（二）研究意义

2007 年中央一号文件中第一次出现了与转基因技术有关的内容，到 2015 年的 9 年间，“转基因”在一号文件中总共出现了 6 次。2015 年中央一号文件明确提出要加强农业转基因生物技术研究、安全管理、科学普及。2016 年中央一号文件则表述为：“加强农业转基因技术研发和监管，在确保安全的基础上慎重推广。”不难看出，转基因技术在农业生产领域的重要性是不言而喻的，对转基因技术进行理论层面的科普解读也是有必要的。

大众媒体报道的转基因作物安全争议事件，被反对转基因技术的人士和组织以断章取义、甚至造假等手段反复引用和传播，也被少数媒体反复进行歪曲性报道，对公众正确认知转基因技术产品造成很大的负面影响。

伴随着转基因技术的问世，关于转基因食品的安全性争议也已成为我国公众的热点话题。“挺转”与“反转”、方舟子与崔永元之间的争论一直没有淡出人们的视野。“挺转”派认为转基因食品有着巨大的优点，应该大力发展；而“反转”派则认为，它对人体健康和生态环境存在潜在的危害，应该严格加以取缔。那么转基因食品到底给人类带来的是益多还是害多？我们应该以何种态度看待转基因食品呢？换而言之，作为一种新的生物工程技术，人类应该消除对转基因的“技术恐惧”，有必要从科学传播的视角对转基因进行科学的传播、科学的普及。科学技术具有两面性，这是人类已经达成的共识。但是，人类发展的历史表明，人类完全有能力用技术的手段，将技术推广和使用的风险降到最低。

对待转基因这一热点话题，习近平总书记曾强调，“一是确保安全，二是要自主创新。也就是说，在研究上要大胆，在推广上要慎重。转基因农作物产业化、商业化推广，要严格按照国家制定的技术规程规范进行，稳打稳扎，确保不出闪失，涉及安全的因素都要考虑到。要大胆创新研究，占领转基因技术制高点，不能把转基因农产品市场都让外国大公司占领了”。应该说，这一表述也代表着中国政府的国家立场，也是本研究遵循的一个基调。在转基因广泛的商业化和产业化种植前，转基因的理性传播是事实，也是必要的。厘清传媒在转基因安全风险传播所建构的“拟态环境”，消除转基因的“技术恐惧”，是科技工作者的义务。中国对待转基因的研究和推广是审慎和负责任的。确保转基因的安全已经成为国家安全的战略。虽然转基因生物技术发展二十年来没有发生过任何安全问题和安全事件，但绝不能因此对转基因生物的安全评价和监管有丝毫放松。要想使转基因生物产业健康、有序发展，前提条件是确保安全。正如 2013 年 5 月 2 日的《自然》杂志指出的那样：“转基因作物不是包治百病的灵丹妙药，但是对其进行污蔑也是不应当的。真理存在于两者之间的某个位置上。”

二、转基因安全风险传播舆论引导存在的问题：形成拟态环境

转基因技术已经广泛地运用于农业、工业以及医药业等领域，转基因安全风险传播是科学传播的重要领域。对转基因信息进行传播，形成舆论，这是转基因安全风险传播的含义。一般而言，传播媒介会对海量的转基因相关信息进行选择、加工、编辑以达到特定的传播效果，并且经过反复地、长期地传播，逐渐形成转基因安全风险传播报道的拟态环境。随着时间的推移，转基因安全风险传播建构的拟态环境会更加牢固，对人们的影响会不断加深，不知不觉中影响受众对转基因相关事件的判断和分析。

（一）转基因安全风险传播的“拟态环境”

“拟态环境”理论的建立者，美国著名政论家、传播学者李普曼指出：“拟态环境是传播媒介通过对新闻信息的选择、加工和报道，重新加以结构化以后向人们所展示的环境。传播媒介具有一定的倾向性，因而拟态环境并不是客观环境的再现，而是一种象征性环境。它是由符号所编织形成的信息环境，是媒介营造出的虚拟环境，这种环境无所不在，时刻影响着我们的生活。”①

受众媒体把“不可触知”“不可看见”“不可思议”的现实世界投射给我们，为我们提供了一个可知可感的并且似乎也能亲身感知的虚拟世界，这是种间接的、人为的、虚化的拟态环境。拟态环境制约着人们的认识和认知，受到拟态环境的刺激，人们会产生对某一事物的特定的观点和见解，于是在潜意识里会指导动作行为，影响人们对事物的判断和分析②。

① 李普曼．受众舆论．北京：中国广播电视出版社，2008.

② 隋雪，杜盼，李欢欢，等．“拟态环境”研究的回顾与展望．青岛大学师范学院学报，2012（3）.

媒体在报道转基因事件时，对事件进行大肆渲染，不等权威人士的分析论证便抢先报道，先入为主地给受众植入了恐慌情绪，引发受众产生“反转”态度。此外，大众媒体报道的转基因作物安全争议事件，被反对转基因技术的人士和组织以断章取义甚至造假等手段反复引用和传播，也造成了很坏的社会影响，对受众正确认知转基因技术产品造成很大的负面效果。比如网上充斥着各种各样的转基因谣言。“媒体虽然不能左右人们做什么，但是却能影响人们怎么思考”，在食品安全问题频繁发生的背景下，内心恐慌的人们在面对转基因技术时，会从最坏的角度思考，在没有定论的转基因安全风险传播建构的环境中，形成对转基因的刻板印象。

“拟态环境产生的原因在于人们的发展范围不断扩大，对信息的需求也不断膨胀，由此导致人类的交往环境不断扩大，人们不能直接获取信息，便通过大众媒介来获取所需要的信息。”① 传播媒介将信息进行采集、加工并传播，从而努力将“整个外部环境和众多事物”进行再现，满足人们对信息的需求，这里信息媒介所再现的就是拟态环境，但是信息媒介不能将所有的信息都反馈给人们，只能对象征性事件进行选择和加工之后重新加以结构化，因此其所提示的信息是有限的。“拟态环境具有非真实性，它是非真实的，但是它又是超真实的，它是通过受众媒体所产生的对现实社会的反射，不是凭空能产生的，是基于真实的社会环境的。”②

拟态环境具有两方面的作用。一方面，通过大众媒介建构起来的与现实世界相似的拟态环境，可以使人们更加方便快捷地掌握所需的信息。另一方面，拟态环境也不可避免出现误导性。媒体在对信息进行选择、加工和报道的时候将主观想法融入事实之中，使得媒体所报道的“事实”已经被融入主观想法。社会受众对信息的需求主要来自媒体的传播报道，但是却在不知情的情况下接收到了拟态化的信息，不自觉地融入媒体所建构的拟态环境中，影响人们客观、全面、公正地获取对事

① 王忠国. 拟态环境的双刃性——向导和误导. 吉昌学院学报，2008 (1).

② 李淑芳. 广告传播的拟态作用机制. 当代传播，2008 (3).

物的正确判断和分析。

（二）传统媒体形成关于转基因的“刻板印象”

在传统媒体关于转基因安全风险传播的问题上，陈刚在《“不确定性”的沟通：转基因论争传播的议题竞争、话语秩序与媒介的知识再生产》一文中，对四家具有代表性的媒体（《人民日报》《南方周末》《瞭望东方周刊》《新京报》）近十年的转基因报道进行分析发现：四家媒体中，《人民日报》在内容报道倾向上“正面”（32.9%，53/161）、“负面”（28.6%，46/161）和“中立”（38.5%，62/161）相对平衡，比较注重转基因技术发展的进程介绍和科普。而《南方周末》、《瞭望东方周刊》和《新京报》三家相对偏向市场化的媒体在内容倾向上，负面态度（44%，88/200）明显，正面形象（33.5%，67/200）和中立（22.5%，45/200）的报道较少，更多聚焦在转基因技术的“不确定性”和风险等相对负面的议题上①。

李普曼在《舆论学》一书中提出的“拟态环境”理论认为，“由于现代社会变得越来越巨大和复杂，对于超越自己经验以外的事物，人们只能够借助大众传媒进行认知从而形成对这个世界的认识并做出反应”②。在众多媒体中关于转基因问题上的负面传播，导致受众对于转基因技术的认识呈现负面情绪，加剧受众对于转基因问题的不确定性。在传统媒体的态度影响下，受众生成了关于转基因问题的负面情绪，而这种负面情绪在新媒体传播中也得到了延续。

（三）新媒体传播的混杂加剧了拟态环境形成

在互联网中，与转基因相关的信息也出现大量争议。以“转基因”作为关键词，从 360 浏览器检索的结果来看，找到相关结果约 24 400 000 个，其中除去对转基因相关产品的科普外，其余多数为对于

① 陈刚．“不确定性”的沟通：“转基因论争传播的议题竞争、话语秩序与媒介的知识再生产．新闻与传播研究，2014，7（18）：17-34.

② 李普曼．舆论学．北京：华夏出版社，1989.

转基因食品安全性的探讨，而在这些探讨中，多数门户网站，如搜狐、网易等权威的门户网站关于转基因安全性探讨的文章多进行了负面暗示。与此同时，其他的非门户网站，如百度贴吧、知乎等用户互动平台关于转基因问题的探讨也是呈现出巨大的不确定性。在新旧媒体的关于转基因问题上的负面态度的“同频共振”、互联网大量关于转基因信息的不确定性的情况下，民众对于转基因的负面态度得到了强化。

1. 网络传播中形成转基因的“群体极化”效应

以微博、微信、QQ 为典型代表的新媒体传播方式灵活多变，每个人都可以及时进行信息的传播。此外新媒体的受众获得了极大的主动性，使得信息的传播与互动呈现双向性，人们发表自己的意见更加方便快捷，对人们生活和思维方式的改变作用巨大，在转基因技术的信息传播和拟态环境建构中，起着催化剂的作用。

在新媒体语境下，互联网为公众之间的讨论提供了一个平台。通过这个平台信息传播者与信息的接受者能够就某个问题进行充分讨论。如图 1 所示，在腾讯微博中，以“转基因”为关键词搜索，一共检索到 300 条微博，其中有效微博有 196 条。数据显示：对转基因持“反对”态度的人数占 58%，“支持”态度的占 26%，“中立”态度的占 16%，从数据分析得出，腾讯微博用户中，舆论向“反对”一方倾斜，反对转基因的比例大于支持转基因的比例。根据桑斯坦的《网络共和国》中“群体极化”理论，团体成员一开始即有某些偏向，在商议后，人们朝偏向的方向继续移动，最后形成极端的观点。在转基因的话题中，绝大多数人群是持“反对”意见的，他们在心理上得到了支持，其话语情绪也更为强烈，出现了一些“扼杀种族”“杀人武器”“罪恶之源”等极端词汇，在统计过程中发现，人们的价值判断和主观推测多于理性的科学论证；产生了种种刻板印象，诸如中国食品都有安全问题，专家因经济利益推动转基因研究等等，越来越多的人深陷于对转基因的恐怖氛围之中①。

① 桑斯坦. 网络共和国. 上海：上海人民出版社，2003.

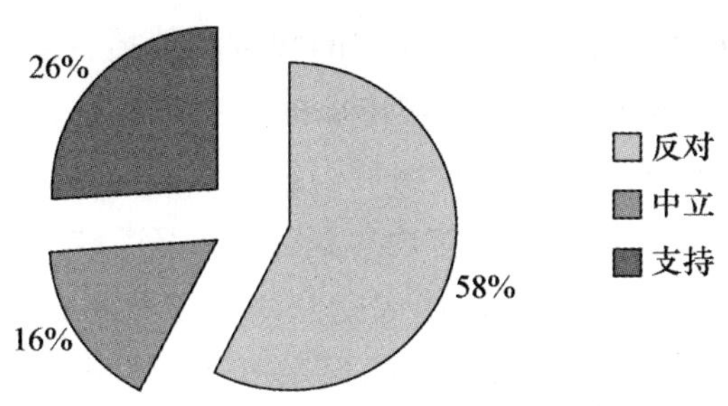

图 1　腾讯微博中对转基因态度的调查

2. UGC 平台成为转基因谣言传播的重灾区

UGC（user generated content），即用户生产内容，它是伴随着以个性化为特征的 web2.0 概念而兴起的，是一种用户使用互联网的新方式，改变了传统的只注重下载的传输方式，强调传输与上传并重。在传统媒体环境下，内容生产者多为专业化生产的媒介机构，而大众在更多的时候扮演的是信息接收者的角色。由于信息生产者为专业化的媒介机构，其新闻生产时的流程都会经过严格把控，而在新媒体环境下，由于互联网平台用户的庞杂加之互联网的隐匿性，用户通过 UGC 平台生产的内容，质量和水平参差不齐。

在新媒体环境下，UGC 平台一度成为转基因谣言滋生的平台。就转基因类谣言的内容特征来看，以微博为代表的 UGC 平台的内容呈现形式一般包括：图片、链接、视频和简短的文字。一般内容的组合形式为“文字＋图片”“文字＋视（音）频”“文字＋图片＋相关链接”的形式①。正是由于这种表现形式的呈现，显示出了 UGC 平台用户的使用偏好与大多数 UGC 平台表达的局限。

由于转基因问题是一个存在争议性的话题，UGC 平台的用户自主生成关于转基因的内容存在以下几个局限：（1）短文字内容和图片占据内容的大部分使得复杂的转基因问题不能得到有效和理性的讨论。（2）未经验证真假与消息源的转基因谣言利用受众恐惧的心理进行传

① 康亚杰，彭光芒．转基因话题微博传播的“回声室效应”．新闻世界，2016，4（5）：48-53.

播，引发科学知识欠缺的受众大面积的转载和传播转基因谣言。因此新媒体的 UGC 平台成为转基因谣言传播的重灾区。比如微博上屡次出现如“央视终于承认了，转基因食物可以致癌”等内容。其微博内容由简短的文字内容和截图构成，文字内容运用“致癌”“后代不能生育”等词语对转基因食品进行定性，造成受众对转基因的恐惧。而文字运用“告诉亲朋好友，让更多人知道”的提示语让用户进行转发，造成转基因谣言的大面积扩散。

3. 新媒体意见领袖引导和加剧转基因安全风险传播舆论的分化

意见领袖理论起源于拉扎斯菲尔德和伊莱休·卡茨的两级传播论。意见领袖是指在人际传播网络中经常为他人提供信息、同时对他人施加影响的“活跃分子”，他们在大众传播效果的形成过程中起着重要的中介或过滤的作用，由他们将信息扩散给受众，形成信息传递的两级传播①。新媒体意见领袖则是指在新媒体中起着为他人提供信息、同时对他人产生着重要影响的人。

在新媒体环境下，意见领袖的作用往往是巨大的。关于新媒体意见领袖对转基因问题存在的争议的经典案例便是崔永元与方舟子之间的论战。崔永元自费 50 万元到美国拍摄反对转基因的纪录片，并将视频放置于网上，呼吁群众不要食用转基因作物。该纪录片一经传播便引起轩然大波，众多观看了该纪录片的民众纷纷表示对转基因作物抱有恐惧态度。而后方舟子在网络上对崔永元的纪录片的科学性进行了质疑，双方便开始了以微博为平台的论战。在这场论战中分成了以崔永元为代表的转基因反对派和以方舟子为代表的转基因支持派。由于意见领袖在转基因问题上存在着意见分歧，加之公众会寻求那些与他们的既有想法相一致的人、媒体和信息，所以当人们遇到新的转基因信息时，往往本能地拿它与既定态度做比较，然后迅速做出决定。自然，多数的决定是回避或拒绝②。在这样的条件下，意见领袖对于转基因态度的争议非但没有

① 郭庆光. 传播学教程. 北京：中国人民大学出版社，2011.

② 范敬群，贾鹤鹏. 极化与固化：转基因科普的困境分析与路径选择. 中国生物工程，2015，35 (6)：124-130.

科普作用，反而让群众对于转基因的不确定性进一步加强。

在关于转基因问题的讨论上，意见领袖崔永元与卢大儒的论战可以说非常有代表性。2015 年 3 月 26 日，崔永元与复旦大学生命科学学院遗传学研究所教授卢大儒之间的论战成为网上热点新闻，并迅速在民间舆论场发酵。主持人出身的意见领袖崔永元以压倒性的优势获得更多网民的支持，而遗传学专家卢大儒发出的带有科学性与专业性的观点则淹没在浩瀚的网络里。“在微博平台上，网友一边倒地表示支持崔永元。在崔、卢二人的论战中，在微博上形成了 10 多万的发布量和大量的民众的批驳。”① 之所以形成这种局面，是因为与科学的严谨性和客观性相比，人们关注的焦点更多地集中于道义的正当性和公众的直接感受。由于受众科学素养的缺失和科学家的失语，普通公众更愿意相信充满道义的公共知识分子。当公众内心没有一个稳定的科学认知结构时，通常也会紧随心目中意见领袖的脚步。

不难看出，围绕转基因这一主题，来自不同领域的社会精英群体各自建立起了自己的话语体系，成为各自领域的意见领袖，他们分别从不同的角度针对转基因事件进行话语的制造、解释和再生产，从而建立起了一个庞大而复杂的转基因话语圈，并且这个话语圈将普通群众排除在外。精英群体和意见领袖利用自身的优势，为了实现某个目标而进行相关话语的生产并且控制话语的走向。范·迪克指出，“精英群体一般通过利用、控制媒体符号的生产达到控制话语的目的。而且，通常精英群体的形成是由于内部具有某种共识。精英群体通过对转基因的话语生产和控制走向，使得受众对转基因的态度认知进入精英群体提前设置好的轨道”②。

属于精英群体的意见领袖，通过对转基因话题的控制，使得受众对转基因话题的讨论走向预设的轨道。精英群体的意见领袖作用潜移默化地影响着受众对转基因的态度和认知。某些意见领袖发表对转基因的意

---

① 王大鹏，钟琪，贾鹤鹏．科学传播：从科普到公众参与科学——由崔永元卢大儒转基因辩论引发的思考．新闻记者，2015，6（8）：8-15.

② 迪克．作为话语的新闻．北京：华夏出版社，2003.

见之后，其追随者会积极响应该意见领袖的观点。也可以说，意见领袖在无形中创造了转基因安全风险传播的“拟态环境”。“谁控制了‘拟态环境’谁就将控制人们头脑中的现实世界。人们普遍认为只要社会精英们控制了大众媒介的拟态环境，就能控制民众头脑中的现实世界，民众就会把这种头脑中的‘现实’当成社会现实本身。”①

三、转基因安全风险传播舆论引导分化的原因和影响

由于传统媒体和新媒体建构了转基因安全风险传播的“拟态环境”，受众对转基因存在认识上的偏差，关于转基因的争论和谣言一度甚嚣尘上，甚至出现了“谈转色变”的现象。这背后有媒体自身的原因以及极其深刻和复杂的社会原因和技术原因。

（一）转基因安全风险传播舆论引导分化的原因

1. 媒体追求眼球效应，“新闻性”与“科学性”平衡缺失

眼球效应是指用各种手段和方法造成醒目、轰动的效果，以便把别人的目光吸引过来，引起人们的注意，从而达到某种目的。媒体对转基因的报道，并不是完全在新闻性和科学性之间做平衡，而是体现出眼球效应，以此吸引受众。媒体的价值取向，潜移默化地影响着受众对转基因的态度。

1882 年美国纽约《太阳报》的主编约翰·博加特就提出“狗咬人不是新闻，人咬狗才是新闻”。在媒体一边，越是超出人们常识和常规范围内的行为和事件，就越具有新闻价值，越值得报道，也就更能激发受众的好奇心和关注，达到更为有效的传播效果。真如新闻学教授比尔·伯尼博士所言“最有市场价值的是交通失事、水灾、火灾、地震、谋杀、战争、行业纠纷以及死亡和伤害。具有负面因素的新闻题材对记者

① 陈航．新媒体与拟态环境．南京政治学院学报，2010（6）．

来说更加重要”。由此，在发行量（报纸）、收视率（电视）、收听率（广播）、点击率（互联网）为硬性的考核指标的压力下，报道能吸引受众眼球、具有猎奇和反常效应的新闻自然在传媒界一方有了更为庞大的市场。于是，报道“转基因食品不安全”“转基因是洪水猛兽”的新闻显然会比报道“转基因食品安全”“转基因是新的生物技术”的新闻能够更加引起受众的兴趣和注意。

从传播的实践不难发现，对负面新闻信息的报道更容易激发受众的新闻欲望和兴趣，更能引起受众的关注和参与，从而更加容易产生强烈的社会反响。眼球效应即新闻效应。中国传播学界的研究也认证了这一观点。2004 年，复旦大学的张国良、廖圣清在《中国受众的信息需求与满足》的调查报告中指出：“受众对各种性质的信息，大多数人持均衡态度，即不偏好或兼好正面和负面信息，其次是偏好负面信息，最低比例是偏好正面信息，三者所占比例分别为 41.4%、34.3%、24.3%。其中负面信息比正面信息整整高出了 10 个百分点。”①

另一方面，对媒体而言，转基因的安全风险传播呈现的却是“新闻性”与“科学性”的平衡缺失。转基因报道属于科技新闻。“科学性”是科技新闻报道的灵魂和前提，因此决定了报道的内容必须是科学的；同样，“新闻性”又是科技新闻的根本，是科技新闻值得进行传播的基础。对媒体而言，对转基因安全风险传播的报道，往往很难兼顾“新闻性”与“科学性”的相互统一。在转基因报道方面，过多地强调新闻性，科学性缺失或不足，是传统媒体和新媒体共同存在的问题。

2. 食品安全事件频发，政府管理缺位

民以食为天。食品安全问题已经不再是“拟态环境”，而是实实在在引起社会受众的恐慌。政府相关部门的监管缺失，以及未能及时妥当处理食品安全事件，不断加深受众的质疑程度。2006 年苏丹红鸭蛋事件，2008 年三鹿“三聚氰胺奶粉”事件以及地沟油等食品安全事件，时刻刺痛消费者善良而敏感的心。

---

① 张国良，廖圣清．中国受众的信息需求与满足．新闻记者，2004（11）：43.

从以上食品安全问题以及相关的处理措施来看，在风险社会中，人们对危机的出现没有预料，对危机造成的灾难难以承受。没有相关的话语权，不能通过一定渠道表露对事件的看法以及呼声。此外相关的法律不健全，绝大多数情况都是事件发生之后紧急发布通知或者处理办法。对责任人处理方式低调柔和，对危机的产生原因以及处理结果不能及时公之于众。相关部门为了避免争议，回避受众的质疑，不具备透明性，引发了人们对政府的不信任，并形成恶性循环，损害了政府的公信力。同样回到转基因问题上来，有关转基因事件频繁发生，如“黄金大米”事件，“转基因水稻种子非法流入市场”事件，“非法种植转基因玉米”事件，等等，更加剧受众对转基因的刻板印象。一项调查报告显示，“有 34.3%的人认为政府的监管力度一般，甚至有 18.5%和 8.2%的人认为政府的监管是不得力和完全缺失的，另外仍有 20.8%的人不清楚政府的监管是否有力”①。这也是农业部转基因官员多次举办新闻发布会对转基因进行科普宣传而民众并不买账的原因。

3. 风险社会下的技术恐惧

在全球化发展背景下，由于人类实践所导致的全球性风险占据主导地位，在这样的社会里，各种全球性风险对人类的生存和发展存在着严重的威胁。这就是风险社会。在这个社会里，怀疑和信任、安全和风险难以达成稳态平衡，由此受众产生技术恐惧，即对技术未来发展的不可预见及其可能带来的危险而产生消极情绪。转基因恐惧、人工智能恐惧、核恐惧、纳米恐惧等等都在挑动人们紧绷的神经，每一次与之相关的社会事件的发生都会加深人们对其恐惧的程度。正是对技术未来发展的不可预见和无助，使得技术恐惧症相互传染蔓延，并且可能会愈演愈烈。在媒体集中报道转基因事件后，受众对转基因的风险意识比事件前往往显著提高，而且媒体报道会影响人们对转基因的信任度，负面报道越多，人们对转基因的信任度也就越低。

风险社会中人们与政府和科学共同体之间需要一种互相信任的机

---

① 金艳，沈继斯. 风险传播视角下转基因生物科技及产品传播障碍及对策. 华中农业大学学报，2014 (4).

制，对于转基因这一项存在潜在风险性的技术，随着新闻媒体近年来的持续关注和报道，人们对其的争论也在日益升级。“风险感知的机动性推理理论认为，在人们形成对争议性技术的态度时，不同的信息起着不同的作用，同时根据信任不平衡理论，人们在进行风险判断时，会优先接受负面信息的刺激，同时助力负面信息的传播速度，从而加速形成对风险技术的不信任态度，加速对政府和科学共同体的不信任。”①

负面形象一旦形成，就会构成进一步选择信息的标准，强化人们对转基因技术的不信任态度。崔永元与方舟子的微博论战中，崔永元及其支持者的微博有大量质疑政府农业部门或者科学共同体对转基因风险管控能力的文章，人们对政府和科学共同体的不信任，使得人们对转基因技术的排斥程度不断增强。

（二）转基因安全风险传播舆论分化的影响

在转基因拟态环境中，受众被动地接受被赋予了一定价值观的“事实”，而不是事实的全部真相，加之一些受众无法辨别真假的转基因谣言的传播，很容易丧失对媒体、政府和科学共同体的信任。这种不信任感的逐渐加深，最终可能会导致社会不稳定，使得由技术创新带来的风险转变为社会秩序的风险。由此，形成转基因安全风险传播拟态环境的恶性循环，并最终形成由于舆论分化产生的撕裂社会现象。

1. 表象层面：侵害公众的知情权

公众所获得的关于转基因的信息，是经过传播媒介（包括传统媒体、新媒体和自媒体等）对信息进行选择和处理之后的结果，而且公众接触的信息是在媒介的议程设置范围内的，内容也是有限的。知情权是指知悉、获取信息的自由与权利，包括从官方或非官方知悉、获取相关信息，也就是公众有权知道其应该知道的事情。在现代社会中，应该最大限度地保障公民获取信息的权利。

根据“媒介依赖论”，公众越来越依靠媒介满足信息需求。公众的

① 贾贺鹏，范敬群，闫隽．风险传播中知识、信任与价值的互动．当代传播，2015(3)．

媒介信息依赖程度会影响媒介信息对公众的影响程度，如果某个人对某个媒介存在依赖，他就会有选择性地接受媒介内容，更多地使用该媒介信息来满足其需求，由此这个媒介的信息最终被公众接受并产生作用的可能性便会相应地增加。事实上，人们对外界的大部分信息都越来越依靠各种媒介，通过媒介营造的虚拟世界去了解认知外部的世界。在这个媒介建构的虚拟世界里面，人们对信息的验证能力大大缩小，对信息的依赖度不断提高。在媒体建构的转基因安全风险传播的“拟态环境”中，受众成为转基因信息的“拟态人”。

媒介传播信息的公开、真实、完整与透明，才能满足受传者的知情诉求被尊重与维护的心理期待。公众不能原谅信息传播者为了某种目的或利益而剥夺他们的知情权利。

2. 社会陷入“塔西佗陷阱”

在一些突发性事件中，一些地方部门或者政府在应对社会舆论时，经常陷入“塔西佗陷阱”。转基因的传播同样如此。社会公众对政府的说法和做法保持怀疑态度，媒体和科学共同体的发声也不能获得公众的信任，公众对政府，媒体以及科学共同体存在极度的不信任，这对社会稳定与和谐构成威胁。

“塔西佗陷阱”是古罗马历史学家塔西佗提出的一个理论，指的是当公权力失去公信力时，无论发表什么言论、无论做什么事，社会都会给予负面评价。运用到现实环境中来，便是“当一个部门失去公信力时，无论说真话还是假话，做好事还是坏事，都会被认为是说假话、做坏事”。就转基因安全风险传播而言，拟态环境已经形成并且还在恶化，导致转基因安全风险传播出现了严重的信息鸿沟。即使媒体真实客观报道转基因的新闻，公众还是在质疑科研成果的权威性和真实性。

转基因的传播陷入“塔西佗陷阱”是一个逐渐由量变到质变的积累过程。转基因安全风险传播的谣言众多；官方对一些转基因事件处理的模糊，比如转基因作物的非法种植和实验，处理过程并不透明；政府和科学共同体对转基因的发声力度不够，由此导致部分公众丧失了对政府和媒体的信任，不相信官方公布的转基因信息和相关数字，妖魔化转基因的信息一度甚嚣尘上。

随着互联网和新媒体的快速发展，信息的传播渠道日益多样化、高速化，突发事件日益公开化、焦点化。突发的转基因危机事件经过各种媒介的传播，造成了更大的不确定性和复杂性。如果突发转基因事件的危机公关未能及时处理好，不仅会引发社会动乱，还会在群众中造成一种惯性思维，当他们再次遇到突发的类似的危机事件，他们会更加习惯性地产生对政府和媒体乃至科学共同体的不信任，并对其产生抵制和抗拒的行为。

四、结论与建议

由媒介建构的转基因安全风险传播已经成为实实在在的拟态环境。构建一个相对科学、真实、客观的转基因舆论场，营造良好的转基因安全风险传播氛围，建设科学化的转基因安全风险传播体系，引导转基因的拟态环境发展走向正轨，这一切都离不开社会各方面的努力，需要政府、媒体、科学共同体以及受众的共同努力。

（一）主流媒体发声，科学引导舆论

在当下的转基因报道中，媒体报道的信息来源、报道角度、报道内容缺乏对转基因进行深度的阐释性。媒体的报道具有一定倾向性，议题分布不均，这都导致了传播效果出现偏差。事实上，可以从以下几个方面实现转基因安全风险传播的科学化，并提升转基因安全风险传播舆论引导的水平。

1. 转基因安全风险传播的报道方式

（1）多样化报道。

“媒体的转基因报道应该首先坚持信息来源多样化，其次是坚持新闻报道议题的分布多样化，综合多方面的信息源，倾听各个领域关于转

基因的声音，媒体有责任向受众传递有关于转基因的尽可能全面的信息。”① 信息来源的多样化有利于向受众营造一种“有选择性的拟态环境”，受众可以从媒体传来的各方面的转基因信息中形成对转基因的较为全面的认识，不单局限于某一方面的认知范围。

（2）完整性报道。

“媒体对转基因不光要报道最新的动态，还要适时做出分析，向受众指出类似于‘是什么’‘为什么’‘怎么做’之类的延伸性报道或者评论，要缩短与受众的心理距离，选择与受众紧密相关的话题，让他们真切地参与到对转基因的讨论中来。”② 转基因涉及复杂的生物技术，要透过表象背后提供更加完整的“全景式”的转基因报道。不能以偏概全，更不能无中生有。

（3）平衡性报道。

媒介对转基因的报道应该坚持中立原则。“新闻性”与“科学性”存在一定的时间冲突，科技传播的从业者一定要保持价值中立，报道的内容呈现客观中立性。在某些特殊情况下，当关于转基因的社会舆论出现极端化倾向的时候，需要媒体进行正面的引导，消除受众的认知性误解。媒体的报道倾向性体现其价值取向，媒体的价值取向又会影响受众的认知和判断取向，因此对转基因的平衡性报道，才更加有利于转基因安全风险传播舆论场的建立。

媒体在舆论方面具有引领作用，在科技新闻报道中，媒体工作者一定要把握好度，当好把关人，尽可能做到“新闻性”和“科学性”的平衡和统一。“新闻媒体需要做到：第一，对于重大的热点问题要积极发表正确的言论。第二，发表言论的同时还要时刻关注社会动态以及人民群众的反应和看法，对于他们不能理解的一些问题积极做出合理恰当的解释。”③

---

① 徐淑芳.《纽约时报》转基因报道研究. 长沙：湖南大学，2012.

② 李浩鸣. 浅论科技新闻. 科学新闻，2011：3-5.

③ 李鹏. 火山口的韩春雨，真金不怕火炼？还是神话即将破产. 北京科技报，2016-08-08.

2. 转基因安全风险传播的媒介立场

(1) 忌预设立场，多专业意见。

新闻报道最大的禁忌是记者掺杂自己的主观意识，将自己的判断作为结论性话语融入报道中。对于转基因安全风险的传播更是如此，“面对争议事件时，科技新闻与其他新闻报道一样，应该始终恪守价值中立，拿事实说话。裁判员、舆论警察，这都不是科技新闻工作者应该扮演的角色”①。

科学研究少不了科学共同体的声音，少不了正当的争议。对于生物研究领域的前沿技术，转基因的安全性在科学共同体内部也是有争议的，而这种争议也是科学研究的正常现象，“一项科学发现或成就，科学水平如何，有没有分量，必须有同领域权威科学家的评论”②。正是有了科学共同体内部的争议或质疑，科学研究才能“更上一层楼”。准确、科学地报道科学共同体内部关于转基因安全风险的争论，也是媒介的职责所在。关于转基因是否安全、转基因的科学伦理，也是专业的科研团队在进行评估和研究，但公众对此知之甚少。在进行转基因安全风险的传播时，多报道同行评论和科学共同体的权威消息源，是报道价值中立的重要保证。

(2) 遵传播规律，忌大肆炒作。

跟风炒作是新闻报道的一大禁忌。新闻媒体有引导舆论的职责和使命，面对转基因这样的热点争议事件要站好岗，承担好把关人的职责，遵循传播规律，切忌炒作，谨防转基因报道的“娱乐化”倾向。在转基因的报道方面，新闻媒体要纠正为迎合用户倒逼内容生产负能量过多的倾向，要防止一味追求传播速度、收视收听率、点击率和粉丝量导致的方向偏离，遵循科学的传播规律。在报道转基因相关的事件时，科技工作者要做好“侦察兵”的角色，从不同侧面、不同视角给予受众科学的启迪和思考。布鲁姆和克努森认为，科技工作者必须具有更强烈的公共责任意识。因此既要用通俗易懂的文字将复杂深奥的科学知识传播给受

---

① 林小春.“韩春雨事件”引发的科技新闻报道思考. 科技传播，2016 (11).

② 尚国干. 科学性与新闻性的统一——浅说科技新闻报道. 新闻前哨，2004 (12).

众，更注重挖掘出科学事件背后的科学方法、科学伦理和科学精神的传播。

（二）政府和科学共同体的参与

1. 政府的举措

在重构转基因话语秩序的工作中，政府的举措对转基因的传播有举足轻重的作用。首先，必须加强食品安全监管。这是政府不容回避的问题，也是化解转基因安全风险传播谣言屡屡出现问题的重要举措。其次，改变单一的话语秩序，促使受众参与到对转基因的讨论中来，重建科学共同体和媒体以及受众的关系，重构话语秩序。尊重受众的知情权，使转基因的传播成为建立在受众的感知基础上的互动沟通过程。可以设立新闻发言人制度，并积极通过科普宣传、科学共同体讲座报告等方式传播转基因的政策，将政府对转基因的态度和发展策略同步传达给社会受众。最后，对于某些突发的转基因新闻事件，政府要有强烈的公关危机意识，让真相走在谣言的前面。

我们要认识到，转基因是一项新技术，也是一个新产业，具有广阔发展前景。作为一个新生事物，社会对转基因技术有争议、有疑虑，这是正常的。发展这项技术尤其要注意两点：一是确保安全，二是要自主创新。也就是说，在研究上要大胆，在推广上要慎重。转基因农作物产业化、商业化推广，要严格按照国家制定的技术规程规范进行，稳打稳扎，确保不出闪失，涉及安全的因素都要考虑到。要大胆创新研究，占领转基因技术制高点，不能把转基因农产品市场都让外国大公司占领了。

2. 科学共同体主动担当意见领袖

当科技领域发生转基因这样的重大争议事件时，科学共同体有责任站出来发声，担负起转基因科学传播的职责。2017 年两会期间，中科院微生物所前所长黄力指出，科学共同体应在热点或敏感事件，如转基因、学术不端等事件发生时发声，“可以有不同观点，可以争论，但必须是科学的声音，引导公众科学理性地讨论，也就逐步有了促进创新的科学文化土壤，但目前我们看到这方面环境几乎没有，科学共同体的发展不太健康”。

当下科学共同体对转基因安全风险的科普工作并不到位，遭遇公众的信任危机在所难免。受众认为即便是转基因方面的专家也会有未知领域，加上受众对转基因话语权的缺失，相关信息由科学共同体单向传播给受众，导致最直接的后果就是受众的不信任和抵触。科学共同体应该走出实验室，与受众积极进行沟通，将结论建立在对转基因的全面及合理评估上。

相当多的科学家认为："公众对转基因的抵制，是因为公众对生物知识的无知以及他们不切现实地要求绝对的零风险造成的。"① 因此，对于突发的转基因新闻事件，科学共同体有责任第一时间联系媒体，准备科学证据，迅速为媒体提供科学且精确的信息，从而确保科学传播的有效性和正确性。同时在面对某些媒体的议程设置时，科学共同体应该主动担当意见领袖，科学发声。中国科协定期举办的"科学家与媒体面对面"系列活动，就充分发挥了学会组织的功能，结合社会热点、焦点开展科普，建立一个科学家与大众媒体广泛沟通的渠道。每期围绕社会科普热点，邀请科学家与媒体记者开展面对面的交流。

随着互联网用户尤其是移动互联网用户的增加，关于转基因技术的舆论场的分化随着互联网的兴起也延伸到了新媒体平台上。由于信息的海量性和混杂性、网络意见领袖意见的分歧、UGC 平台生产内容质量参差不齐等原因，转基因安全风险传播的拟态环境加剧。由于信息获得便利，对于转基因的争议非但没有弥合反而呈现出了更大的分化。在这样的背景下，无论是作为传播主体的传媒还是作为监管部门的政府以及作为转基因研究主体的科学共同体都应该共同努力，引领转基因安全风险传播走上正轨。

---

① COOK G，PIERI E，ROBBINS P T. The Scientists Think and the Public Feels：Expert Perceptions of Discourse GM Food. Discourse & Society，2004，15 (4).

参考文献

[1] 贝克. 风险社会. 南京：译林出版社，2003.

[2] 曹琬晨. 中国转基因报道的问题与对策. 科技传播，2015 (13).

[3] 毛新志. 实质等同性原则与转基因食品的安全性，科学学研究，2004 (6).

[4] 李普曼. 受众舆论. 北京：中国广播电视出版社，2008.

[5] 隋雪，杜盼，李欢欢，等. “拟态环境”研究的回顾与展望. 青岛大学师范学院学报，2012 (3).

[6] 王忠国. 拟态环境的双刃性——向导和误导. 吉昌学院学报，2008 (1).

[7] 李淑芳. 广告传播的拟态作用机制. 当代传播，2008 (3).

[8] 陈刚. “不确定性”的沟通：转基因论争传播的议题竞争、话语秩序与媒介的知识再生产. 新闻与传播研究，2014，7 (18).

[9] 李普曼. 舆论学. 北京：华夏出版社，1989.

[10] 桑斯坦. 网络共和国. 上海：上海人民出版社，2003.

[11] 康亚杰，彭光芒. 转基因话题微博传播的“回声室效应”. 新闻世界，2016 (4).

[12] 郭庆光. 传播学教程. 北京：中国人民大学出版社，2011.

[13] 范敬群，贾鹤鹏. 极化与固化：转基因科普的困境分析与路径选择. 中国生物工程，2015，35 (6).

[14] 王大鹏，钟琪，贾鹤鹏. 科学传播：从科普到公众参与科学——由崔永元、卢大儒转基因辩论引发的思考. 新闻记者，2015，6 (8).

[15] 迪克. 作为话语的新闻. 北京：华夏出版社，2003.

[16] 陈航. 新媒体与拟态环境. 南京政治学院学报，2010 (6).

[17] 张国良，廖圣清. 中国受众的信息需求与满足. 新闻记者，2004 (11).

［18］金艳，沈继斯．风险传播视角下转基因生物科技及产品传播障碍及对策．华中农业大学学报，2014（4）．

［19］贾鹤鹏，范敬群，闫隽．风险传播中知识、信任与价值的互动．当代传播，2015（3）．

重大自然灾害背景下民众对基层政府的信任逻辑

李智超　贾　茹*

一、引言

（一）研究背景

目前，我国正处于政治经济转型期，面临发展经济和应对风险的双重压力，日益增加的各种社会风险已经影响了社会秩序的稳定，因而解决社会风险问题刻不容缓①。卡斯帕森夫妇、奥温·雷恩以及保罗·斯洛维奇等人于1988年提出“风险的社会放大框架”（social amplification of risk frame，SARF），这一理论描述和解释风险、风险事件与社会制度及文化之间的互动如何影响个人或组织的风险认知，造成风险的放大

---

* 李智超，电子科技大学政治与公共管理学院副教授，研究方向：社会治理、政策扩散、社会网络与制度变迁；贾茹，电子科技大学政治与公共管理学院硕士研究生，研究方向：政策文本分析与社会网络。

① 王京京. 国外社会风险理论研究的进展及启示. 国外理论动态，2014(9)：95-103.

或弱化，进而影响社会制度的制定和实施，最终引发诉讼、抗议等社会后果。在对框架内容的阐述中，该理论将风险的社会放大定义为“信息过程、制度结构、社会团体行为和个体反应共同塑造风险的社会体验，从而促成风险结果的现象”。重大自然灾害来临，民众会产生自我认知性的生存威胁和“忐忑”公众心理，并呈现出集结放大效应，政府单个部门的行为会被扩展到整个政府的行为特征，使民众对政府的信任将渐近下降。

灾后重建过程中，常会出现对政府信任产生负面影响的事件。重大自然灾害的不确定性给政府形象带来最直接的风险，且自然灾害发生时，政府形象与政府信任密切相关①。熊茵认为这一点在重大自然灾害中体现得最为明显，政府、媒体、个人社会关系实际上对信息形成了一种竞争性格局，政府作为管理机构，其与民众间的关系往往处于一种直接竞争性的关系，并且在信任者的选取上，民众容易将“政府信任”排在最后，然而由于危机最终需要政府来解决，此种信任排序最终会增加政府解决危机的风险②。在重大自然灾害发生后，信任作为一种社会资本和道德资源，对于解决集体行为困境具有重要作用，而有效的风险沟通能够促进社会信任体系的形成③。当前，公众质疑或反对政府风险决策的结果，大多是基于公众对政府的不信任，而这种不信任与以往因风险决策不透明、政府形象不佳④、政府给予民众的信心⑤或是信息不公平⑥、不听取民意而造成的公众权利严重受侵害有关，因而需要建立良性的风险沟通渠道，应对社会风险问题。

---

① 卢伟. 突发事件中政府形象面临的挑战及对策研究. 长沙：湖南大学，2014.

② 熊茵. 突发事件信息变异与应对策略研究. 武汉：华中科技大学，2012.

③ 王京京. 国外社会风险理论研究的进展及启示. 国外理论动态，2014 (9)：95-103.

④ 同①.

⑤ 戴薇. 广州居民灾害风险感知研究. 兰州：兰州大学，2014.

⑥ 张欢，任婧玲，刘倩. 析灾后救助政策公平感的影响因素——基于汶川地震的实证研究. 南京大学学报（哲学·人文科学·社会科学版），2011 (3)：31-41，159.

（二）研究问题

本研究选取了汶川地震波及的什邡市、绵竹市灾区，组织实施了为期三年的问卷调研，形成了一套三年期追踪数据。通过实地调研和深入分析，试图回答和解决两个问题：影响政府信任的因素有哪些，社会成员对于政府的信任感的形成机制为何①。

为了回答以上两个问题，本文分别以两个视角为出发点：理性选择的视角及社会建构的视角。具体而言，即分别从政府绩效的角度和社会网络的角度来解释政府信任，通过合理假设，建立模型并分析其统计结果来得到结论。

二、理论探讨与研究假设

政府信任或称政治信任，通常是指社会成员基于理性判断、经验感受、心理预期等，对政府或政治系统的运作结果与他们的期待一致与否的信念或信心②，它是国家及其政治系统稳定的重要基石③。

目前学界对政府信任的研究，主要围绕两大议题：一是政府信任的

① PARRY G. Trust，Distrust and Consensus. British Journal of Political Science，1976，6（2）：129－143；MISHLER W，RICHARD R. What Are the Origins of Political Trust? Testing Institutional and Cultural Theories in Post-Communist Societies. Comparative Political Studies，2001，34（1）：30－62；胡荣，胡康，温莹莹．社会资本、政府绩效与城市居民对政府的信任．社会学研究，2011（1）.

② EASTON D. A Framework for Political Analysis. Englewood Cliffs，NJ：Prentice-Hall，1965；HETHERINGON M J. The Political Relevance of Political Trust. American Political Science Review，1998，92（4）：791－808.

③ ALMOND G A，SIDNEY V. The Civil Culture. Boston：Little，1963；CHRISTENSEN T，PER L. Trust in Government：The Relative Importance of Service Satisfaction，Political Factors，and Demography. Public Performance & Management Review，2005，28（4）：487－511.

变化趋势及其可能的效果（影响）是什么①？二是影响政府信任的因素有哪些，社会成员对于政府的信任感的形成机制为何②？

对于第二个议题，不同研究者基于不同的理论视角，提出了不同的解释与理论。例如一些研究基于理性选择视角，指出社会成员对经济生活状况、政府整体绩效的评价会显著影响其对政府的信任程度③，一些研究从社会建构论的视角出发，指出社会资本、社会网络以及地区文化对政府信任的形成有着重要影响④。

（一）理性选择的视角：政府绩效与政府信任

哪些因素会影响社会成员对政府的信任？学界对此有许多不同的答案，视其研究视角而定。政府绩效（government performance）的视角，主要是从政府表现的角度来寻找政府信任的原因。即社会成员对政府的

① CITRIN J，SAMANTHA L. Political Trust Revisited：Déjà Vu All Over Again? //HIBBING J R，THEISS-MORSE E. What is It about Government that Americans Dislike? New York：Cambridge University Pres，2001；MILLER A H. Political Issues and Trust in Government：1964—1970. American Political Science Review，1974，68（3）：951-972.

② PARRY G. Trust，Distrust and Consensus. British Journal of Political Science，1976，6（2）：129-143；MISHLER W，RICHARD R. What are the Origins of Political Trust? Testing Institutional and Cultural Theories in Post-Communist Societies. Comparative Political Studies，2001，34（1）：30-62；胡荣，胡康，温莹莹. 社会资本、政府绩效与城市居民对政府的信任. 社会学研究，2011（1）.

③ MANSBRIDGE J. Social and Cultural Causes of Dissatisfaction with U. S. Government//JOSEPH S N，ZELIKOW P D，KING D C. Why People Don't Trust Government，Cambridge，MA：Harvard University Press，1997；NYE J S. Introduction：The Decline of Confidence in Government//JOSEPH S N，ZELIKOW P D，KING D C. Why People Don't Trust Government，Cambridge，MA：Harvard University Press，1997；NEWTON K，NORRIS P. Confidence in Public Institutions：Faith，Culture or Performance? //PHARR S J，PUTNAM R D. Disaffected Democracies：What's Troubling the Trilateral Countries? Princeton：Princeton University Press，2000.

④ PUTNAM R D. Making Democracy Work：Civic Traditions in Modern Italy. Princeton，NJ：Princeton University Press，1993；MISHLER W，RICHARD R. What are the Origins of Political Trust? Testing Institutional and Cultural Theories in Post-Communist Societies. Comparative Political Studies，2001，34（1）：30-62；ROTHSTEIN B，DIETLIND S. How Political Institutions Create and Destroy Social Capital：an Institutional Theory of Generalized Trust. Paper prepared for the Annual Meeting of the American Political Science Association，Boston，2002.

信任随着政府的整体表现（包括经济发展、政府廉洁、社会安定等方面）而波动①。不少学者从近几十年来美国以及全球政府信任下降的现象出发，探讨形成该趋势的原因，例如，政府的经济绩效表现不如预期或是社会成员对政府解决社会问题的能力评价不高，都会造成对政府的不信任②。此外，政治程序的公平和透明与否也是社会成员对政府是否值得信任的原因③。这些研究背后的解释逻辑是从理性选择理论视角出发，认为社会成员是否从政府绩效中获得利益（主要为经济层面）是造成政府信任变化的主要因素，即将影响政府信任程度的因素看作是政治系统内生的（endogenous）④，而且容易受到短期政府绩效表现的影响而产生波动。

理性选择学派对政府信任的解释是从理性经济人假设出发，首先认为人是趋利的，根据自身经济状况的好坏来决定对政府的信任程度；其次认为人是理性的，能够利用其掌握的政府绩效信息来决定对政府信任的程度。然而，政府信任并不是短期能够形成的，它是一种长期稳定的政治态度，有学者区分了影响政府信任的短期因素与长期因素，例如，从时间角度将影响政府信任的因素区分为短期的经济状况、政治人物廉洁问题和长期的文化与社会交往因素⑤。前者重视短期经济因素对政府信任的影响，而后者则从较长期的个人所处的社区状况与社会网络因素

---

① CITRIN J. Comment：the Political Relevance of Trust in Government. American Political Science Review，1974，68（3）：973-988.

② MANSBRIDGE J. Social and Cultural Causes of Dissatisfaction with U. S. Government//JOSEPH S N，ZELIKOW P D，KING D C. Why People Don't Trust Government，Cambridge，MA：Harvard University Press，1997；NYE J S. Introduction：The Decline of Confidence In Government//JOSEPH S N，ZELIKOW P D，KING D C. Why People Don't Trust Government，Cambridge，MA：Harvard University Press，1997.

③ TYLER T. Why People Obey the Law. New Haven：Yale University Press，1990；SZTOMPKA P. Trust：A Sociological Theory. Cambridge：Cambridge University Press，1999.

④ MISHLER W，RICHARD R. What are the Origins of Political Trust? Testing Institutional and Cultural Theories in Post-Communist Societies. Comparative Political Studies，2001，34（1）：30-62.

⑤ LISTHAUG O. The Dynamics of Trust in Politician//KLINGEMANN H D，DIETER F. Citizens and the State. Oxford：Oxford University Press，1995.

角度解释其政府信任程度①。因而理性选择学派忽略了信任的另一面，即信任也包含感性的成分，信任是社会成员在长期的社会生活过程中形成的，是社会建构的产物，受其所在的社会关系网络结构的影响②。社会建构的视角可以为我们提供不同于理性选择学派的解释。

(二) 社会建构的视角：社会网络、社会信任与政府信任

理性选择学派认为政府信任产生机制的关键在于个人基于所掌握信息对政府绩效的理性判断。而从社会建构的视角来看，政府信任并不能完全归因于理性判断，而应强调社会成员的网络结构特征及其社会交往过程中产生的感性因素对政府信任的影响。政府信任是社会成员在其社会关系网络中经由情感渲染、信息传递、彼此影响而形成的对政府的态度，且此态度会长期持续③。

此派学者对于政府信任的基本观点是：首先，社会成员对政府的信任是社会信任的一种延伸，只是信任行为的对象不同而已④。其次，信任是一种社会认知行为，是个人通过其社会经验与社会化过程，获得信任他人及维系合作关系的能力，因此信任产生于该社会成员的社会交往过程中，并受其所归属的社会群体的影响⑤。与其说政府信任是个体对政府绩效理性评估的产物，不如说政府信任是人们在社会交往中经由社会建构的结果，是社会信任迁延于政治领域的产物。

---

① YOUNG K J. Bowling Together Isn't a Cure-All: The Relationship between Social Capital and Political Trust in South. International Political Science Review, 2005, 26 (2): 193-213.

② COOK K. Network, Norms, and Trust: The Social Psychology of Social Capital. 2004 Cooley Mead Award Address. Social Psychology Quarterly, 2005, 68 (1): 4-14.

③ MISHLER W, RICHARD R. What are the Origins of Political Trust? Testing Institutional and Cultural Theories in Post-Communist Societies. Comparative Political Studies, 2001, 34 (1): 30-62.

④ BRAITHWAITE V, MARGARET L. Trust and Governance, New York: Russell Sage Foundation, 1998.

⑤ NEWTON K, NORRIS P. Confidence in Public Institutions: Faith, Culture or Performance? //PHARR S J, PUTNAM R D. Disaffected Democracies: What's Troubling the Trilateral Countries? Princeton: Princeton University Press, 2000.

然而也有研究显示社会信任与政府信任并没有显著相关关系。例如牛顿通过数据分析指出，在 19 个国家中，只有 6 个国家在个体层次上社会信任与政府信任显著正相关，其他国家皆不支持两者具有显著关系①；托卡与蒙特罗对西班牙社会资本的实证研究中，也未发现社会信任与政府信任在个体层次上显著相关②。对于这种相互矛盾的研究结果，是因为不同研究者对于社会信任的界定与操作化不尽相同；更为重要的是，在不同的社会情境下，何种理论对政府信任更有解释力还是一个有待理清的问题。

（三）假设提出——评估两种不同的解释逻辑

“信任”在社会生活与经济发展中的重要性已成为学界的共识③。在传统社会，人们的信任关系主要是经由血缘、地缘、业缘等造就，这种人际信任主要是人们在社会交往中，根据所掌握交往一方的信息而确定的，由于个人与他人亲疏远近的熟悉程度不同，人际信任呈现出“差序格局”的形态④，即人际信任的逻辑是，施信者与被信者的关系亲疏决定了施信者所掌握被信者的信息量，施信者依此做出判断或行为预期，进而影响信任程度⑤。

然而，许多社会活动的进行已经超出传统人际关系的范围，在“非

---

① NEWTON K. Social Trust and Political Disaffection：Social Capital and Democracy. Paper prepared for the EURESCO Conference on Social Capital；Interdisciplinary Perspectives at the University of Exeter，United Kingdom，2001.

② TORCAL M，JOSE R.. Facets of Social Capital in New Democracies//DETH J，MARAFFI M，NEWTON K，et al. Social Capital and European Democracy. London：Routledge，1999.

③ GRANOVETTER M S. Economic Action and Social Structure：The Problem of Embeddedness. American Journal of Sociology，1985，91（3）：481－510；WILIAMSON O E. The Mechanisms of Governance. New York：Oxford University Press，1996.

④ 张笠云，谭康荣. 制度信任的趋势与结构：“多重等级评量”的分析策略. 台湾社会学刊，2005（35）.

⑤ LUO J-D. Particularistic Trust and General Trust—A Network Analysis in Chinese Organizations. Management and Organizational Review，2005（3）：437－458.

人际”基础上进行。即不以“自然人”为对象的信任逐渐成为现代社会运行的主体①，对于非人际信任，我们可以统称为“制度信任”②，本文所要探讨的村民对“基层政府信任”，即是一种“制度信任”。在前面的理论探讨中，我们可以发现，在理性选择理论的视野下，政府信任产生的逻辑，如“人际信任”产生的逻辑，即在理性选择理论看来“政府信任”是个人根据其所了解的政府绩效或政府承诺的相关信息，对政府信任程度做出的理性评判③。西方学界一般将“政府绩效”分为经济发展、社会安定、政府廉洁三大构面，其中经济生活改善程度与政策执行的公平程度被视为影响民众对政府绩效评价的两个最为重要的因素④，因此，从政府绩效的角度出发，本文提出如下假设：

假设 1－1：村民对经济生活改善的评价对其基层政府信任具有正面影响。

假设 1－2：村民对政策执行的公平性评价对其基层政府信任具有正面影响。

从政府绩效的角度解释政府信任，其理论逻辑的前提是“信任”经由理性选择产生，即人们可以获取比较充分的政府绩效信息，同时可以理性地对政府承诺做出评判，但这样的前提在现实中其实是很难实现的，特别是对于处于信息不对称地位的农村居民而言，对在日常生活中可亲身接触的对象，他们可以较容易地进行信任程度的判断，但是能有机会亲身经历或直接接触各类不同的政府部门者毕竟是少数。即或有所

① KATZ E，BRENDA D. Bureaucracy and the Public：A Reader in Official-Client Relations. New York：Basic Books，1973；COLEMAN J S. Power and the Structure of the Society. New York：Norton，1971.

② LUHMANN N. Trust and Power. New York：John Wiley& Sons，1979.

③ BERNARD B. The Logic and Limits of Trust. New Brunswick，NJ：Rutgers University Press，1983；TAM T. Three Faces of Trust and A Theory of Trust Building. Paper presented at the 8th International Conference on Socio-Economics，Geneva，Switzerland，1996.

④ EASTON D. A Re-Assessment of the Concept of Political Support. British Journal of Political Science，1975，5（4）：435－457；BLIND P K. Building Trust in Government in the Twenty-first century：Review of Literature and Emerging Issues. 7th Global Forum on Reinventing Government Building Trust in Government，Vienna，Austria，2007.

接触，接触的经验往往只是政府体系的一些零碎片断，要判断政府是否值得信任就会碰到如何将部分的经验推论到整体的困境。这种困境也是理性选择理论在解释政府信任的产生机制时无法回避的。在有限信息和有限理性的约束下，人们对政府的信任感是如何形成的呢？卢曼认为在少有机会亲身接触体验的限制下，人们对政府或制度等“非人际”对象的信任，是将其熟悉、可以信任的媒介的判断，作为自己的判断。这些媒介往往是亲戚、朋友、同事等个人往来的社会网络以及小众传播管道①。卢曼的观点正应了社会建构的视角，即政府信任是社会成员在其社会交往过程中逐步形成的。如果一个人的社会关系网中强关系较多，则此网络会变得相对封闭而且密度较大②，这样的网络特征一方面有利于政治态度在小圈子中的传播和濡染，一方面亦对成员形成了较大的群体压力，因此往往会使得该网络中的成员具有较为一致的社会态度与政治态度③。有研究指出，情感性关系特征的“密网”(dense network) 具有将情感性信息、态度等传播、濡染和放大的作用④，本文提出如下假设：

假设 2-1：村民既有社会关系（指情感性关系）的网络规模对村民的基层政府信任具有显著影响。

假设 2-2：村民既有社会关系（指情感性关系）的网络强关系比例（网络中的家人及朋友比例）对村民的基层政府信任具有显著影响。

帕特南认为人们在社会关系网络中，首先在小团体内形成特殊信

---

① LUHMANN N. Familiarity, Confidence, Trust: Problems and Alternative//GAMBETTA D. Trust: Making and Breaking Cooperative Relations. London: Oxford, 1988.

② GRANOVETTER M S. The Strength of Weak Ties. American Journal of Sociology, 1973, 78 (6): 1360-1380.

③ TOSHIO Y, COOK K, WATABE M. Uncertainty, Trust, and Commitment Formation in the United States and Japan. American Journal of Sociology, 1998 (104) 165-195；罗家德，李智超. 乡村社区自组织治理的信任机制初探——以一个村民经济合作组织为例. 管理世界，2012 (10).

④ KRACKHARDT D, HANSON J R. Informal Networks: The Company Behind the Chart. Harvard Business Review, 1993 (7/8): 104-111; MANDEN P V, NOAH E F. Network Studies of Social Influence//WASSERMAN, GALASKIEWICZ. Advances in Social Network Analysis. London: Sage Publication, 1994.

任，特殊信任进而会逐步拓展为更为一般化的社会信任，这种在社会关系网络中培养出的一般信任，会延伸并影响社会成员对政府部门的信任，即政府信任是民众的一般社会信任迁延于政治领域的结果。珍妮·乔布通过量化数据分析指出，较高的社会信任有助于催生高水平的政府信任①，反之亦然，从而支持了帕特南的这一观点。因此本文提出如下假设：

假设 3：村民的一般社会信任对其基层政府信任具有正面影响。

通过前文的文献梳理，我们可以看到两种对政府信任的解释逻辑。一种是从理性选择理论出发，认为政府信任是社会成员对其掌握的政府绩效信息的理性评价，从这种解释逻辑出发，本文提出了假设1－1和假设1－2。另一种是从社会建构视角出发，认为政府信任是社会成员在社会关系网络中形成的，社会网络与社会信任在其中扮演着重要角色②，即带有感性特征的政府评价通过社会网络的管道在社会成员中传递濡染，以及社会信任会迁延于政府信任。按照这种解释逻辑，本研究提出了假设 2－1、假设 2－2 和假设 3。

三、数据与变量测量

（一）数据收集

本研究团队在什邡市、绵竹市灾区组织实施了为期三年的问卷调研，形成了一套三年期追踪数据。首次调查时间为 2009 年 5 月，当时由于客观条件的限制，问卷调查没有采用“概率与规模成比例抽样”

① JOB J. How Is Trust in Government Created? It Begins at Home，But Ends in the Parliament. Australian Review of Public Affairs. 2005，6（1）：1－23.

② GRANOVETTER M S. Economic Action and Social Structure：The Problem of Embeddedness. American Journal of Sociology，1985，91（3）：481－510；UZZI B. The sources and Consequences of Embeddedness for the Economic Performance of Organizations. American Sociological Review，1996（61）：674－698.

(PPS) 的抽样方法，而是根据村子规模、受灾严重程度、交通便利程度等因素，使用判断抽样的方法选取了 12 个村，每个村随机抽取 33 户，每户使用 KISH 表抽取 1 名成人进行问卷的填答，首次调查共收回有效问卷 394 份。第二次调查（2010 年 11 月）和第三次调查（2012 年 4 月）为前次调查的追踪调查，三年均追踪到的样本数为 273 份。

调查问卷不仅收集村民了家户层面的受灾情况与灾后恢复数据，而且还收集了被访者的政府信任、社会网络等方面的数据。

（二）政府信任

在问卷中，我们设计了测量村民“政府信任”的题器，要求受访者分别对中央政府、省政府、市/县政府、乡/镇政府、村委会的信任程度进行评价，设计成 4 个等级选项：“非常不信任”、“不太信任”、“比较信任”和“非常信任”，并由低到高分别赋值 1～4 分。需要特别说明的是，本文将“村委会”亦列为一种政府形态，这在理论上自然是说不通的，但是在预调查和田野研究中我们发现，绝大多数村民认为村干部“拿国家的钱”自然是“公家人”，村委会也就当然被看作是政府体系的“末梢”。将“村委会”视为“政府”是目前大多村民的认知，本文因此从现实的角度出发，将“村委会”列为政府的最末一级。

为了便于对基层政府信任进行量化分析，我们运用主成分分析法分别对“政府信任”的三次调查结果进行因子分析。分析发现，每个年份的“政府信任”均可以提取出两个因子。5 个政府层级可以分为两个因子（信度系数为 0.737）。一个因子是受访者对市/县政府、乡/镇、村委会的信任程度，可称之为“基层政府信任因子”。另一个因子是受访者对中央政府和省政府的信任程度，可称之为“高层政府信任因子”。对于中国农民对政府信任的层次问题①，已有学者通过数据分析发现，中

① LI L J，BRIEN K. Villagers and Popular Resistance in Contemporary China. Modern China. 1996，22 (1)：28-61；LI L J. Political Trust in Rural China. Modern China，2004，30 (2)：228-258.

国农民对政府的信任主要有高层政府信任和基层政府信任两个构面①，本研究分析结果与之较为一致。

（三）政府绩效

本研究关注点为村民对基层政府的信任逻辑，对于政府绩效的操作化，本研究无意援引公共管理领域对“政府绩效”系统科学的评估体系②，而是基于西方已有相关研究③并结合村民的“草根视角”，选取村民最关心的两个方面：经济状况的改善程度、政策执行过程中的公平程度，作为本研究“政府绩效”的操作化指标。具体问项及选项包括经济生活改善程度：“与去年相比，你认为目前你家经济生活情况的改善程度如何”，“大幅度提高、有所提高、有所降低、大幅度降低”，分别从 4 到 1 进行赋值；政策执行过程中的公平程度：“你觉得政府对大家的帮助是不是公平?”，“非常公平、比较公平、较不公平、非常不公平”，分别从 4 到 1 进行赋值。在分析中我们将定序测量转换为定距测量后纳入模型。

（四）社会网络与社会信任

本文将村民的“社会网络”操作化为两种：情感信息网和干部关系网。前者是非正式信息、小道消息、态度看法等在村民中传播和渲染的渠道，后者是中国乡村社会中影响村民政府信任的重要因素④。对于情感信息网、干部关系网的测量，我们使用了“姓名生成法”（name generator），情感信息网的测量主要是询问村民灾后可以与之交流谈心、聊

---

① 胡荣．农民上访与政治信任的流失．社会学研究，2007（3）．

② PERRY J L. Handbook of Public Administration（Second Edition）. Jossey-Bass Inc，1996.

③ EASTON D. A Re-Assessment of the Concept of Political Support. British Journal of Political Science，1975，5（4）：435－457；BLIND P. Building Trust in Government in the Twenty-First Century：Review of Literature and Emerging Issues. 7th Global Forum on Reinventing Government Building Trust in Government，Vienna，Austria，2007.

④ 李智超，罗家德．动员与参与——灾后恢复过程中的基层政府与村民自组织．第六届社会网暨关系管理研讨会，中山大学管理学院主办，2010 年 12 月 13 日．

私密话题的人的相关情况。获取上述调查资料后，我们分别计算了网络规模和网络强关系比例，网络强关系比例即是亲属和朋友等“强关系”在网络中所占比重。

以帕特南为代表的一批研究者倾向认为，政府信任是社会信任在政治领域的一种迁延性结果。对于“社会信任”的操作化，在调查中我们使用量表询问了村民对一组对象的信任程度，并使用主成分因子分析法进行分析，发现三年期数据每个年份的“社会信任”均可以提取出两个因子，可分别称为“一般信任”因子（包括市场上的商人/买卖人、外地人等）和“特殊信任”因子（包括亲戚、朋友等）。为了直观、易于理解，我们将所有因子分值进行了数值变换，形成了最低分值为 1、最高分值为 100 的百分值变量。

需要说明的是，本数据通过追踪调查获取，3 年期调查对象均保持不变，因而有助于对“基层政府信任”影响因素的探讨。本研究所使用的 3 个年度数据可看作是对同一群体在 3 个时间点进行的重复测量，为了便于分析，本文将其进行了格式转换，合并为一个 3 年期数据，样本量为 819（273×3），这样的数据结构可以提供随时间变化的、更加有用的信息①，表 1 为本研究数据的描述性统计量。

表 1　　　　描述性统计量

变量名	变量类别	变量说明	均值	标准差
因变量				
基层政府信任	定距变量	对“市/县政府、乡/镇政府、村委会”的信任程度，1—100，“100”信任程度最高	50.951	(27.50)
控制变量				
性别	定类变量	0=男，1=女	0.458	(0.499)
年龄	定距变量		51.205	(12.87)
是否党员	定类变量	0=非党员，1=党员	0.062	(0.242)
受教育年数	定距变量		5.396	(3.790)

① SINGER J D，WILLETT J B. Applied Longitudinal Data Analysis：Modeling Change and Event Occurrence. Oxford：Oxford University Press，2003.

续前表

变量名	变量类别	变量说明	均值	标准差
家庭人均收入	定距变量		1 203.304	(2 183.078)
政府绩效				
经济生活改善程度	定距变量	大幅度提高、有所提高、有所降低、大幅度降低（分别从4到1进行赋值）	2.751	(0.734)
政策执行公平性	定距变量	非常公平、比较公平、较不公平、非常不公平（分别从4到1进行赋值）	2.331	(0.903)
社会网络				
情感信息网规模	定距变量	网络成员的数量	1.970	(1.750)
情感信息网强关系	定距变量	“亲属、朋友”在网络中所占比例，0—1，“1”为网络成员全部是亲友	0.312	(0.380)
社会信任				
一般信任（general trust）	定距变量	对“市场上的商人、外地人等”的信任程度，1—100，“100”信任程度最高	18.408	(14.207
特殊信任	定距变量	对“家人、朋友等”的信任程度，1—100，“100”信任程度最高	54.173	(19.85)

四、统计工具与分析模型

（一）分析工具

基于最小二乘法（OLS）的传统线性回归分析（classic linear regression）的基本前提是误差分布为正态、独立、同分布①，但本数据为针对同一被访者多次调查的追踪数据，数据误差项独立分布的前提难以成立，因而不适用于传统线性回归分析。为了达到分析目的，本研究使

① 谢宇．回归分析．北京：社会科学文献出版社，2010：97-98.

用多层线性回归模型（hierarchical linear models，HLM）或称混合效应模型。对于本文使用的追踪数据，同一个体的不同年份测量由于受同一样本共同特征的影响，具有相似性，可以将其看作是具有嵌套结构的，即“测量嵌套于个体”，从而可以使用多层线性模型进行分析①。HLM方法可以解决追踪研究中因变量变化趋势和如何解释个体间因变量差异的问题。

（二）模型及统计结果

对于“基层政府信任”我们首先建立了“无条件增长模型”（unconditional growth model)，即模型 1。因变量 Y 为村民对基层政府信任的因子得分（百分化），时间变量“year”为三次调查的年份，取值分别为 2009、2010、2012，为了使截距项具有现实解释意义，本文对时间变量“year”进行了“中心化”处理②。无条件增长模型是 HLM 的一个特殊类型，模型中除时间变量外不加入其他变量，主要用来回答研究对象的变化趋势如何，以及这种变化趋势是否存在样本间差异的问题。

具体模型如下：

模型 1（无条件增长模型）

第一层：

$$Y=\beta_0+\beta_1\times \text{year}+r$$

第二层：

$$\beta_0=\gamma_{00}+\mu_0$$
$$\beta_1=\gamma_{10}+\mu_1$$

β_0是个体在调查初始状态下（2009 年）因变量的观测值，β_1是个体在因变量上的斜率（年度变化或时间趋势）。γ_{00}是在调查初始状态下因变量的总体均值，μ_0是个体观测值与因变量总体均值的离差，在模型计

① KREFT I，LEEUW J. Introducing Multilevel Modeling. Sage Publications，1998.

② 温福星. 阶层线性模型的原理与应用. 北京：中国轻工业出版社，2009：260.

算后得到的τ_{10}是μ_0的方差，反映的是调查初始状态下因变量的个体差异。γ_{10}是个体在因变量上平均斜率，μ_1是个体斜率与平均斜率（γ_{10}）的离差，τ_{11}是μ_1的方差，反映的是斜率（因变量的年度变化）的个体差异。由于“无条件增长模型”除时间变量外不加入其他变量，若τ_{10}在模型中显著，则表明调查初始状态下的因变量存在显著的个体差异；若τ_{11}在模型中显著，则表明因变量的年度变化趋势存在显著的个体差异。

以模型 1 为基础，将自变量不断引入其第二层次模型，即是探讨各自变量对调查初始状态下因变量（β_0）的影响，以及对因变量的年度变化（β_1）的影响。

本文首先是将性别——gender、年龄——age、受教育年数——edu、党员身份——party、家庭年人均收入（对数化）——income，作为控制变量引入第一层模型的截距项，建立模型 2。模型 2 方程为：

第一层：

$$Y=\beta_0+\beta_1\times \text{year}+r$$

第二层[①]：

$$\beta_0=\gamma_{00}+\gamma_{01}\times \text{gender}+\gamma_{02}\times \text{age}+\gamma_{03}\times \text{party}+\gamma_{04}\times \text{edu}+\gamma_{05}\times \text{income}+\mu_0$$

$$\beta_1=\gamma_{10}+\mu_1$$

为检验理性选择与社会建构两种逻辑对基层政府信任解释力的差异，我们将政府绩效和社会网络、社会信任的相关变量逐步引入模型 2，建立其他模型。具体说明如下：

模型 3 在模型 2 基础上加入“政府绩效”的两个变量：经济生活改善程度——improvement、政策执行公平性——fairness。模型 3 方程为：

---

① 要说明的是，本文将“教育年限”处理为定距变量，这样的处理方式相对于将其设定为定序变量，能够使更少的变量数带入模型，从而使模型更加稳定；此外，将“教育年限”处理为定距变量可以使得原始数据的信息得到更多的保留。具体处理方式如下：不识字＝0，小学未毕业教育程度＝1，小学毕业教育程度＝6，初中教育程度＝9，高中教育程度＝12，中专及职高教育程度＝13，大专教育程度＝15，大学本科教育程度＝17，研究生及以上教育程度＝20。

第一层：

$$Y = \beta_0 + \beta_1 \times year + r$$

第二层：

$$\beta_0 = \gamma_{00} + \gamma_{01} \times gender + \gamma_{02} \times age + \gamma_{03} \times party + \gamma_{04} \times edu + \gamma_{05} \times income + \gamma_{06} \times improvement + \gamma_{07} \times fairness + \mu_0$$

$$\beta_1 = \gamma_{10} + \gamma_{11} \times improvement + \gamma_{12} \times fairness + \mu_1$$

模型 4 在模型 2 基础上加入“社会网络”的两个变量：情感信息网规模——size、情感信息网强关系——strongtie，模型 4 方程为：

第一层：

$$Y = \beta_0 + \beta_1 \times year + r$$

第二层：

$$\beta_0 = \gamma_{00} + \gamma_{01} \times gender + \gamma_{02} \times age + \gamma_{03} party + \gamma_{04} \times edu + \gamma_{05} \times income + \gamma_{08} \times size + \gamma_{09} \times strongtie + \mu_0$$

$$\beta_1 = \gamma_{10} + \gamma_{13} \times size + \gamma_{14} \times strongtie + \mu_1$$

模型 5 为全模型①，除了纳入了模型 1 至模型 4 所有变量外还加入了两个变量：一般信任——trust1、特殊信任——trust2。模型 5 方程为：

第一层：

$$Y = \beta_0 + \beta_1 \times year + r$$

第二层：

$$\beta_0 = \gamma_{00} + \gamma_{01} \times gender + \gamma_{02} \times age + \gamma_{03} party + \gamma_{04} \times edu + \gamma_{05} \times income + \gamma_{06} \times improvement + \gamma_{07} \times fairness + \gamma_{08} \times size + \gamma_{09} \times strongtie + \gamma_{010} \times trust1 + \gamma_{011} \times trust2 + \mu_0$$

① 本文检验了全模型是否存在共线性。由于统计软件不直接汇报多层次回归模型的 VIF 值，本文采用如下方法进行检验：使用一般线性回归模型拟合一样的模型，然后检验其 VIF。结果显示，所有变量的 VIF 值均小于 5，可认为不存在显著的共线性。

$$\beta_1=\gamma_{10}+\gamma_{11}\times \text{improvement}+\gamma_{12}\times \text{fairness}+\gamma_{13}\times \text{size}+\gamma_{14}\times \text{strongtie}+\gamma_{15}\times \text{trust1}+\gamma_{16}\times \text{trust2}+\mu_1$$

表 2 为统计结果，如表 2 所示，可以分成上下两个部分：固定效应与随机效应。前者表示引入模型中的各个变量对因变量及其年度变化的影响效应，后者表示模型中的这些变量所没有解释掉的因变量及其年度变化的差异。

表 2　　　　“基层政府信任”影响因素的多层线性回归模型

变量	基层政府信任				
	模型 1	模型 2	模型 3	模型 4	模型 5
固定效应					
基层政府信任均值 (β_0)					
截距（γ_{00}）	50.417*** (1.242)	49.768*** (8.805)	30.311*** (8.900)	54.841*** (8.187)	42.372*** (9.364)
性别（1＝女性）(γ_{01})		−1.118 (2.675)	0.781 (2.539)	−0.598 (2.495)	1.053 (2.328)
年龄（γ_{02}）		0.202* (0.115)	0.174 (0.108)	0.101 (0.105)	0.101 (0.094)
党员身份（1=是）(γ_{03})		5.548 (5.511)	3.441 (4.915)	3.602 (5.563)	2.944 (4.957)
受教育年数（γ_{04}）		0.015 (0.390)	0.004 (0.384)	−0.189 (0.358)	−0.133 (0.352)
家庭人均收入对数 (γ_{05})		−1.509* (0.896)	−1.505* (0.851)	−1.156 (0.844)	−1.213 (0.796)
经济生活改善程度 (γ_{06})			0.558 (1.666)		1.133 (1.534)
政策执行公平性 (γ_{07})			8.080*** (1.239)		6.432*** (1.207)
情感信息网规模 (γ_{08})				−0.510* (0.289)	−0.954*** (0.258)
情感信息网强关系 (γ_{09})				−15.130*** (3.072)	−12.933*** (2.976)

续前表

变量	基层政府信任				
	模型1	模型2	模型3	模型4	模型5
一般信任（γ_{010}）					0.856*** (0.188)
特殊信任（γ_{011}）					10.171*** (3.715)
（γ_{012}）					
（γ_{013}）					
年度（β_1）					
截距（γ_{10}）	−4.570*** (0.773)	−4.581*** (0.773)	2.635 (3.842)	−7.631*** (1.267)	−0.367 (4.847)
经济生活改善程度（γ_{11}）			−0.596 (1.131)		−0.925 (1.050)
政策执行公平性（γ_{12}）			−2.368*** (0.836)		−2.103** (0.850)
情感信息网规模（γ_{13}）				−0.335 (0.223)	−0.219 (0.222)
情感信息网强关系（γ_{14}）				7.951*** (2.130)	7.685*** (2.070)
一般信任（γ_{15}）					0.443*** (0.111)
特殊信任（γ_{16}）					4.419 (3.400)
（γ_{17}）					
（γ_{18}）					
随机效应（方差成分）					
基层政府信任均值（τ_{10}）	177.265***	170.391***	117.028***	125.809***	89.196***
年度（τ_{11}）	25.756**	25.719**	21.141**	14.708*	15.365
层级−1 r	516.616	516.546	516.964	519.554	509.490
模型总方差	6 258.588	6 243.485	6 184.858	6 173.376	6 131.197
参数	6	11	17	19	29
N	693	693	693	693	693

注：* $p<0.1$；** $p<0.05$；*** $p<0.01$。

五、统计结果分析

村民的“基层政府信任”存在显著个体差异，且“基层政府信任”的年度变化趋势也存在显著个体差异。模型 1 为无条件增长模型，如前所述，无条件增长模型除时间变量外不加入其他变量，主要用来反映研究对象的变化趋势如何，以及这种变化趋势是否存在样本间差异。从模型 1 固定效应的参数估计结果可以看出，2009 年调查对象的基层政府信任均值（截距γ_{00}）为 50.417，2009 年到 2012 年村民对基层政府的信任程度呈显著的下降趋势（斜率β_1的截距γ_{10}为－4.570，统计显著）。模型 1 随机效应的参数估计结果（τ_{10}＝177.265，统计显著；τ_{11}＝25.756，统计显著）表明，2009 年调查初始状态下的村民“基层政府信任”存在显著个体差异，且“基层政府信任”的年度变化趋势也存在显著个体差异。从统计角度来讲，这也说明建立多层线性模型的可行性①。

“经济生活改善程度”对“基层政府信任”无显著影响，“政策执行公平性”对其的影响则显著。模型 3 是在模型 2 的基础上引入了反映“政府绩效”的两个变量：经济生活改善程度、政策执行公平性。模型 3 的统计结果显示，“经济生活改善程度”（γ_{06}和γ_{11}）对“基层政府信任”（β_0），对“基层政府信任”的年度递减趋势（β_1）皆没有显著影响。相似的统计结果也出现在模型 5 中，即在模型 5 中“经济生活改善程度”（γ_{06}和γ_{11}）对 2009 年的“基层政府信任”及其年度递减趋势皆无显著影响。综合“经济生活改善程度”在模型 3 和模型 5 中的统计结果，假设 1－1 没有得到肯证。我们再来看模型 3 中的“政策执行公平性”，该变量对“基层政府信任”，以及对“基层政府信任”的年度递减趋势皆有显著的积极影响，回归系数分别为：8.080（γ_{07}）和－2.368（γ_{12}），即村民对政策执行公平性评价越高，村民对基层政府的信任程度越高。相

① 温福星．阶层线性模型的原理与应用．北京：中国轻工业出版社，2009：178-183.

似的统计结果也出现在模型 5 中，即在模型 5 中“政策执行公平性”对“基层政府信任”的回归系数（γ_{07}）为 6.432，对年度递减趋势的回归系数（γ_{12}）为−2.103，皆统计显著。综合“政策执行公平性”在模型 3 和模型 5 中的统计结果，假设 1-2 得到肯证。

村民的社会网络因素对“基层政府信任”的影响呈现较为复杂图式。模型 4 在模型 2 的基础上引入了反映“社会网络”的两个变量：情感信息网规模、情感信息网络强关系。模型 4 的统计结果显示，“社会网络”的两个变量皆对“基层政府信任”（β_0）有显著影响。具体而言，“情感信息网规模”“情感信息网络强关系”对“基层政府信任”有显著负面影响，回归系数分别为：−0.510（γ_{08}）和−15.130（γ_{09}）；相似的统计结果也出现在模型 5 中，即在模型 5 中“情感信息网规模”“情感信息网强关系”对“基层政府信任”同样具有显著负面影响，回归系数分别为：−0.954（γ_{08}）和−12.933（γ_{09}）。此外，在模型 4 中，“社会网络”的四个变量有两个对“基层政府信任”的年度递减趋势（β_1）具有显著性影响，即“情感信息网络强关系”“干部网络规模”，回归系数分别为：7.951（γ_{14}）和 0.341（γ_{15}）。相似的统计结果也出现在模型 5 中，即在模型 5 中“情感信息网络强关系”“干部网络规模”对“基层政府信任”的年度递减趋势同样具有显著影响，回归系数分别为：7.685（γ_{14}）和 0.443（γ_{15}）。综合“社会网络”的四个变量在模型 4 与模型 5 的统计结果，本文提出的假设 2-2、假设 3-1 得到肯证，假设 2-1、假设 3-2 得到部分肯证。

六、结论与讨论

（一）政策执行公平性是影响“基层政府信任”的重要政府绩效因素

本研究中，“经济生活改善程度”“政策执行公平性”是“政府绩效”的两个指标变量，西方学界从“政府绩效”角度探讨“政府信任”

影响因素的研究，一般都发现经济的发展或经济生活的改善会对民众的“政府信任”产生积极影响①，本研究的统计结果却发现调查对象的“经济生活改善程度”对其“基层政府信任”没有显著影响，这说明基于理性选择逻辑的“政府绩效”对“基层政府信任”的解释力存在一定局限。不过在统计结果中“政策执行公平性”却始终对“基层政府信任”具有积极影响，这表明政府的农村相关政策在基层落实、执行结果的公平性会显著地影响村民的“基层政府信任”。如果说“不患寡，而患不均”是传统社会中人们对社会资源分配的心态写照，那么“患不均，更患不公”② 则在当前社会转型期的乡村更具普遍意义，这也提示政府相关部门在注重效率优先、经济发展的同时，更要注重经济成果分配及各项政策在基层落实的公平性问题。此外，本文认为，对这一统计结果的分析应与汶川地震灾后恢复的特殊情境结合起来。有研究显示，在灾后恢复初期③人们会因政府积极行动并投入大量资源进行生产生活的恢复而产生较好的生活预期，进而展现出较高的政府信任度，对政府行为上的瑕疵也具有较高的容忍性，而在灾后恢复的中后期，人们开始对基层政府的各项灾后恢复工作的结果进行评价，这会明显地影响到人们对政府的信任感，在此过程中由于多种因素的影响，对政府信任反而有不同程度的下降④。

（二）“密网”（dense network）将政府负面信息传播、濡染，对“基层政府信任”产生负面影响

从统计模型对数据拟合的角度来看，模型 4 比模型 3 提供了更好的

---

① CITRIN J. Comment：the Political Relevance of Trust in Government. American Political Science Review，1974，68（3）：973－988；HETHERINGON M J. The Political Relevance of Political Trust. American Political Science Review，1998，92（4）：791－808.

② 李路路，唐丽娜，秦广强．“患不均，更患不公”：转型期的“公平感”与“冲突感”．中国人民大学学报，2012（4）．

③ 一般而言，灾难发生后一年左右为灾后恢复的初期阶段。

④ OLSON R S，GAWRONSKI V T. From Disaster Event to Political Crisis：A “5C＋A” Framework for Analysis. International Studies Perspectives，2010，11（3）：205－221.

数据拟合①，这表明与模型 3 相比，模型 4 对因变量的解释力具有统计学意义上的显著改善。因而，基于理性选择逻辑的“政府绩效”和基于社会建构逻辑的“社会网络”对农村居民“基层政府信任”都有着相当程度的影响，但后者对“基层政府信任”更具解释力。

在模型 4 和模型 5 中，“情感信息网规模”“情感信息网络强关系”这两个变量（回归系数分别为γ_{08}、γ_{09}）均对“基层政府信任”产生显著负面影响，“情感信息网络强关系”（回归系数为γ_{14}）还会显著地增强“基层政府信任”的年度递减趋势。这两个变量可以看作是乡村社会中“小圈子”“密网”（dense network）的重要指示变量。一方面，我国大多数基层政府的政务信息的公开性还有待提高，对于处于信息不对称地位的农村居民而言，基层政府的确切的绩效性信息是很难通过正规渠道获取的；另一方面，在日常生活中，民众很少有机会接触高层政府，高层政府机构是“想象的国家”（imagined state），民众一般对中央政府持较高的信任，而地方政府机构是“真实的国家”（real state），民众在日常生活中与之接触较多，产生摩擦和纠纷可能性较大，因而对地方政府的信任程度较低②。很多村民有这样的认识，即中央的政策是好的，但是政策到了地方就变了样③。

这两种因素使得基层的村民们很难通过获取政府绩效信息来评价政府，进而产生不同程度的政府信任，相反，村民对基层政府的态度或信任感深深受到“小道消息”“负面传闻”的影响，特别是对于汶川地震灾后恢复过程而言，国家动员大量的资源使硬件设施建设得以快速完

---

① 对两个多层线性模型对数据拟合程度差异的检验，一般是进行卡方检验，即两个模型总体方差的差值服从卡方分布，其对应的自由度为两模型参数个数的差值。模型 3 总方差为 6 184.858，参数为 17 个，模型 4 总方差为 6 173.376，参数为 19 个，模型 4 与模型 3 对数据的拟合程度差异显著（6 184.858－6 173.376＝11.482，df＝2，p＜0.001），模型 4 比模型 3 对数据提供了更好的拟合。

② WANG Z X. Political Trust in China：Forms and Causes. Paper prepared for 2004 Annual Meeting of Midwest Political Science Association，Chicago，April 18－22，2004；LI L J. Political Trust in Rural China. Modern China，2004，30（2）：228－258.

③ BERNSTEIN T P，LU X B. Taxation Without Representation：Peasants，the Central and the Local States in Reform China. The China Quarterly，2000（163）：742－763.

成，整个过程涉及多级政府部门，信息不透明、物资监管乃至贪腐问题成为基层民众日常生活中热议的内容①。情感性关系特征的“密网”“熟人关系”正是将不确切信息、传闻在民众中传播、濡染和放大的重要途径②。模型 4 和模型 5 的统计结果③正是这种村民的“基层政府信任”形成机制的一种反映，这也符合卢曼观点，即在信息有限的情形下，亲戚、朋友、同事等个人往来的社会网络以及小众传播管道对人们“非人际”对象的信任产生决定性的影响④。

（三）社会信任并不能够迁延于政治领域形成政府信任

以帕特南为代表的一批西方学者认为，人们对政府的信任是外生的，来自政治制度之外的因素，一般来自长期存在的、在社会交往过程中生成的一套社会认知方式与价值判断，人们的信任最先产生于亲密圈子的特殊信任，再慢慢扩展到对陌生人的一般社会信任，然后投射于政治领域，形成政府信任。社会信任会迁延于政治领域形成政府信任，对政府信任起到决定作用⑤。

本研究的量化分析结果却不支持上述观点，模型 5 中，作为社会信任一个构面的“一般信任”对“基层政府信任”及其年度变化却没有显著影响，这说明村民的“非人格化”信任即一般信任，很难迁延到政治领域并形成对政府的信任感，因而假设 4 没有得到肯证。相反，形成鲜

---

① 李智超，罗家德. 动员与参与——灾后恢复过程中的基层政府与村民自治组织. 第六届社会网暨关系管理研讨会，中山大学管理学院主办，2010 年 12 月 13 日.

② KRACKHARDT D，Hanson J R. Informal Networks：The Company Behind the Chart. Harvard Business Review，1993（7－8）：104－111；MANDEN P V，NOAH E F. Network Studies of Social Influence//WASSERMAN，GALASKIEWICZ. Advances in Social Network Analysis. London：Sage Publication，1994.

③ 由该统计结果可推测，在情感性关系特征的“密网”中传播的关于基层政府的消息和评价，是以负面为主。

④ LUHMANN N. Familiarity，Confidence，Trust：Problems and Alternative//DIEGO G. Trust：Making and Breaking Cooperative Relations. London：Oxford，1988.

⑤ PUTNAM R D. Making Democracy Work：Civic Traditions in Modern Italy. Princeton，NJ：Princeton University Press，1993；USLANER E M. The Moral Foundation of Trust，Cambridge：Cambridge University Press，2002.

明对比的是，在模型 5 中“特殊信任”对“基层政府信任”有显著影响，这表明“特殊信任”对“基层政府信任”具有显著的负面影响。基于两两关系的特殊信任①，非但没有拓展至陌生人、制度领域以形成“一般信任”，相反它成为“小圈子”“密网”的指示器。从一个侧面也说明，有关政府的负面评价、“小道消息”、传闻等在充满特殊信任的“密网”中传播、濡染，对“基层政府信任”产生负面影响。正如牛顿指出的，“社会信任与政府信任的不同之处在于，社会信任往往是基于对他人直接的、一手的经验印象，而政府信任在多数情况下通常是经由间接媒介的传播习得的”②。

综合上述分析，本文认为，基于理性选择逻辑的“政府绩效”和基于社会建构逻辑的“社会网络”对农村居民“基层政府信任”都有着相当程度的影响。政治学者乔布的研究亦指出，理性因素与关系性因素均对政府信任的形成发挥作用③。但正如社会网络理论所强调的，社会关系和网络结构在产生信任的过程中扮演着重要的角色，农村居民对基层政府信任的生成机制主要归因于其社会交往过程，即基层政府信任是在社会关系网络中建构而成的，在其间非正式信息、情绪性评价等感性因素发挥着重要作用。

参考文献

［1］王京京．国外社会风险理论研究的进展及启示．国外理论动态，2014（9）．

---

① LUO J-D. Particularistic Trust and General Trust—A Network Analysis in Chinese Organizations. Management and Organizational Review，2005，(3)：437-458.

② NEWTON K. Trust，Social Capital，Civil Society and Democracy. International Political Science Review，2001，30 (2)：201-214.

③ JOB J. How is Trust in Government Created? It Begins at Home，but Ends in the Parliament. Australian Review of Public Affairs，2005，6 (1)：1-23.

［2］卢伟．突发事件中政府形象面临的挑战及对策研究．长沙：湖南大学，2014.

［3］熊茵．突发事件信息变异与应对策略研究．武汉：华中科技大学，2012.

［4］戴薇．广州居民灾害风险感知研究．兰州：兰州大学，2014.

［5］张欢，任婧玲，刘倩．析灾后救助政策公平感的影响因素——基于汶川地震的实证研究．南京大学学报（哲学·人文科学·社会科学版）．2011（3）.

［6］PARRY G. Trust，Distrust and Consensus. British Journal of Political Science，1976，6（2）.

［7］MISHLER W，RICHARD R. What are the Origins of Political Trust? Testing Institutional and Cultural Theories in Post-Communist Societies. Comparative Political Studies，2001，34（1）.

［8］胡荣，胡康，温莹莹．社会资本、政府绩效与城市居民对政府的信任．社会学研究，2011（1）.

［9］EASTON D. A Framework for Political Analysis. Englewood Cliffs，NJ：Prentice-Hall，1965.

HETHERINGON MARC J. The Political Relevance of Political Trust. American Political Science Review，1998，92（4）.

［10］ALMOND G A，SIDNEY V. The Civil Culture. Boston：Little，1963.

［11］CHRISTENSEN T，LAEGREIDP. Trust in Government：The Relative Importance of Service Satisfaction，Political Factors，and Demography. Public Performance & Management Review，2005，28（4）.

［12］CITRIN J，SAMANTHA L. Political Trust Revisited：Déjà Vu All Over Again//HIBBING J R，THEISS-MORSE E. What Is It About Government that Americans Dislike?. New York：Cambridge University Pres，2001.

[13] 张笠云，谭康荣. 制度信任的趋势与结构：“多重等级评量”的分析策略. 台湾社会学刊，2005（35）.

[14] 罗家德，李智超. 乡村社区自治组织治理的信任机制初探——以一个村民经济合作组织为例. 管理世界，2012（10）.

特大型城市农业转移人口市民化社会稳定风险评估研究

——以成都市为例

衡　霞　郑　亮*

一、数据来源与研究方法

本文的研究数据来源于中国学术期刊网络出版总库（CNKI），文献的检索条件如下：检索类型为高级检索，检索式为“篇名＝群体 AND 篇名＝事件”，“精确”检索全部期刊来源刊载的学术论文；检索年限设定为 1994—2013 年，共 20 年的数据，检索时间为 2014 年 10 月 8 日，共检索到 3 574 篇期刊论文。进而，进行有效样本选择，方法是：以检索得出的 3 574 篇期刊论文为基础，按文献检索方法中的顺查法，以时间为序，在 1994—2013 年期刊中逐年筛选同“群体性事件治理”相关的论文，剔除相关度不高的论文及重复刊登的论文后，最后得到实际有效样本 1 526 篇，作为本研究分析对象。在此基础上，利用文献计量分析法对 1 526 篇样本论文的特征进行统计分析，用数据来反映我国群体

* 衡霞，女，四川大学公共管理学院副教授，硕士生导师。研究方向：地方政府治理；郑亮，男，科隆大学（德）政治学系，博士候选人，研究方向：政治学理论与思想史。

性事件治理研究的文献增长规律、文献主题分布规律、期刊载文量及论文引用情况。再以研究论文的“篇”为分析单位，把样本中的每篇论文按照不同研究主题进行分类，分别归类于群体性事件治理主体、治理能力、治理机制和治理对策四个研究主题上，进而分别对四个核心研究主题的文献进行定性分析。

二、问题的提出与文献回顾

随着工业化、市场化和全球化的扩张，在市场经济和先进科技的推动之下，风险逐步扩展到人类社会的每个角落，我们置身于“除了冒险别无选择”的社会中。在风险社会，风险的生产与分配的逻辑代替了财富的生产和积累的逻辑，然而对于农业转移人口来说，市民化的发生已然消耗了大部分的资源，无力再承担新添的风险成本，继而产生心理与精神的不适，进而造成行为的偏激，出现影响社会稳定的事件。有数据显示，我国城市人口已经超越农村人口，而且未来 20 年内还将有 3 亿人口进入城市，这一数字还不包括新出生的两亿人口。特大型城市因其优越的自然条件和社会资源优势，形成了比一般城市更强大的天然向心力，并且不断地向周边农村地区辐射，吸引成千上万的农业转移人口涌入市区，从而对城市的公共服务体系、社会秩序造成冲击，这将给特大型城市的社会稳定风险管控带来极大挑战，不仅加速特大型城市的社会稳定风险由隐性向显性转变，还会从制度和文化上改变传统社会财富分配的运行逻辑，倒逼政府采取相关手段对其进行治理。

自从国家提出治理体系与治理水平现代化的战略要求以来，学界也开始从理论层面探索如何创新城市治理手段，提升城市治理能力现代化。但是对于农业转移人口市民化可能对特大型城市社会稳定产生何种风险的研究并不多，笔者通过多种检索手段发现，仅有少数学者对该问题进行过专题研究。简敏、念兴昌从经济、政治、社会与人际等方面分析了构成城市社会稳定的风险源，认为“主体关系的失衡、治理结构的失调、治理方式的失效以及人与自然关系的失和”① 是导致风险形成的根本原因，农业转移人口对“老市民的社会关系产生了较大的冲击并进一步内化为社会公平、社会认同与排斥、阶层分化等普遍的社会问题”；而赵排风认为当这些市民化的问题达到一定程度，就有可能影响社会秩序，并对稳固的、良序进行的社会常态秩序构成威胁，从而逐渐演化成为社会稳定风险笼罩在城市上空。杨雄、程瑜等人认为现有城市社会稳定风险的研究主要集中于重大项目的风险评估，其风险源大多来源于征地拆迁和邻避事件。由此可见，现有研究重点讨论的是市民化进程中的成本分担、市民化与城镇化关系、征地与邻避冲突等维稳风险而非风险的临界点；关注农业转移人口在公共服务、社会权利等方面与城市居民的非均等引发的外部性问题；焦点集中于重大工程、政策的评估而非纯粹的农业转移人口社会稳定风险的评估。另外，这类研究的共性是责任主体和评估主体模糊、评估指标不够科学并缺乏权威等。基于此，本文将着重研究特大型城市农业转移人口社会稳定风险的评估，通过指标体系的构建与评估，发现风险的临界点，促进城市采取积极的回应策略，提升城市治理能力现代化水平，维护社会和谐稳定。

三、特大型城市农业转移人口市民化的社会稳定风险评估指标构建

社会稳定是一个多元函数，对其进行评估时大多有价值倾向。对特大型城市的政府来讲，农业转移人口在特大型城市可能会因为获得的是不均等的基本公共服务、不平等的政治权利、较低的经济地位等因素积聚社会风险，因而在构建评估指标体系时可能更加偏向于管控而不是治理。但是，任何地方政府除了提供基本公共服务之外，维护当地的社

① 简敏，念兴昌．农民市民化的社会稳定风险及其治理．理论探索，2014（3）．

会秩序稳定是其不可推卸的责任。因此，秩序稳定意识是其应有的价值取向之一。另外，农业转移人口已经市民化，城市政府应当使这部分人口公平地享有一般城市居民的待遇，维护其作为市民应有的合法利益。

（一）评估指标筛选方法

从现有文献来看，本研究无法从中获得指标体系构建的启示；从城市政府实践来看，也缺乏相关的指导性资料，因此也无法根据客观实际来提出理论假设，并采取量化的方法来设计出明确的指标。为了摆脱研究基础薄弱和文献相对匮乏带来的困境，本研究尝试运用扎根理论归纳、抽象出与农业转移人口市民化社会稳定风险相关的因素，再运用德尔菲法对指标进行筛选。扎根理论作为一种质性研究方法，可以不用预先提出完整的理论假设，而聚焦于可得资料及各资料中相关概念的联系而获得证据支持，刚好弥补了本研究对象缺乏前期研究基础的困惑。扎根理论研究方法根据已有文献与案例的筛选、三级编码、数据分析等步骤，当不再有新的和重要的编码出现时，该方法所需资料就达到理论饱和，就不需要再收集相关资料了。

（二）资料来源

由于本研究采用扎根理论的研究方法筛选评估指标，因此原始资料的来源就显得尤为重要。笔者根据调研与访谈发现，多数地方政府对城市社会稳定风险的关注焦点仍然集中在重大项目和重大政策上，并未将农业转移人口市民化社会稳定风险涵盖，因此访谈所得指标并不能作为本研究评估指标确立的参考；从已有文献来看，虽然直接以农业转移人口社会稳定风险为主题的研究并不多，但现有研究中与社会稳定风险相关的成果却非常多，因此本文以 CNKI 等数据库为基础，以“农业转移人口或农民”“市民化”“社会稳定风险”等为关键词进行检索，最后有 50 篇文献满足扎根理论研究方法所需要的条件。

（三）评估指标筛选

根据 NVivo 8.0 对数据格式的要求，本研究首先将 50 篇 PDF 或 CAJ 格式的文件转换为 DOC（或 DOCX）格式。接着，根据本研究的概念与理论基础对 50 篇相关文献进行了分析，试图发现参考的文章中与“农业转移人口市民化的社会稳定风险”相关的理论或概念，并依据扎根理论的三级编码程序开展了具体的编码工作。

首先，依据自由编码（free coding）的基本要求，笔者对选定文献进行了逐篇阅读，在不考虑重合及最大限度编码的要求之下，得到了如表 1 所示共 57 个自由编码。表中的“材料来源”表示自由编码涉及的参考文献数量，“参考点”表示自由编码涉及文献中相关词句的数量。

表 1　“农业转移人口市民化的社会稳定风险”的自由编码

编号	自由编码	材料来源	参考点	编号	自由编码	材料来源	参考点
A1	户籍排斥	16	19	A30	失业保障风险	7	7
A2	社会地位边缘化	16	18	A31	工伤保障风险	7	7
A3	维权效果不佳	3	4	A32	就职企业违法侵害	7	7
A4	社会流动“天花板”现象	2	3	A33	融入性制度不完善	1	1
A5	社会适应焦虑感	4	5	A34	央地政策非均衡	1	1
A6	基本公共服务非均等化	9	15	A35	利益诉求渠道不畅	5	5
A7	弱势群体代际遗传	6	7	A36	维权成本高	6	9
A8	社会权利“差序格局”	3	3	A37	社会心理失衡	8	10
A9	劳动与就业歧视	8	11	A38	社会规范机制失效	2	2
A10	社会保障服务非均等	16	17	A39	文化孤岛现象	9	14
A11	公共教育服务非均等	11	12	A40	社会救助缺失	1	1
A12	土地产权风险	4	5	A41	政府行政不作为	2	2
A13	社会矛盾加剧	10	11	A42	政府行政效率低下	6	6
A14	城乡发展歧视性政策	2	2	A43	社会资本匮乏	7	8
A15	劳动权益风险	12	18	A44	公民权利不平等	1	2
A16	政治参与权利不平等	10	14	A45	政府腐败行为	2	2
A17	社会融入成本高	5	5	A46	政府职责缺位	3	5

续前表

编号	自由编码	材料来源	参考点	编号	自由编码	材料来源	参考点
A18	个体经济利益较低	7	8	A47	市民化成本分担不合理	1	1
A19	生命健康安全风险	6	7	A48	社会信任缺乏	1	1
A20	社会群体隔阂	12	16	A49	社会安全制度不完善	1	1
A21	社会歧视	10	12	A50	空间区隔	1	2
A22	社会认同缺乏	15	16	A51	城乡“夹缝”生存	3	3
A23	住房保障服务非均等	5	5	A52	归属感缺失	2	2
A24	群体性事件频发	6	7	A53	公共服务的供需匹配	2	3
A25	暴力抗争频繁	1	2	A54	公共服务的财政支持	2	2
A26	政治参与制度不完善	2	2	A55	生活、居住的卫生条件	1	1
A27	多元文化冲突	6	6	A56	生活区域的生态环境	1	3
A28	养老保障服务非均等	6	6	A57	居住环境恶劣	1	1
A29	医疗保障服务非均等	6	6				

其次，笔者根据主轴编码（axial coding）的程序式规定，采用类属分析的形式对 57 个自由编码进行整合，将所有近似、雷同的概念融入一个主轴编码之中。通过该次编码，研究共整理了如图 1 所示的 15 个主轴编码。

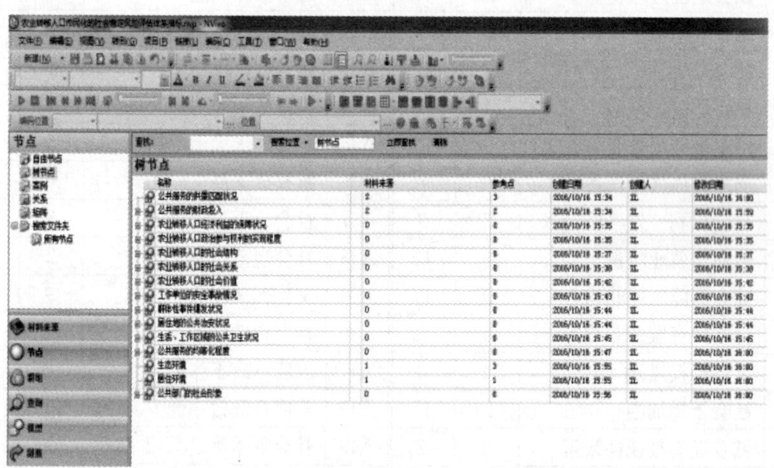

图 1 “农业转移人口市民化的社会稳定风险”自由编码的主轴编码（软件截图）

最后，笔者通过选择编码（selective coding）对主轴编码进行了更深层次论述，以使自由编码与研究主题形成直接相关关系。如表 2 所示，本文厘清了农业转移人口市民化社会稳定风险的三级编码。具体而言，“农业转移人口经济利益的保障状况”与“农业转移人口政治参与权利的实现程度”具有共同属性，归类为“公民权利”。“农业转移人口的社会结构”“农业转移人口的社会关系”“农业转移人口的社会价值”具有共同属性，归类为“社会秩序”。“工作单位的安全事故情况”“群体性事件爆发状况”“居住地的公共治安状况”以及“生活、工作区域的公共卫生状况”具有共同属性，归类为“公共安全”。“公共服务的财政投入”“公共服务的供需匹配状况”“公共服务的均等化程度”具有共同属性，归类为“公共服务”。“生态环境”、“居住环境”以及“公共部门的社会形象”具有共同属性，归类为“社会环境”。

表 2　　农业转移人口市民化的社会稳定风险影响因素

（目标层）	主轴编码（准则层）	选择编码（指标层）
A 农业转移人口市民化的社会稳定风险	B1 公民权利	C1 农业转移人口经济利益的保障状况
		C2 农业转移人口政治参与权利的实现程度
	B2 社会秩序	C3 农业转移人口的社会结构
		C4 农业转移人口的社会关系
		C5 农业转移人口的社会价值
	B3 公共安全	C6 工作单位的安全事故情况
		C7 群体性事件爆发状况
		C8 居住地的公共治安状况
		C9 生活、工作区域的公共卫生状况
	B4 公共服务	C10 公共服务的财政投入
		C11 公共服务的供需匹配状况
		C12 公共服务的均等化程度
	B5 社会环境	C13 生态环境
		C14 居住环境
		C15 公共部门的社会形象

基于扎根理论，运用 NVivo 8.0，本研究明确了农业转移人口市民化社会稳定风险的自由编码、选择编码、主轴编码。同时，本研究也建

立了农业转移人口市民化的社会稳定风险评估指标体系，包括 1 个目标层、5 个准则层以及 15 个指标层。

四、特大型城市农业转移人口市民化社会稳定风险评估指标权重确定

对于研究主题而言，农业转移人口市民化的社会稳定风险属于风险的一种，而风险又受制于人的主观感知，即风险本身就带有较强的主观性。因此，本研究选择主观赋权法进行权重赋值。同时，前文建构的评估指标具有 3 个层级，层级与层级之间具有较强的逻辑关系。因此，本研究选择以层次分析法来判断农业转移人口市民化的社会稳定风险评估指标体系的权重。

（一）数据收集

层次分析法需要通过专家咨询的方法收集数据。因此，本研究设计了《市民化的社会稳定风险评估指标权重问卷》。问卷依据李克特量表设计，依次比较目标层 A 与准则层 B、准则层 B 与指标层 C，并对每一个层级、每一个指标进行“1～5”的赋值。然后，本研究通过电子邮件的方式向学界从事农业转移人口、城镇化、市民化以及社会稳定风险研究或相关领域研究的学者投递了问卷。截至 2016 年 12 月，本研究共发放了 50 份问卷，其中回收有效问卷共 23 份。本研究将收集而来的 23 份问卷录入了 SPSS19.0 进行分析，对每一个赋值求平均数，得到了如表 3 所示的评估体系数值。

表 3　　农业转移人口市民化的社会稳定风险评估体系赋值

目标层	数值	准则层	数值	指标层
农业转移人口市民化的社会稳定风险	3.83	B1 公民权利	4.17	C1 农业转移人口经济利益的保障状况
			3.87	C2 农业转移人口政治参与权利实现程度
	4.26	B2 社会秩序	3.7	C3 农业转移人口的社会结构
			3.78	C4 农业转移人口的社会关系
			3.22	C5 农业转移人口的社会价值

续前表

目标层	数值	准则层	数值	指标层
农业转移人口市民化的社会稳定风险	4.26	B3 公共安全	4.04	C6 工作单位的安全事故情况
			4.17	C7 群体性事件爆发状况
			4.09	C8 居住地的公共治安状况
			3.17	C9 生活、工作区域的公共卫生状况
	3.91	B4 公共服务	4.09	C10 公共服务的财政投入
			3.91	C11 公共服务的供需匹配状况
			4.17	C12 公共服务的均等化程度
	3.3	B5 社会环境	3.43	C13 生态环境
			3.91	C14 居住环境
			3.57	C15 公共部门的社会形象

（二）目标层与准则层相对权重的确定

根据评估指标体系的三个层级，本研究首先需要对目标层 A 与准则层 B 进行对比，依据划分的公民权利（B1）、社会秩序（B2）、公共安全（B3）、公共服务（B4）以及社会环境（B5）五个域，结合专家咨询法所得的意见，依次比较两个因素相较于上一层次 A 的影响大小，得到了如表 4 所示的两两比较的判断矩阵。

表 4　“A—B”判断矩阵

A	B1	B2	B3	B4	B5
B1	1	0.90	0.90	0.98	1.16
B2	1.11	1	1	1.09	1.29
B3	1.11	1	1	1.09	1.29
B4	1.02	0.92	0.92	1	1.18
B5	0.86	0.77	0.77	0.84	1

依据向量公式 $\bar{a}_{ij}=\frac{a_{ij}}{\sum_{k=1}^{n}a_{kj}}$，$i$，$j=1，2，3，\cdots，n-1，n$ 对原有的判断矩阵“A—B”进行计算，得到了如表 5 所示的正规化的判断矩阵“A—B”（为保证接下来计算时能够保留两位小数，本次结果保留小数点后三位）。

表 5　　正规化的“A－B”判断矩阵

A	B1	B2	B3	B4	B5
B1	0.196	0.196	0.196	0.196	0.196
B2	0.218	0.218	0.218	0.218	0.218
B3	0.218	0.218	0.218	0.218	0.218
B4	0.200	0.200	0.200	0.200	0.199
B5	0.168	0.168	0.168	0.168	0.169

在得到了正规化的判断矩阵“A－B”之后，本研究需要进一步计算判断矩阵每一行的值，以此作为权重向量的初值：

$$W=(0.19,\ 0.22,\ 0.22,\ 0.20,\ 0.17)^T$$

同时，依据 $\lambda_{\max}=\sum_{i=1}^{n}\frac{(Aw)_i}{nw_i}=\frac{\sum_{i=1}^{n}\frac{(Aw)_i}{nw_i}}{n}$，$C\cdot R=\frac{C\cdot I}{R\cdot I}$ 以及 $C\cdot I=\frac{\lambda_{\max}-n}{n-1}$ 公式，该层次的 $C\cdot R$ 为－0.031 5，其值小于 0.1，因而 W 向量通过鉴定并可作为“A－B”的权重向量。

（三）准则层与指标层相对权重的确定

在计算了目标层与指标层的相对权重之后，需要进一步计算准则层与指标层的权重，也就是继续构建准则层 B 与指标层 C 的判断矩阵。依照“目标层与准则层相对权重的确定”的研究过程，本研究得到了如下所示“准则层 B－指标层 C”的特征向量 W_1、W_2、W_3、W_4、W_5。

$$W_1=(0.52,\ 0.48)$$

$$W_2=(0.35,\ 0.35,\ 0.3)$$

$$W_3=(0.26,\ 0.27,\ 0.26,\ 0.21)$$

$$W_4=(0.33,\ 0.32,\ 0.35)$$

$$W_5=(0.31,\ 0.36,\ 0.33)$$

在计算了各层次的权重向量之后，需要对每个矩阵的最大特征值进行计算。同时，由于当梯阶数 $n \geqq 3$ 时，才需要进行一致性检验；因此，B1－C 由于梯阶数为 2 阶，所以不需要进行检验，其向量值为：$W_1=(0.52, 0.48)$。

通过一致性检验的公式，本文得到了

$$B2-C:C\cdot R=0.02577<0.1, B3-C:C\cdot R=0.00333<0.1$$

$$B4-C:C\cdot R=0.00859<0.1, B5-C:C\cdot R=-0.00859<0.1$$

因此，指标层 C 相对于准则层 B1、B2、B3、B4、B5 而得到的判断矩阵的权重向量均通过一致性检验。

五、实证分析：以成都市为例

根据国务院 2014 年底发布的《关于调整城市规模划分标准的通知》，城区常住人口在 500 万～1 000 万之间的城市为特大城市，截至 2015 年末，成都市全市常住人口 1 572.8 万，城区常住人口已经超过 640 万，属于特大型城市。截至 2015 年底，市区内共有超过 1 500 多个农民集中居住区，这还不包括已经和将要向市区转移的农业人口，涉及人数超过 200 万人以上，另外还有区域外的数以万计的农业人口转入。如此庞大的农业转移人口与市区常住人口以及临时性的流动人口混杂生活在一起，不仅使市区范围扩大数倍，还使城市的住房与交通拥挤、生态环境恶化、公共服务与公共设施供给不足等，并因新建城市基础设施、工资拖欠、违章搭建等问题产生多次集群事件。长期的矛盾累积，使得农业转移人口在进行市民化后并不能以“城市居民”的身份享有应得的服务，扭曲的制度框架，造成成都市处于社会稳定风险爆发的“火山口”。因此，科学评估农业转移人口对特大型城市社会稳定造成的风险不仅能促使游民化的农业转移人口市民化的健康与可持续，还是提升城市治理体系与治理水平现代化的重要组成部分。

（一）问卷抽样与信度、效度检验

本次调研对象为定居在成都市主城区的农业转移人口，其判断依据为是否由农村户籍转为城市户籍、是否在成都市定居 2 年以上等。本研究首先采用简单随机抽样方法选出街道，再采用系统随机抽样法选出社区，然后再用滚雪球抽样法选出农业转移人口，共计在五城区中抽取 30 个社区的 450 位农业转移人口发放问卷，所有问卷均采取现场填答、当场回收的方式进行，共收回有效问卷 416 份，有效回收率为 92.4％。受访者主要在建筑业、服务业等私营企业就职，其中男性比例占了 2/3。

本研究对问卷进行了信度和效度检验。通过 SPSS19.0 的分析，问卷的克朗巴哈信度系数为 0.947；通过因子分析法，本研究共提取了 7 个主成分特征值大于 1 的因子，而这 7 个主成分累积解释百分比达到了 75.666％，说明这 7 个主成分已经包括了超过 50％的原始观测数据的足够信息。因此，该问卷作为测量工具能够有效地反映受访者的主观想法，具有较高的信度和效度。

（二）评估方法选择及评估结果

由于农业转移人口社会稳定风险本身具有复杂性，风险源具有共通性，风险间的边界具有模糊性，风险产出具有多样性等特征，因此“当遇到多个带有模糊性的因素，且各因素又具有不同的层次，需要采用多级模糊综合评价来解决”①。与此同时，本研究在确定评估指标的权重时，采用了层次分析法，而层次分析法与模糊综合评价法因为权重和多层级关系而具有耦合性，因而模糊综合评价法可以看作是对层次分析法的补充和延续。另外，模糊综合评价法既可对定性指标进行评价也可以对定量指标进行评价，而本文的社会稳定风险评估指标大多以 1～5 的程度性偏好为主观感知选择分值，模糊综合评价保证了主观意志评价的客观性。

---

① 谭跃进. 定量分析方法. 北京：中国人民大学出版社，2012：23-24.

根据已经确定的评估指标，构建了评价因素集 $U(Un=C1, C2, \cdots, Cn)$，并结合社会稳定风险性质及调研员自身能力，本研究选择备选答案为“1、2、3、4、5”，分别对应“低风险，较低风险，一般，较高风险，高风险”。对于五个选项的评判结果，需要根据指标构建隶属度矩阵，并计算其隶属度。紧接着，通过统计软件 SPSS19.0 计算了各指标项的等级百分比，再将其转化为农业转移人口市民化社会稳定风险准则层各指标隶属度，从而得到评价的权重集：

$W=(0.19, 0.22, 0.22, 0.20, 0.17)$。在求得隶属度矩阵 R 和权重集 W 之后，就可以运用公式：$B=W*R=(B1, B2\cdots Bn-1, Bn)$ [* 表示为模糊算子（·+）] 进行一级模糊综合评价，U 值分别为：

$$U1=(0.03, 0.41, 0.32, 0.17, 0.07)$$
$$U2=(0.06, 0.48, 0.34, 0.09, 0.03)$$
$$U3=(0.06, 0.44, 0.34, 0.14, 0.02)$$
$$U4=(0.04, 0.30, 0.45, 0.17, 0.04)$$
$$U5=(0.04, 0.38, 0.42, 0.12, 0.04)$$

通过二级模糊综合评价，A—B 的隶属度矩阵 R 为：

$$R=\begin{bmatrix} 0.03 & 0.41 & 0.32 & 0.17 & 0.07 \\ 0.06 & 0.48 & 0.34 & 0.09 & 0.03 \\ 0.06 & 0.44 & 0.34 & 0.14 & 0.02 \\ 0.04 & 0.30 & 0.45 & 0.17 & 0.04 \\ 0.04 & 0.38 & 0.42 & 0.12 & 0.04 \end{bmatrix}$$

同时，已知 A—B：$W=(0.19, 0.22, 0.22, 0.20, 0.17)$

$$U=W\cdot R=(0.05, 0.40, 0.37, 0.14, 0.04)$$

基于 U 集，本研究采取最大隶属度原则方法以求得模糊矩阵的最终结果，即根据加权平均的原则对 U 集的各项子集与评语集 V 进行计算。

则 $U^{*}=V\cdot U=1\times0.05+2\times0.4+3\times0.37+4\times0.14+5\times0.04$
$=2.78$

因此，成都市农业转移人口市民化的社会稳定风险评估的最终结果为2.78。同时，将最大隶属度原则方法应用到其他各准则层，则得到如表6所示的结果。

表6　农业转移人口市民化的社会稳定风险评估指标体系准则层评分结果

准则层	模糊综合评价值	排序
公民权利	2.83	2
社会秩序	2.55	5
公共安全	2.62	4
公共服务	2.87	1
社会环境	2.74	3

（三）评估结果分析

从评估结果的总体情况来看，成都市农业转移人口社会稳定风险值为2.78，介于“一般”与“风险较低”之间，可以看作为农业转移人口市民化社会稳定风险的阈值。由此可见，成都市社会稳定风险较小。这也显示出，成都市长期推行的统筹城乡综合配套改革成效对社会稳定风险起到了防范与化解作用，同时，农业转移人口身份、职业与角色的变化，使得原有的“财富分配”逻辑向“风险分配”逻辑转变，并渗入到社会稳定层面。

1. 公共服务、公民权利为较低风险因素

农业转移人口通过市民化而能够获得长期在各大城市间流动的资格，从而导致了传统社会网络瓦解、社会结构断裂，缺乏集体行动动力，以赚钱为定居城市的首要任务，忽略其他诉求，这也使地方政府长期疏忽农业转移人口的生存权、发展权和政治权益的保护。调研中发现，成都市的农业转移人口基本以集中居住为主，包括新农村综合体、集中安置区和商品小区，传统的熟人社会并未完全被打破，在自身经济权益受损时人们会抱团维权，其他情况下人们则不太积极介入其他社会事务中。成都市城乡一体工作进行了多项创新性探索，其中还有9条城乡统筹发展经验上升为全国性经验，因而由公共服务不均等和权利不平等等问题引发的社会稳定风险已从源头上进行了有效防范，这也是评估结果显示上述风险发生值较低的原因所在。但是，农业转移人口的行为与态度在融入城市的过程中也会产生“反噬”效应，改变城市的社会状态，具有较低风险的因素会成为“休眠的火山”并在特定条件下造成城市不稳定。

2. 社会秩序与公共安全为较高风险因素

在五类风险类型中，社会秩序与公共安全位居各类风险的前两位，这说明农业转移人口更加关注市民化后能否得到稳定的社会秩序，这是他们选择特定城市市民化的前提条件，也是其在市民化后若遭受不平等待遇后诱发集群行为的关键因素；公共安全风险是居于第二位的风险，说明农业转移人口对城市缺乏安全感和归属感，城市居民的排斥、城市社会治安与秩序的稳定状态等都成为其长期定居城市的不安全因素。从成都市农业转移人口市民化的社会稳定风险各因素中居于较高风险的公共安全的排位来看，基本符合了马斯洛的需求层次理论，即农业转移人口市民化后缺乏生存和安全的保障，同时又无法再返回或再融入农村，那么就有可能因此引发内心的恐慌与心理的失落，从而出现威胁城市社会稳定的风险，并在个体事件或他人事件的触发下而广泛加入，导致个体事件向群体性事件演变。根据中国社科院发布的 2015 年中国城市基本公共服务满意度评估与发展报告，“成都市公共安全排在第 23 位”①，零点集团 2005 年发布的公共服务评价指数中成都市公共安全位居全国第二位，排位下降了 21 位。由此可见，成都市随着城市人口的激增，城市基本公共服务水平和公共安全并没有获得相应提高，反而大幅度下降，并成为威胁成都市社会稳定的最大风险源。

（四）成都市农村转移人口市民化社会稳定风险较低的原因分析

根据社会稳定风险评估结果可知，成都市农业转移人口市民化的社会稳定风险仅为 2.78，位于“较低风险”和“一般”之间，靠近“一般”。究其原因，还得益于成都市政府及各区县公共部门在城乡统筹的

① http://www.doc88.com/p-7065214252493.html.

背景下以及推动市民化发展过程中，出台了一系列政策为农业转移人口“保驾护航”。

1. 降低户籍诱发的城镇准入成本

中国传统的户籍制度提高了农业转移人口进入城镇工作、生活的成本，限制了城镇、农村区域之间的人口流动。为了缓解户籍制度带来的问题，成都市出台了系列政策降低农业转移人口进入城镇的成本，提高农业转移人口的满意度，推动公共服务均等化进程，削弱市民化过程中产生的社会稳定风险程度。

城乡一体化建设要求打破原有的区域间隙，实现工业与农业、城市与乡村、城镇居民与农村农民的共同发展；但是，城乡户籍制度的存在仍具有价值，它一定程度上可以稳定城镇、农村社会秩序，保证城镇公共服务资源的数量、质量以及维护区域间的公共安全。因此，一方面为了保证户籍制度的正面功能不受影响，另一方面为了改善农业转移人口进入城镇生活的限制、降低城镇准入成本。2003 年，成都市出台《关于调整现行户口政策的意见》，取消了户籍制度带来的入城指标限制，以条件准入制代替“入城指标”。2010 年，出台《关于全域成都城乡统一户籍实现居民自由迁徙的意见》，建立了以身份证为标识的公民信息管理系统，实行户籍登记地与实际居住地相一致的新体制，打破了因户籍限制而受阻的城乡流动；同时，允许农民带着承包地、宅基地等财产进城落户，享受平等的住房、教育、社保等基本公共服务和社会福利。

传统的城镇户籍制度绑定了就业保障、社会保险等公共服务，也因而在生存权和发展权上区分城镇人口与农村人口，限制了公共服务均等化的发展进程。这种情况的长期存在不仅不利于市民化的正常发展，也不利于社会稳定状态的维护。基于此，为保证进一步提高本市人口服务管理水平，推进了城镇基本公共服务常住人口全覆盖，成都市人民政府根据《居住证暂行条例》《四川省流动人口信息登记办法》等有关法律、法规，制定了《成都市居住证管理实施办法》。保障居住证持有人在居住地享有义务教育服务、就业保障服务、公共卫生服务和计划生育服务、公共文化体育服务等。同时，成都市政府允许持有居住证的农业转移人口可在居住地享有按照国家有关规定办理出入境证件、换领补领居民身份证、机动车登记、申领机动车驾驶证、报名参加职业资格考试等服务。从而弥补户籍制度的局限，实现公共服务的全方位、全领域的覆盖，同时保证公民享有公共服务的机会均等。

2. 推动公共服务的均等化发展

公共服务与每个公民休戚相关，尤其是基本公共服务，是保障公民基本生活发展的核心要素。根据前国家主席胡锦涛同志对社会建设的战略部署，公共服务的终极目标将是使全体人民“学有所教、劳有所得、病有所医、老有所养”。也就是说，不区别非农业与农业的户籍身份、不区别城市与农村的居住区域，每个公民都能公正地享受到来自政府对其生存权、发展权的保障。成都市自 2007 年进行城乡统筹开始，就积极推动城乡公共服务建设，尤其是针对转移到城镇的人口，政府更是投入大量资金去保障其基本的生活、发展权利。

农业转移人口进入城镇后，即脱离原有农村的社会保障体系覆盖范围，开始接触城镇的公共服务。但是由于原有以户籍制度为依据的城乡二元治理体系，农业转移人口难以享受与城镇居民同质量、同数量的公共服务。因此，成都市下发了多个文件扩大公共服务的覆盖面，以保证处于弱势群体的农业转移人口有机会接触到城镇公共服务，享受公共服务为其带来的便利。在教育方面，中共成都市委办公厅、成都市人民政府办公厅于 2009 年转发《市教育局关于扩大优质教育资源覆盖面提升城乡教育服务水平的若干意见》的通知，2010 年成都市人民政府办公厅又转发市教育局《关于做好 2010 年外来务工就业农村劳动者子女接受义务教育具体工作意见的通知》；公共卫生方面，2007 年，成都市卫生局制定了《关于进一步加强社区卫生服务工作的实施方案》。住房保障服务方面，2010 年成都市政府颁布了《成都市人民政府关于发展公共租赁住房的实施意见》等。

以户籍制度为代表的城乡二元治理体制通过身份划分的方式限制了农业转移人口享有公共服务的基本权利，也就威胁到其基本的生存权与发展权。对此，成都市政府加大了户籍制度改革，出台了居住证制度，以连续居住年限和参加社会保险年限等为条件，使农业转移人口逐步享有与当地户籍人口同等的中等职业教育资助、就业扶持、住房保障、养老服务、社会福利、社会救助等权利，尽力削弱由户籍制度造成的公共服务享有机会的非均等化。

公共服务的质量非均等也是限制农业转移人口公共服务均等化的重要问题。对此，成都市政府“围绕实现城乡基本公共服务均等化的战略目标，重点在城乡社区基础设施、农村中小学、中心幼儿园、基层医疗卫生服务等方面开展质量标准、质量运行、质量控制和质量评估”①，从而形成统一的、公平的城镇公共服务质量标准。2008 年成都市出台了《关于村（社区）及新居工程公共服务和社会管理配置标准的指导意见（试行）》，推动城乡社区的公共服务质量标准化建设。2012 年，成都市政府出台了《关于进一步提升重点镇、一般镇、涉农社区及村（农民集中居住区）公共服务和社会管理配置标准的指导意见》，尽可能地推动公共服务质量标准化建设。

3. 维护城镇区域的公共安全

城镇区域的公共安全关系到农业转移人口的切身利益，是影响社会稳定风险的重要因素之一。2015 年成都拥有流动人口约为 500 万，其中约有 300 万的农业转移人口，大量的不稳定因素积聚于成都市市域范围，维护城镇公共安全的压力巨大。但是，根据调研资料显示，除开群体性事件的爆发情况外，农业转移人口对于工作单位的公共安全状况、居住地的公共治安状况以及生活、工作区域的公共卫生状况都持较高的满意度，平均高达 60%。也就是说，因这四方面而爆发市民化的社会问风险的可能性较低。具体而言，这得益于成都市在公共安全治理方面的改革，从而保证了农业转移人口市民化程序的稳定发展。

虽然成都市尚未明确出台有关市民化开展的社会稳定风险评估制度，但是现行的评估机制的涵盖范围较广、评估指标明确，能够有效预警与农业转移人口相关的重大事件或者重点决策的风险阈值。2015 年，

① 姜晓萍. 统筹城乡中基本公共服务均等化研究——以四川省成都市为例. 社会科学研究，2012（6）：38.

成都市制定了《成都市重大决策社会稳定风险评估办法》《成都市重大决策社会稳定风险评估责任追究办法》，明确了风险评估必须重点围绕“重大政策、重大改革措施、重大工程项目、重要公共安全事项和重大活动”这五大重点展开。而转移到城镇生活的农业转移人口的生活、工作，大体上与成都市市民相同，也受到了各项改革措施、工程项目、公共安全事项的影响。因此，搭建社会稳定风险评估能够在一定程度上保证成都市的农业转移人口的切身利益。

加快公共安全防控机制建设，完善公共安全治理格局是成都市维护社会稳定的重要措施。农业转移人口在市民化中，难免会因为工资利益纠纷、基本权利矛盾而产生影响公共安全、社会稳定的突发事件。“成都市近年来加强了社会治安防控的纵深发展，系统防控、综合整治、源头防范、依法治理、联动联治‘五大工程’的建设；公共安全管理体制机制不断健全，食品药品、安全生产、交通运输、防灾减灾等重点领域的安监水平不断提高。”① 2015 年，城镇社区办理服务管理事项就达 341 万件，居民群众的诉求在社区得到了较好的满足。也就是说，成都市农业转移人口在城镇中能够享受到较好的公共安全环境，能够保证自己的切身利益不受损。

4. 打造开放、共享的社会环境

开放、包容、共享的社会环境有利于农业转移人口的健康、有效的市民化，能够帮助农业转移人口在城镇生活中构建良好的人际关系网、稳定因原有博弈格局被打破而产生的社会秩序的变动以及顺利实现社会认同。根据调研资料显示，42%的农业转移人口对成都市的社会环境（生态、居住环境）持“满意”或“非常满意”的态度，即成都市为农业转移人口提供了较为舒适的社会环境，他们并不会因此爆发大规模的社会稳定问题或者产生较大的社会风险。

根据国家统计局、新华社主办的《中国最具幸福感城市大调查》显示，从 2005 年以来，成都市的幸福感一直名列前茅，在城市的认同感、

① 徐睿. 城市公共安全多元治理新格局的建构设想——以成都为例. 法制与社会，2016 (10)：201.

归属感、安定感、满足感等方面具有较高的分数。同时，无论是在政策制定方面还是社会交往方面，成都市市政府亦或是成都市市民都具有较高的开放性和包容性，居住在成都市的外来人口并不会因为身份问题而受到政府部门、城镇居民的严重排挤，也不会因为自身在社会结构、社会价值方面存在的差异而产生歧视、抵制的恶劣现象。

成都市的开放性、包容性以及幸福感为农业转移人口提供了良好的社会环境，有利于农业人口顺利地实现市民化，真正成为城镇居民的一员；同时，也有利于农业转移人口重建自身的社会关系，实现自身的社会价值，构建稳定的社会秩序。总体而言，开放、包容的社会环境降低了成都市农业转移人口市民化的社会稳定风险，推动社会主义和谐社会建设。

总之，特大型城市农业转移人口市民化的社会稳定风险评估可以实现美国后现代思想家大卫·格里芬对中国未来风险的指导思想，即避免西方世界所犯的错误实现现代化。中国特大型城市基本实现了网络化治理，但社会结构的复杂性、社会矛盾的多元性和社会生态的多样性，使其危机管理的难度大增，而农业转移人口的市民化使得特大型城市规模巨型化和人口更加复杂化，往往成为社会稳定风险的重灾区。本研究对成都这个特大型城市农业转移人口市民化社会稳定风险的评估，有助于城市社会管理体制创新和农业转移人口市民化的健康有序，同时也有助于城市管理者了解风险的大小与临界点和从追求稳定的价值取向出发，及时制定和出台有效的风险防范措施，缓解风险的放大效应，阻隔风险分配的不良后果，推动城市治理体系与治理能力的现代化，最终促进社会和谐稳定。

参考文献

[1] 简敏，念兴昌．农民市民化的社会稳定风险及其治理．理论探索，2014 (3).

[2] BUTLER K，BENOIT C. Citizenship Practices Among Youth Who Have Experienced Government Care. Canadian Journal of Sociology Cahiers，2015（1）.

[3] 赵排风. 构建和谐社会进程中新生代农民工政治参与问题研究. 河南大学学报（社会科学版），2012（3）.

[4] 杨雄，刘程. 加强重大项目社会稳定风险评估刻不容缓. 探索与争鸣，2010（10）.

[5] 程瑜，陈世明. 从“维稳”到“参与”：社会稳定风险评估新探. 广西民族大学学报，2015（3）.

[6] 谭跃进. 定量分析方法. 北京：中国人民大学出版社，2012.

[7] HECHTER M，HOME C. Theories of Social Order：A Reader. California：Stanford University Press，2003.

[8] 张成福，陈占峰，谢一帆. 风险社会与风险治理. 教学与研究，2009（5）.

图书在版编目(CIP)数据

社会风险治理/姜晓萍主编. —北京：中国人民大学出版社，2017.12
（社会管理研究丛书）
ISBN 978-7-300-25586-6

Ⅰ.①社… Ⅱ.①姜… Ⅲ.①社会管理-风险管理-研究-中国 Ⅳ.①D63

中国版本图书馆 CIP 数据核字（2018）第 031338 号

社会治理创新发展报告（2017）
“十二五”国家重点图书出版规划项目
社会管理研究丛书
社会风险治理
主　编　姜晓萍
副主编　夏志强　李强彬
Shehui Fengxian Zhili

出版发行	中国人民大学出版社		
社　　址	北京中关村大街 31 号	**邮政编码**	100080
电　　话	010－62511242（总编室）		010－62511770（质管部）
	010－82501766（邮购部）		010－62514148（门市部）
	010－62515195（发行公司）		010－62515275（盗版举报）
网　　址	http://www.crup.com.cn		
	http://www.ttrnet.com（人大教研网）		
经　　销	新华书店		
印　　刷	北京玺诚印务有限公司		
规　　格	160 mm×235 mm　16 开本	**版　　次**	2017 年 12 月第 1 版
印　　张	18.25 插页 1	**印　　次**	2017 年 12 月第 1 次印刷
字　　数	256 000	**定　　价**	78.00 元